AF556407

अयोध्या का इतिहास

अयोध्या का इतिहास

साहित्यरत्न, हिंदी सुधाकर

राय बहादुर लाला सीताराम

प्रस्तुति एवं भूमिका

संजय कृष्ण

सत्साहित्य प्रकाशन, दिल्ली

प्रकाशक : सत्साहित्य प्रकाशन,
694 (पहली मंजिल), चावड़ी बाजार, दिल्ली-110006
सर्वाधिकार : सुरक्षित / संस्करण : 2024 / मूल्य : पाँच सौ रुपए
मुद्रक : आर-टेक ऑफसेट प्रिंटर्स, दिल्ली ISBN 978-81-7721-404-8

AYODHYA KA ITIHAS

by Rai Bahadur Lala Sitaram ₹ 500.00

Published by **SATSAHITYA PRAKASHAN**
694 (First Floor), Chawri Bazar, Delhi-110006

अवधपुरी सोहइ यहि भाँति...

अक्तूबर 2019 के तीसरे सप्ताह में जब पहली बार राम की धरती अयोध्या की परम पावन पवित्र भूमि पर कदम रखा, तो माहौल में एक उदासी पसरी हुई थी। पिछली तीन-चार शताब्दियों में आध्यात्मिक आभा बिखेरनेवाले सात हजार छोटे-बड़े मठ-मंदिरों के इस छोटे से शहर की छोटी-बड़ी सड़कें जरूर खुशगवार थीं। सड़कों के इर्द-गिर्द लाखौरी ईंटों की पुरानी—ढहती हुई कुछ इमारतें मुगल काल की बतौर निशानियाँ अपने सुनहरे अतीत की याद दिलाती हुई खड़ी थीं। रामलला के आसपास चहल-पहल और रौनक तो दिख रखी थी, लेकिन शहर के बहुतेरे मंदिरों व मठों में रात के अँधेरे में टिमटिमाती मद्धिम-उदास रोशनी में बीता हुआ कल भी दिखाई दे रहा था। हनुमानगढ़ी से लेकर कनक भवन तक की सड़कों पर फिर से कोलतार की हलकी परत चढ़ाई जा रही थी। यहाँ की रौनक से ही अयोध्या की रौनक है। नया घाट नए रूप में सज-सँवर रहा था। बस अड्डे को भी विशाल रूप दिया जा रहा था। अयोध्या के म्यूजियम में इतिहास और अतीत को समृद्ध किया जा रहा था। सचमुच अब अयोध्या नगरी बदल रही थी। शताब्दियों से चली आ रही उदासी अब अतीतोन्मुख हो गई थी। राम की इस नगरी को दीयों से रोशन करने की तैयारी चारों तरफ हो रही थी। सरकारी अमला तंत्र दिन-रात लगा हुआ था। शायद वनवास खत्म होने की उम्मीद जग गई थी। नगर में धारा 144 लागू थी, लेकिन देर शाम भी शहर की सड़कों पर खूब चहल-पहल व चारों तरफ बेफिक्री नजर आ रही थी। अयोध्या इसकी आदी हो चुकी थी। रामलला का दर्शन किसी किले या एवरेस्ट को फतह करने जैसा था। सुरक्षा के कई चरणों से गुजरकर हम सब रामलला के दर्शन कर पाए। सुरक्षा इतनी चाक-चौबंद कि पूछिए मत। प्रसाद-पर्स के अलावा कलम तक अंदर नहीं ले जा सकते। पर्स में भी पैसे के अलावा कुछ नहीं। जाने का अलग और आने का अलग मार्ग।

मंदिर परिसर के अहाते में हर मोड़ पर चेकिंग। बंदरों का आतंक अलग से। ये बंदर पूरे अयोध्या में फैले हुए हैं। इनकी चतुर्दिक उपस्थिति कहने के लिए काफी है कि यह राम की नगरी है। इसी अयोध्या के एक छोर पर सरयू आहिस्ते-आहिस्ते बह रही है। इस बहाव में काल का प्रवाह भी है। यह इकलौती गवाह है अयोध्या के बसने-उजड़ने की। अब इसके किनारे भी संध्या आरती शुरू हो गई है। शायद कुछ-कुछ इसकी उदासी को दूर करने के लिए! गहराती शाम में सरयू के इस तट पर यहाँ अवध की ग्रामीण संस्कृति अपने पूरे सज-धज के साथ दिखती है। सरयू के इस बहाव में, कभी-कभी अहसास होता है, जैसे समय ठहर-सा गया है। दूर-सुदूर से पुण्य व परलोक सुधारने आती ग्रामीण महिलाएँ सरयू की धवल धारा में डुबकी लगाती हुईं सदियों से चली आ रही परंपरा को अक्षुण्ण रखती हैं। यह सिर्फ आस्था और विश्वास का मामला नहीं, अपनी धाती को सहेजने का पुण्य प्रताप भी है।

अयोध्या न जाने कितनी बार उजड़ी और बसी है। जो उत्सवधर्मिता काशी-मथुरा में दिखती है, जहाँ की हर गलियाँ-चौक-चौराहे गुलजार और बोलते-बतियाते नजर आते हैं, वह इस राम की नगरी अयोध्या में नहीं दिखती। पर फैजाबादी मित्र श्रीरामप्रकाश त्रिपाठी कहते हैं कि अयोध्या का मूल स्वभाव उत्सवधर्मिता का नहीं, वैराग्य, वीतरागिता व त्याग का है, इसलिए यहाँ राजा हरिश्चंद्र को अपना राज-पाठ त्यागने में देरी नहीं लगी। भगवान् राम को भी जब आदेश हुआ, वनवास को चल दिए। भरत, जिसे गद्दी मिली, महल का ऐश्वर्य छोड़कर एक कुटी बनाकर 14 साल तक अयोध्या का राज चलाया। इसलिए इसे मुक्ति की नगरी कहा गया है। उसमें भी वह पहले स्थान पर है। अयोध्या का यही मूल स्वभाव है। आनंद, भोग, ऐश्वर्य, उत्सव नहीं, तप, त्याग, तपस्या इसका मूल चरित्र है। इसलिए काशी-मथुरा की तरह यहाँ उत्सवधर्मिता नजर नहीं आएगी।

जिस नगरी को मनु ने बसाया हो, जिसके नाम का अर्थ ही हो, जहाँ कभी युद्ध न हुआ हो, वह नगरी पिछले पाँच सौ सालों से 'युद्ध' में है। पुराणों में जिस अयोध्या को मोक्ष की पुरियों में पहले स्थान पर रखा गया हो, वह कितनी उदास है ? कहा गया है—*अयोध्या मथुरा माया काशी काञ्ची अवन्तिका। पुरी द्वारावती चौव सप्तैता मोक्षदायिका: ॥* ये सातों मोक्षदायी हैं। इसका स्नायु वेद से भी जुड़ता है। इसे वेद में ईश्वर का नगर बताया गया है। इसकी संपन्नता की तुलना स्वर्ग से की गई है। कई शताब्दियों तक यह नगरी सूर्यवंशी राजाओं की राजधानी रही।

अयोध्या सिर्फ इसलिए महत्त्वपूर्ण नहीं है कि यह सिर्फ हिंदुओं की आस्था का केंद्र है और जहाँ भगवान् राम प्रकट हुए थे—*भए प्रकट कृपाला, दीन दयाला*··। यह उतना ही जैन, बौद्ध व सिख धर्म के लिए भी पवित्र और परम पावन है। चौबीस तीर्थंकरों में से पाँच तीर्थंकरों का जन्म इसी नगरी में हुआ था। के.सी. जैन 'भारतीय जैन तीर्थ दर्पण' में लिखते हैं—"जैन साहित्य में अयोध्या के अनेक नाम मिलते हैं; जैसे—अयुध्या, अयोध्या, साकेत, कोसल, रामपुरी, विनीता और विशाखा। जैन मान्यता के अनुसार यह शाश्वत नगरी है। प्रथम तीर्थंकर ऋषभनाथ के गर्भ और जन्मकल्याणक तथा दूसरे तीर्थंकर भगवान् अजितनाथ, चौथे तीर्थंकर भगवान् अभिनंदननाथ, पाँचवें तीर्थंकर भगवान् सुमतिनाथ तथा चौदहवें तीर्थंकर भगवान् अनंतनाथ इन पाँचों तीर्थंकरों के गर्भ, जन्म, दीक्षा और केवल ज्ञान कल्याणक मनाने का सौभाग्य इस पुण्य नगरी को प्राप्त हुआ है। ···प्राचीन काल में अयोध्या सांस्कृतिक एवं राजनीतिक केंद्र रही है। अंतिम मनु से लेकर इक्ष्वाकुवंशी 112वीं पीढ़ियों ने इस नगर पर शासन किया। इक्ष्वाकुवंशी पश्चात्वर्ती काल में 'सूर्यवंशी' और 'पुरुवंशी' कहलाने लगे। अयोध्या का राज कोशल कहलाता था। भगवान् महावीर के काल में कोशल राज्य दो भागों में बँट गया—उत्तर कोशल व दक्षिण कोशल। सरयू नदी इन दोनों की सीमा बनाती थी। दक्षिण कोशल की राजधानी अयोध्या रही और उत्तर कोशल की श्रावस्ती। गुप्त सम्राट् चंद्रगुप्त विक्रमादित्य के काल में अयोध्या साहित्य और कला का केंद्र बन गई। 12वीं शताब्दी के बाद भार जाति के राजाओं का इस पर अधिकार हो गया। वे राजा जैन धर्मावलंबी थे। इन राजाओं ने मुसलमानों को परास्त किया।" के.सी. जैन ने जैन मंदिरों—अनंतनाथ टोंक, अभिनंदननाथ की टोंक, शीतलनाथ की टोंक, अजितनाथ की टोंक व आदिनाथ की टोंक की जानकारी दी है। आदिनाथ की टोंक के बारे में वे लिखते हैं—"बक्सरिया टोले, पुराने थाना मुहल्ले में स्थित यह टोंक 19 सीढ़ियाँ चढ़कर ऊपर के खंड में है। अनुमानतः भगवान् आदिनाथ की पवित्र जन्मभूमि यहीं थी। इस टोंक का अद्‍भुत इतिहास है। कहते हैं—भगवान् आदिनाथ के जन्मस्थान पर बने हुए प्राचीन जैन मंदिर को तुड़वाकर नवाबी शासन में मसजिद बनाई जा रही थी। शाही खजांची केशरीमल देहलवीवालों ने नवाब फैजुद्दीन से फरियाद की—'यह स्थान तो भगवान् आदिनाथ का जन्मस्थान है।' इस पर नवाब ने उनसे प्रमाण माँगा। तब उन्होंने जवाब दिया, अमुक स्थान पर खुदवाकर देख लिया जाए। वहीं घी का एक चौमुख दीपक, स्वस्तिक और नारियल मिलेंगे। नवाब के

हुक्म से वह स्थान खोदा गया तो ये चीजें उसी प्रकार मिलीं। नवाब ने प्रभावित होकर मसजिद का काम रुकवा दिया और जैनों को अपना मंदिर बनाने की आज्ञा दे दी। जैनों ने मूर्ति के स्थान पर केवल चरण विराजमान किए। इस टोंक के पास भग्नावशेषों से प्रतीत होता है कि उस काल में यह मंदिर बहुत विशाल रहा होगा।"

महर्षि वाल्मीकि 'रामायण' में इस नगरी की महिमा का बखान करते अघाते नहीं—"अयोध्या नगरी 12 योजन लंबी और 3 योजन चौड़ी थी। सरयू नदी के तट पर संतुष्ट जनों से पूर्ण धन-धान्य से भरा-पूरा, उत्तरोत्तर उन्नति को प्राप्त कोसल नामक एक बड़ा देश था—*अयोध्या नाम नगरी तत्रसील्लोकविश्रुता। मनुना मानवेन्द्रेण या पुरी निर्मिता स्वयम्॥* यानी इसी देश में मनुष्यों के आदिराजा प्रसिद्ध महाराज मनु की बसाई हुई तथा तीनों लोकों में विख्यात अयोध्या नामक एक नगरी थी। इंद्र की अमरावती की तरह महाराज दशरथ ने उस पुरी को सजाया था। इस पुरी में राज्य को खूब बढ़ानेवाले महाराज दशरथ उसी प्रकार रहते थे, जिस प्रकार स्वर्ग में इंद्र रहते हैं।" बाबा तुलसी कहते हैं—*अवधपुरी सोहइ यहि भाँति, प्रभुहिं मिलन आई जनु राती। देख भानु जनु मन सकुचानी, तदपि बनी संध्या अनुमानी*¨।

पुराणों-आदि ग्रंथों के बाद इतिहास की पुस्तकें भी इस नगरी की कई कहानियाँ सुनाती हैं। छठी शताब्दी ईसा पूर्व में यह कोसल जनपद की राजधानी थी। इसके उत्तर में पांचाल, दक्षिण में काशी एवं पूर्व में विदेह जनपद था। बुद्ध एवं महावीर के काल में यह एक समृद्ध व महत्त्वपूर्ण नगरी थी। धर्म, व्यापार व राजनीतिक दृष्टि से महत्त्वपूर्ण थी। तब इसका क्षेत्रफल 96 वर्ग मील था। मुख्य कोसल में तीन बड़े नगर थे। बौद्ध साहित्य में यह भी मिलता है कि कोसल में सेतव्य तथा उक्कत्थ जैसे छोटे नगर भी थे। इनके अलावा जो बड़े नगर थे, उनमें अयोध्या, साकेत तथा श्रावस्ती या सावत्थि थे। अयोध्या सरयू नदी के तट पर बसा था। हालाँकि साकेत अयोध्या को ही कहते हैं, लेकिन प्रोफेसर रीज डेविड्स मानते हैं कि बौद्ध काल में दोनों नगरों का अलग-अलग अस्तित्व था। हो सकता है, अयोध्या और साकेत जुड़वाँ रहे हों, लंदन और वेस्टमिंस्टर की तरह। श्रावस्ती का अस्तित्व आज भी है। माना जाता है कि छठी तथा पाँचवीं शताब्दी ईसा पूर्व कोसल एक शक्तिशाली राज्य था। गंगा की घाटी में अपने एकाधिपत्य के लिए कोसल को एक बार काशी तथा एक बार मगध से भी लोहा लेना पड़ा था। मगध से कोसल का वैमनस्य तब तक चलता रहा, जब तक कोसल और मगध एक नहीं हो गए। वैसे अश्वघोष ने अपने 'बुद्धचरित' में शेतविक और साकेत दोनों

का उल्लेख किया है—"तब शेतविक की वन-भूमि में उत्तम शिक्षक ने एक मैने को और एक सुग्गे को—द्विजों के समान विद्वान् दो द्विजों को—सिखाया।"..."तब साकेत नगर में जंगली नागर तथा क्रूरकर्मा कालक व कुम्भीर शम-धर्म में लाए गए।" बुद्ध ने कइयों का साकेत में जीवन बदला। ज्ञान प्राप्ति के बाद 45 वर्ष के जीवन में बरसात का 16 चौमासा उन्होंने यहीं बिताया, इसलिए बौद्ध दार्शनिकों और बौद्ध यायावरों को भी अयोध्या आकर्षित करता रहा है। यह बौद्धों के लिए भी 'तीर्थ' समान ही है। इसलिए सातवीं शताब्दी में चीनी यात्री ह्वेनसांग भी अयोध्या आना नहीं भूलता है। उसने अपने यात्रा-वृत्तांत में अयोध्या को ओयूटी लिखा है। यही नहीं, वह इस नगर के बारे में कुछ विस्तार से जानकारी देता है—"इस राज्य का क्षेत्रफल 5000 ली और राजधानी का क्षेत्रफल 20 ली है। यहाँ पर अन्न बहुत उत्पन्न होता है तथा सब प्रकार के फल-फूलों की अधिकता है। यहाँ के लोग धार्मिक कृत्य से बड़ा प्रेम रखते हैं तथा विद्याभ्यास में विशेष परिश्रम करते हैं। संपूर्ण देश भर में करीब 100 संघाराम व 3000 साधु हैं, जो हीनयान व महायान दोनों संप्रदायों की पुस्तकों का अध्ययन करते हैं। करीब दस देव मंदिर हैं, जिनके अनेक पंथों के अनुयायी (बौद्ध धर्म के विरोधी) निवास करते हैं, परंतु उनकी संख्या थोड़ी है।" ह्वेनसांग आगे बौद्ध धर्म, संघाराम आदि का जिक्र करता है। मध्यकाल में सिख धर्म के प्रथम गुरु नानक देव, नौवें गुरु तेगबहादुर एवं दसवें गुरु गोबिंद सिंह इस धरती को पवित्र कर चुके हैं। उनकी पावन स्मृतियों में यहाँ गुरुद्वारे भी हैं।

इसलिए अयोध्या नगरी हर कालखंड में आस्थावानों को आकर्षित करती रही है। दुनिया में धर्म की वैज्ञानिक और वस्तुपरक व्याख्या करनेवाले युवा और योद्धा संन्यासी स्वामी विवेकानंद 1888 के अगस्त के पहले सप्ताह में अयोध्या आए और अपनी चरण धूल से इस धरती के रज-कण को प्रणाम किया। स्वामी विदेहात्मानंद 'स्वामी विवेकानंद का हिमालय भ्रमण तथा कुछ अन्य यात्राएँ' में इस यात्रा की विस्तार से चर्चा करते हैं—"श्रीरामचंद्र के गुणगान से मुखरित प्राचीन राजधानी अयोध्या में आकर स्वामीजी ने श्रीरामचंद्र के चरणरज से पवित्र किए हुए दर्शनीय स्थानों का अवलोकन किया।...अयोध्या में आकर मानस-पटल पर अतीत की असंख्य मधुर स्मृतियाँ उभर आईं। वहाँ पर वे बड़ी श्रद्धा के साथ रामनाम का गान करते हुए द्वार-द्वार भिक्षाटन किया करते। अयोध्या के साधुओं से श्रीराम की लीलाओं तथा गुणगान को सुनकर उन्होंने विशेष आनंद का उपभोग किया। वहाँ

पर वे बड़ी छावनी में स्थित बाबा रघुनाथदास के आश्रम में भी गए।" यहाँ कुछ दिन रहने के बाद विवेकानंद लखनऊ, आगरा होते हुए वृंदावन चले गए। एक बार और वे अयोध्या आए और यहाँ युगलबल शरण के शिष्य जानकीबल्लभ शरण के यहाँ ठहरे। एक-दो दिन बाद वे यहाँ से हिमालय की ओर प्रस्थान कर गए। इसी तरह का एक यात्रा-वृत्तांत 1912 का मिलता है। बाबू साधुचरण 'भारत भ्रमण' पर निकले थे। उनके भ्रमण का वृत्तांत पाँच खंडों में बंबई के प्रमुख प्रकाशक खेमराज श्रीकृष्णदास के श्रीवेंकटेश्वर प्रेस से संवत् 1969, शक 1834 में प्रकाशित हुआ था। इसके तीसरे खंड में अयोध्या भ्रमण का वृत्तांत है। इसमें अयोध्या के प्राचीन इतिहास के साथ वर्तमान आबादी, मंदिर-मठ आदि का जिक्र उन्होंने किया है। साधुचरण लिखते हैं—"अवध प्रदेश के फैजाबाद जिले में फैजाबाद कस्बे से छह मील पूर्वोत्तर सरयू नदी के दाहिने अर्थात् दक्षिण किनारे पर अयोध्या एक प्रसिद्ध तीर्थ और सप्त पुरियों में एक पुरी है। अयोध्या में सन् 1881 की मनुष्य गणना के समय 2545 मकान (जिनमें 864 पक्के) और 116643 मनुष्य थे, अर्थात् 9499 हिंदू, 2141 मुसलमान और तीन दूसरे। 96 देव मंदिर, जिनमें 63 वैष्णव मंदिर और 33 शैव मंदिर, और 36 मसजिदें थीं। लक्ष्मण घाट से थोड़ी दूर 90 फीट ऊँचे टीले पर जैनों का आदिनाथ मंदिर है। कनक भवन, राजा दर्शन सिंह का शिव मंदिर और हनुमानगढ़ी यहाँ के मंदिरों में उत्तम हैं। अयोध्या में वैरागी वैष्णवों के बहुत से मठ हैं, जिनमें रघुनाथदासजी, मनीराम बाबा और माधोदास के मठ प्रधान हैं। रघुनाथजी अब नहीं हैं, उनकी गद्दी पर पूजा चढ़ती है। मनीराम बाबा के यहाँ सदावर्त जारी है और साधुओं की भीड़ रहती है। माधोदासजी नानकशाही थे, इनके मठ पर नानकशाहियों का सदावर्त है। इनके अतिरिक्त दिगंबरी अखाड़ा, रामप्रसादजी का अखाड़ा इत्यादि बहुतेरे मठ हैं। अयोध्या के मठों में कई एक धनवान मठ हैं।" आगे लिखते हैं—"अयोध्या में थोड़ी सौदागरी भी होती है। दुकानों पर यात्रियों के काम की सब वस्तु मिलती है। सवारी के लिए इक्के व ठेलागाड़ी है। ठेलागाड़ी को कुली बैल के समान खींचते हैं। यहाँ इमली के वृक्ष व बंदर बहुत हैं। अधिक यात्री अपने-अपने पंडों के मकानों में टिकते हैं।" इसके बाद यहाँ लगनेवाले मेलों व पर्व की जानकारी देते हैं—"अयोध्या का प्रधान मेला चैत्र रामनवमी को होता है, जिसमें 5,00,000 यात्री आते हैं। यात्रीगण सरयू के स्वर्गद्वार घाट पर रामनवमी के दिन स्नान-दान करते हैं। सरयू नदी की प्रधानता और इनका महात्म्य सब स्थानों से अयोध्या में अधिक है। यह नदी हिमालय पर्वत से निकलकर लगभग 600 मील

बहने के उपरांत छपरे से 14 मील पूर्व गंगा में मिलती है। सरयू और कौरियाला नदियों का संगम अयोध्या के पश्चिम बहराइच जिले में है।" उन्होंने इसके आगे अयोध्या के भीतर देव मंदिर व स्थानों की विस्तार से चर्चा की है। इसके बाद इसके इतिहास पर प्रकाश डालते हैं—"अयोध्या प्राचीन समय में सूर्यवंशी राजाओं की राजधानी थी। राजा दशरथ के समय, जिनके पुत्र रामचंद्र हुए थे, कोशल-राज की राजधानी अयोध्या नगरी का विस्तार 12 योजन अर्थात् 48 कोस लिखा है। रामचंद्र के पीछे कोशल राज्य के दो भाग हो गए। उनके बड़े पुत्र कुश ने कुशावती और छोटे पुत्र लव ने श्रावस्ती (जो गोंडा जिले में 'सेहत महत' नाम से प्रसिद्ध है) को अपनी राजधानी बनाया। उसके पीछे कुश कुशावती को ब्राह्मणों को देकर फिर अयोध्या में आए। सूर्य वंश के पिछले राजा सुमित्रा की गिरती के समय अयोध्या वीरान हुआ और राजवंश छितरा गया। सुमित्रा के मरने पर बौद्ध राजा हुए, जिनसे उज्जैन के राजा विक्रमादित्य ने अयोध्या को छीन लिया। उन्होंने पुराने शहर के पवित्र स्थानों का पता लगाया। विक्रमादित्य के पश्चात् अयोध्या और कोशल राज्य क्रम से समुद्रपाल, श्रीवास्तभ और कन्नौज राजवंश के अधीन रहा। चीन के रहनेवाले ह्वेनसांग ने सातवीं शताब्दी में अयोध्या में ब्राह्मणों की बड़ी आबादी, 20 बौद्ध मंदिर और 3000 फकीरों को देखा था।"

इसके बाद बाबर का जिक्र करते हैं—"बाबर ने जन्मस्थान के राममंदिर को तोड़कर सन् 1528 में उस स्थान पर मसजिद बनवा ली।" फिर मुगल काल के इतिहास पर रोशनी डालते हैं—"अकबर के समय हिंदू लोगों ने नागेश्वर नाथ, चंदहारे, आदि देवताओं के दश पाँच मंदिर बना लिये थे, जिनको औरंगजेब ने तोड़ डाला। अवध के नवाब सफदरजंग के समय दीवान नवल राय ने नागेश्वरनाथ का मंदिर बनवाया। दिल्ली की बादशाही की घटती के समय अयोध्या में मंदिर बनने लगे। साधुओं के अनेक अखाड़े आ जमें। नवाब वाजिद अली शाह के राज्य में अयोध्या में 30 मंदिर बन गए थे। अब छोटे-बड़े सैकड़ों मंदिर बन गए हैं। फैजाबाद शहर भी प्राचीन अयोध्या नगरी के अंतर्गत है।" आगे वे वाल्मीकि रामायण की संक्षिप्त चर्चा करते हैं। अकबर के मंत्री अबुल फजल ने अपनी प्रसिद्ध रचना 'आइन-ए-अकबरी' में तीन जगह अयोध्या की महिमा का वर्णन किया है—"अति प्राचीन काल से अयोध्या को पवित्रतम तीर्थ के रूप में देखा गया। यहाँ त्रेतायुग में जनमे श्रीरामचंद्र ने वास किया था। रामचंद्रजी का व्यक्तित्व आध्यात्मिक एवं राजसिक शक्तियों का पुंज था।" तब, इस कथा के अनुसार

फैजाबाद में अयोध्या नहीं, अयोध्या में फैजाबाद थी।

रामनारायण मिश्र, बी.ए. 'भूगोल' नाम की पत्रिका इलाहाबाद से निकालते थे। 1943 के एक अंक में फैजाबाद पर इसमें विस्तार से लिखा है। उन्होंने इस लेख को 1953 में प्रकाशित 'उत्तर प्रदेश' नाम की पुस्तक में भी संकलित किया। इस फैजाबाद में अयोध्या का संक्षिप्त इतिहास भी है। इसका उल्लेख जरूरी है। वे लिखते हैं—"अयोध्या का श्रीरामचंद्रजी से संबंध है। यहाँ (कोशल में) त्रेतायुग में सूर्यवंशियों का राज्य था। इसका विस्तृत वर्णन वाल्मीकि और तुलसीदास की रामायण में है। कोशल राज्य की राजधानी अयोध्या थी। यहाँ ईसा से 200 वर्ष के पुराने सिक्के मिले हैं। कुछ बौद्धकालीन वर्गाकार सिक्के मिले हैं। कुछ समय तक यहाँ कन्नौज के राजाओं का भी शासन रहा।...सातवीं सदी के आगे अयोध्या उजाड़ पड़ी रही। लेकिन यहाँ पवित्र तीर्थ स्थान सदा बना रहा। मुसलमानों के आने पर अयोध्या एक प्रांत की राजधानी बनी। इससे इसका महत्त्व एक बार फिर बढ़ गया। अकबर के समय यहाँ टकसाल रही। मुसलमानी राजधानी हो जाने पर अयोध्या में मंदिरों की संख्या बढ़ गई। शाकल द्वीपीय ब्राह्मणों की शक्ति बढ़ गई। उन्हीं का एक प्रतिनिधि अयोध्या का महाराजा हो गया। अयोध्या मंदिरों का नगर है। कहते हैं कि मुसलमानों के आक्रमण के समय यहाँ तीन (जन्मस्थान मंदिर, स्वर्गद्वार मंदिर और त्रेता का ठाकुर) मंदिर थे। 1528 में बाबर यहाँ आया और एक सप्ताह तक ठहरा। उसने प्राचीन मंदिर तुड़वा डाला और जन्म स्थान पर मंदिर के सामान से अपनी (बाबर की) मसजिद बनवाई। बहुत से प्राचीन स्तंभ इस समय भी बहुत अच्छी दशा में हैं। यह काले कसौटी के पत्थर के स्तंभ हैं। इनकी लंबाई सात या आठ फीट है। निचले भाग में यह चौकोर (वर्गाकार) है और चोटी पर गोल या अष्टभुजाकार है। कुछ समय (गदर) तक हिंदू और मुसलमान एक ही स्थान पर पूजा करते रहे। गदर के बाद मसजिद का घेरा बन गया। जन्मस्थान में हिंदुओं का जाना बंद हो गया। हिंदुओं ने बाहरी भाग में अपना पूजा स्थान बनाया।"...."जन्म स्थान के नष्ट होने से हिंदू और मुसलमानों में वैमनस्य बढ़ गया। 1855 में हिंदू मुसलमानों की खुल्लम-खुल्ला लड़ाई हुई। मुसलमान जन्म स्थान पर इकट्ठे हुए। यहाँ से हनुमानगढ़ी पर चढ़ाई की, लेकिन वे भगा दिए गए। इसके बाद हिंदुओं ने जन्मस्थान पर धावा बोला। इसके फाटक पर 70 मुसलमान मारे गए। इसे 'गंज शहीदी' कहते हैं। ब्रिटिश सेना ने कोई हस्तक्षेप नहीं किया। लेकिन जब अमेठी के मौलवी अमीर ने हनुमान गढ़ी को नष्ट करने के लिए सेना

तैयार की तो उसके साथी बाराबंकी में रोक दिए गए। औरंगजेब की बनवाई गई मसजिदें बिगड़ी दशा में हैं। त्रेता का ठाकुर मंदिर उस स्थान पर बना है, जहाँ रामचंद्रजी ने यज्ञ किया था। यहाँ रामचंद्र और सीताजी की मूर्तियों की स्थापना है। 200 साल पहले कुलू (पंजाब) के राजा ने इसकी मरम्मत करवाई। फिर महारानी अहिल्याबाई ने 1784 में इसका सुधार करवाया और पड़ोस का घाट बनवाया। उसने एक नया (अहिल्याबाई) मंदिर बनवाया और इसे 261 रुपए वार्षिक दान दिया। इस समय भी इंदौर राज की ओर से मंदिर को मिलता है। कहते हैं कि जिन प्राचीन मूर्तियों को औरंगजेब ने सरयू में फिंकवा दिया था, वे निकाल ली गईं और फिर से त्रेता के मंदिर में स्थापित की गईं। यह मंदिर रामनवमी व कार्तिक के मेले के अवसर पर खुलता है।"

बाबर के अयोध्या में आने का कोई आधिकारिक प्रमाण नहीं मिलता, लेकिन ताज्जुब है कि राम जन्मभूमि मंदिर पर मसजिद बनने के बाद यह 'राम जन्मस्थान-बाबरी मसजिद' के नाम से जानी गई। कुछ कहते हैं, इसे औरंगजेब ने तुड़वाया। पूर्व पुलिस अधिकारी और पटना महावीर मंदिर न्यास के सचिव कुणाल किशोर भी मानते हैं कि (अयोध्या रीविजिटेड) अयोध्या में राम जन्मस्थान पर मंदिर तोड़ मसजिद का निर्माण औरंगजेब द्वारा करवाया गया। वे जोर देकर कहते हैं कि बाबर ने इस मंदिर को नहीं गिराया था, वह क्रूर जरूर था, लेकिन उदार था। मंदिर को 1660 में गिराया गया था। वे इसके बाबरी नामकरण के पीछे फ्रांसिस बुकानन की भूमिका मानते हैं। अपने एक इंटरव्यू में कहते हैं कि टीपू सुल्तान की शहादत के बाद फ्रांसिस को कर्नाटक का सर्वे करने का भार सौंपा गया। उसने ब्रिटिश सरकार को इतना अच्छा सर्वे सौंपा कि ब्रिटिश सरकार ने उसे बंगाल, बिहार व यू.पी. का भी सर्वे करने का जिम्मा दे दिया। तब, उसने गोरखपुर डिविजन का 1813 में सर्वे किया, जिसके अंतर्गत उस समय अयोध्या भी थी। उसने कहा कि हिंदुओं की मान्यता है कि काशी, मथुरा व अयोध्या के मंदिरों को औरंगजेब ने तोड़ा, लेकिन मुझे एक शिलालेख मिला है, जिस पर लिखा है कि अयोध्या के मंदिर को औरंगजेब ने नहीं, बाबर ने तोड़ा। उनकी रिपोर्ट को ईस्ट इंडिया कंपनी के बोर्ड के डायरेक्टर मार्टिन ने 1838 में बुकानन का बगैर नाम लिये, अयोध्या की कहानी लिख डाली, तो फिर यह पूरे ब्रिटिश जगत् में प्रचलित हो गया कि अयोध्या के मंदिर का ध्वंस बाबर ने किया। और, इस तरह यह बाबर के नाम से जुड़ गया। किशोर कुणाल औरंगजेब के पक्ष में यह तर्क देते हैं कि 1632-34

में कई यात्रियों ने अयोध्या में मंदिर को देखा था और तुलसीदास ने खुद मानस को अयोध्या के राम मंदिर में बैठकर लिखा था। अब जबकि औरंगजेब की मृत्यु 1707 में हो चुकी थी। उसके बहुत पहले ईस्ट इंडिया कंपनी का एक प्रतिनिधि विलियम फिंच जहाँगीर के काल में भारत आया था। वह यहाँ 1608 से 1611 तक रहा। उसने अयोध्या का दौरा किया। उसने अयोध्या में राम जन्मभूमि का अवशेष देखा था। यही उसने अपने यात्रा-वृत्तांत में जिक्र किया है। वह किसी मसजिद की बात नहीं करता। अब प्रश्न है कि जब औरंगजेब ने मंदिर को ध्वस्त कर मसजिद बनाई तो फिंच किस राम मंदिर के अवशेष की बात कर रहा था! जबकि औरंगजेब का जन्म ही फिंच के अयोध्या दौरे के सात साल बाद, 1618 में होता है। एक दूसरे यूरोपियन यात्री मिशनरी जेसुइट जोसेफ टेफेन्थैलर ने भारत में 38 सालों तक रहकर काम किया। वह भी 1767 में अयोध्या गया था और इसका भी मानना है कि औरंगजेब ने ही रामकोट का ध्वंस कर मसजिद बनाई। उसने अपने विवरण में सीता रसोई, स्वर्गद्वार व वेदी का भी उल्लेख किया है। 1838 में ब्रिटिश सर्वेयर मांटगोमरी ने भी लिखा कि मसजिद के पिलर मंदिर के हैं। इसके बीस साल बाद पंजाब से दो दर्जन निहंग सिख आकर अयोध्या के राम जन्मभूमि स्थल पर धावा बोल देते हैं। 30 नवंबर, 1858 को अयोध्या के तत्कालीन थानेदार शीतल दुबे को बाबरी मसजिद के मोअज्जिन सैयद मोहम्मद खतीब ने एक आवेदन दिया और लिखा कि पंजाब से फकीर निहंग सिखों के जत्थे ने बाबरी मसजिद पर धावा बोल दिया। उन्होंने मसजिद के अंदर जबरन चबूतरा बनाया, अंदर मूर्ति रखी, आग जलाई व पूजा की। मंदिर की दीवारों पर कोयले से राम-राम लिख दिया। यह मसजिद मुसलमानों की इबादतगाह है, न कि हिंदुओं का पूजा स्थल।" इस घटना के 12 साल बाद पेट्रिक कारनेगी ने 1870 में अयोध्या के बारे में कुछ जानकारी दी है। पेट्रिक एक अंग्रेज अधिकारी था और इसे फैजाबाद जिले का राजस्व सर्वेक्षण एवं बंदोबस्त करने का दायित्व सौंपा गया था। यहाँ रहते हुए उसे अयोध्या की ऐतिहासिकता का पता चला तो उसने अयोध्या पर पाँच पेज खर्च किए। उसकी 1870 में प्रकाशित 'ए हिस्टोरिकल स्केच ऑफ तहसील फैजाबाद, जिला फैजाबाद इन्क्लूडिंग परगना हवेली अवध एंड पश्चिम रथ विद द ओल्ड कैपिटल्स-अजुधिया एंड फैजाबाद' इसका जिक्र है। उसने रामकोट, सीता रसोई, जन्मस्थान से लेकर नगर के प्रमुख मंदिर, कुंड का उल्लेख किया है। उसने बताया कि चैत रामनवमी पर यहाँ काफी भीड़ होती है। इस तरह के कई विवरण और

देश-विदेश के यात्रियों के वृत्तांत मिलते हैं। लेकिन सबसे अजीब बात यह है कि आखिर, अधिकांशतः इसे बाबरी मसजिद ही लिखते गए। लोक में भी यही धारणा प्रचलित हो गई और जिसने बाद में लिखत में अपना स्थान बना लिया?

इतना तो सभी मानते हैं कि अयोध्या में राम जन्मभूमि स्थान पर खड़ी मंदिर को तोड़कर ही मसजिद का निर्माण किया गया। हाँ, कुछ ऐसे भी हैं, जो मानते हैं कि मसजिद खाली जमीन पर बनी। वह जो आँख से दिखाई दे रहा था, मंदिर के साक्ष्य, उसे वे नहीं मानते। अब चाहे, इसका निर्माण मीर बाकी ने किया हो या औरंगजेब ने? खुदाइयों व ऐतिहासिक साक्ष्यों, इतिहास की पुस्तकों, पुराणों व शिलालेख ने भी साबित कर दिया है कि यहाँ मंदिर को क्षतिग्रस्त कर ही मसजिद का निर्माण किया गया था। हाँ, खुदाई में मिले साक्ष्यों के आधार पर कुछ पुरातत्त्वविद् यह भी मानते हैं कि इस मंदिर को 12-13वीं सदी में पहली बार नुकसान पहुँचाया गया था। उनका यह दावा इसलिए है कि यहाँ से जो अवशेष मिले, उसमें कुछ 12वीं-13वीं सदी के भी थे। दूसरी बार 1600 से 1700 ईसवी के बीच का काल मान सकते हैं और तीसरी बार 06 दिसंबर, 1992 को, जब इस विवादित ढाँचे को कारसेवकों ने गिरा दिया।

जब 09 नवंबर, 2019 को सुप्रीम कोर्ट से राम जन्मभूमि पर फैसला मंदिर के पक्ष में आ गया तो अचानक गांधीजी की चर्चा होने लगी। यह चर्चा उनके अयोध्या जाने और रामलला के दर्शन को लेकर थी। कहते हैं, अयोध्या गांधीजी दो बार गए। एक 1921 में व दूसरी बार 1929 में। 1921 में उनकी यात्रा का विवरण 'आज' के 11-2-1921 में छपा था। उनके लेख 'मेरी पंजाब की अंतिम यात्रा' में अयोध्या वाला प्रसंग छपा है। वह देखना चाहिए—"अयोध्या में, जहाँ रामचंद्रजी का जन्म हुआ, कहा जाता है, उसी स्थान पर छोटा सा मंदिर है। जब मैं अयोध्या पहुँचा तो वहाँ मुझे ले जाया गया। श्रद्धालु असहयोगियों ने मुझे सुझाव दिया कि मैं पुजारी से विनती करूँ कि वह सीताराम की मूर्तियों के लिए पवित्र खादी का उपयोग करें। मैंने विनती तो की, लेकिन उस पर अमल शायद ही हुआ हो। जब मैं दर्शन करने गया, तब मैंने मूर्तियों को भोंड़ी मलमल और जरी के वस्त्रों में पाया। यदि मुझमें तुलसीदास जितनी प्रगाढ़ भक्ति की सामर्थ्य होती तो मैं भी उस समय तुलसीदासजी की तरह हठ पकड़ लेता। कृष्ण मंदिर में तुलसीदासजी ने प्रतिज्ञा की थी कि जब तक धनुष-बाण लेकर रामरूप में प्रकट नहीं होते, तब तक तुलसी मस्तक नहीं झुकेगा। श्रद्धालु लेखकों का कहना है कि जब गोस्वामीजी

ने ऐसी प्रतिज्ञा की, तब चारों ओर उनकी आँखों के सामने रामचंद्रजी की मूर्ति खड़ी हो गई और तुलसीदासजी का मस्तक सहज ही नत हो गया। अनेक बार मेरा ऐसा हठ करने का मन हो आता है कि हमारे ठाकुरजी को जब पुजारी खादी पहनाकर स्वदेशी बनाएँगे, तभी हम अपना माथा झुकाएँगे। लेकिन मुझे पहले इतना तप करना होगा, तुलसीदास की अपूर्व भक्ति को प्राप्त करना होगा। इस बीच जैसे मुसलमान भाई पवित्र कार्यों के लिए खादी का उपयोग करने लगे हैं, वैसे ही मैं चाहता हूँ कि हिंदुओं के मंदिरों और अन्य पवित्र कार्यों में खादी का इस्तेमाल होने लगे। सृष्टि का नियम है कि एक महत्त्वपूर्ण कार्य के सुसंपन्न होने से अन्य संबद्ध कार्य स्वयमेव संपन्न होते चले जाते हैं। हिंदुस्तान में सबसे ज्यादा आयात कपड़े का होता है, यद्यपि एक समय ऐसी बात न थी। फलतः जब हम विदेशी कपड़े का सर्वथा बहिष्कार कर देंगे, तब हमें स्वराज मिलकर रहेगा, तब हमारी ताकत इतनी बढ़ जाएगी कि कोई हमारी स्वतंत्रता के आड़े आ ही नहीं सकेगा।" यहाँ आकर गांधीजी ने रामलला के दर्शन किए, लेकिन उनके मन में खादी और स्वराज की चिंता ही थी। स्वराज के लिए खादी जरूरी थी। खादी से स्वावलंबन आता। स्वावलंबन से आत्मनिर्भरता और आत्मनिर्भरता से ही आजादी का जन्म होता है। इसलिए गांधीजी चाहते थे कि यदि रामलला के वस्त्र खादी के होंगे तो उन्हें लाखों-करोड़ों भक्त खादी को जरूर अपने जीवन में राम-नाम की तरह स्थान देंगे। यह सदिच्छा बुरा भी नहीं।

गांधीजी ने यह यात्रा देश की गुलामी के दौरान की थी, तब उनका ध्येय देश की आजादी था। आजादी के बाद उनके पौत्र रामचंद्र गांधी ने भी अयोध्या की यात्रा की और कहा जाता है कि अयोध्या के राम जन्मभूमि स्थल पर सीता की रसोई की ओर पहले-पहल उन्होंने ही लोगों का ध्यान खींचा था। सीता किचन नाम से उनकी पुस्तक भी अंग्रेजी में आ चुकी है। वे लिखते हैं, "उत्तर प्रदेश के फैजाबाद जिले के अयोध्या नगर में सरयू नदी के पूर्वी किनारे के काफी ऊपर रामकोट टीले के उत्तर-पूर्वी छोर पर (रामकोट किले से यह नाम पड़ा है, जो कभी इस ऊँचाई पर था) तीन गुंबदों और तीन मेहराबवाली बाबरी मसजिद है।... मेरा ध्यान उस ओर गया, जहाँ पहले नहीं गया था। एक अपेक्षाकृत नए बोर्ड पर लिखा था, 'जन्मस्थली सीता की रसोई'। मेरी आँखें और मेरा मन अयोध्या विवाद के एक उपेक्षित, लेकिन बड़े महत्त्वपूर्ण पक्ष की ओर खुल गए।" रामचंद्र गांधी, मीडिया को इस बात के लिए दोष देते हैं कि उन्होंने सीता की रसोई को वह महत्त्व

नहीं दिया, जिसे दिया जाना चाहिए था—"मीडिया ने इस तथ्य को प्रसारित नहीं किया है कि रामकोट टीले के जिस इलाके में मसजिद बनी है, हिंदू उसकी पूजा राम के जन्मस्थान के लिए ही नहीं, सीता की रसोई के लिए भी करते हैं। मसजिद की मुखालिफत करते गुस्सैल हिंदू प्रचार में सीता की रसोई का कोई जिक्र तक नहीं है।" खैर, यह काम रामचंद्र गांधी ने किया और 'सीता किचन' लिखकर पूरी दुनिया का ध्यान इस ओर आकर्षित किया।

इस बीच एक और बात याद आ गई। अमृतलाल नागर ने 'गदर के फूल' में एक कहानी का जिक्र किया है। यह कहानी उन्होंने अवध में लोगों की जुबान से सुनी थी। कहानी यह है—"सन् 1853 में अयोध्या में हनुमानगढ़ी को लेकर हिंदू-मुसलमानों में विवाद हो गया। इसमें तीन सौ से चार सौ के आसपास लोग मारे गए, लेकिन चार साल बाद दोनों समुदाय अंग्रेजों के खिलाफ लड़ते हैं। इस एकता को बनाने के प्रयास हनुमानगढ़ी के बाबा रामचरण दास व मौलवी अमीर अली ने किए। यही नहीं, मौलवी अमीर अली एक सभा में मुसलिम भाइयों से श्रीराम जन्मभूमि-बाबरी मसजिद हिंदुओं को देने की बात मनवा लेते हैं। "भाइयो, बहादुर हिंदू हमारी सल्तनत को हिंद में मजबूत करने के लिए लड़ रहे हैं। इनके दिल पर काबू पाने और इनके अहसानों का बोझ अपने सिर से उतार देने के लिए हमारा फर्ज है कि अयोध्या की श्रीराम जन्मभूमि, जिसे हम 'बाबरी मसजिद' कहते हैं, जो हकीकत में रामचंद्रजी की जन्मभूमि के मंदिर को जमींदोज करके शहंशाहे हिंद बादशाह बाबर ने बनवाई थी, हिंदुओं को वापस दे दें। इसमें हिंदू-मुसलिम इत्तदाह की जड़ इतनी मजबूत हो जाएगी कि जिसे अंग्रेजों के बाप भी नहीं उखाड़ सकेंगे।" इस कहानी से यह साबित होता है कि अवध के मुसलमान भी मानते थे कि बाबरी मसजिद श्रीराम जन्मभूमि पर ही बनी है और इस पर हिंदुओं का हक है। हिंदू व मुसलिम दोनों के विश्वास की यह निरंतरता बनी रहती है तो इसके पीछे कुछ तो ठोस और महत्त्वपूर्ण कारण रहा होगा··· !

हिंदी के प्रखर व प्रख्यात रचनाकार कमलेश्वर अयोध्या की यात्रा करते हैं। वे अपने यात्रा-वृत्तांत को 'सुलगते शहर का सफरनामा' कहते हैं। वे पुराण व इतिहास दोनों के हवाले से कहते हैं—"अयोध्या एक पौराणिक नगर है···कहा जाता है कि इसे मनु ने अपने पुत्र इक्ष्वाकु के लिए बसाया था···आज भी वहाँ एक नौ गज लंबी कब्र-सी बनी है, जिसे वहाँ के मुसलमान पूज्य मानते हैं और हिंदू उसे मनु की (उलटी पड़ी) प्रलय काल की नौका के रूप में पूजते हैं। यदि हम

पौराणिक आख्यानों में न भी जाएँ तो इतिहाससम्मत यह सूचना तो अवश्य ही मिलती है कि उज्जयिनी के महाराजा विक्रमादित्य ने इसे दुबारा बसाया था। अंग्रेज इतिहासकार हंटर, स्मिथ आदि ने इसे दुबारा बसाए जाने का श्रेय चंद्रगुप्त द्वितीय को दिया है, जिसकी उपाधि 'विक्रमादित्य' थी। चंद्रगुप्त द्वितीय मगध का राजा था। विक्रमादित्य उज्जयिनी के, जिन्होंने, शकों के आक्रमण को विफल किया था और उन्हें हराकर 'शकारि' नाम से भी प्रसिद्ध हुए थे। शकों को पराजित करने के बाद ही उन्होंने विक्रम संवत् शुरू किया था, जो आज भी जारी है। ये विक्रमादित्य मालवा के राजा थे और भतृहरि के छोटे भाई थे। भतृहरि ने अपनी रानी पिंगला की अनासक्ति के कारण वैराग्य का रास्ता अपनाया था। उनके राज त्याग के बाद विक्रमादित्य गद्दी पर बैठे थे। इन्हीं के नवरत्नों में से वराह मिहिर, वररुचि और कालिदास—तीन महत्त्वपूर्ण रत्न थे। इनकी राजधानी उज्जयिनी थी।...विक्रमादित्य ने ही राम जन्मभूमि मंदिर बनवाया था—ईसवी सन् से पूर्व पहली सदी में। इससे पहले का इतिहास काल के गर्त में है।" अब सवाल यह उठता है कि जो इतिहास काल के गर्त में है, उसे हमने सोच-समझकर डाल दिया है, या उस इतिहास में हमारी कोई दिलचस्पी नहीं रही या हमारी दृष्टि से अभी ओझल ही है? जैसा कि अभी एक जानकारी सवाई राजा जयसिंह के बारे में आई और दूसरी लालदास कृत 'अवध विलास' के बारे में।

जयपुर बसानेवाले सवाई राजा जयसिंह अयोध्या में एक भव्य मंदिर बनाना चाहते थे। इसका खुलासा तब हुआ, जब जयपुर के सिटी पैलेस में रखे कुछ नक्शे व इकरारनामे हाथ लगे। 01 जून, 1717 को एक करार में लिखा गया है कि 938 स्क्वायर यार्ड जमीन महाराज जयसिंह को अयोध्या में हवेली, कटला व पुरा बनाने के लिए दिया गया है। यही नहीं, मुगलों और राजपूतों के बीच अयोध्या में भव्य राम मंदिर बनाने के समझौते के और ढेर सारे सबूत भी जयपुर राजघराने के कपड़ द्वार म्यूजियम में हैं। यहाँ अयोध्या के राम मंदिर के आठ नक्शे भी रखे हुए हैं। इन नक्शों में अयोध्या और इसके आसपास की जमीनें दरशाई गई हैं और दिखाया गया है कि मंदिर कैसा बनेगा। यानी, मंदिर का ध्वंस पहले ही हो चुका था और औरंगजेब की मृत्यु 1707 में हो चुकी थी। कुछ इतिहासकार मानते हैं कि अयोध्या में जयसिंह ने कुछ निर्माण करवाया था—शायद एक पुरा अपने नाम से जयसिंह पुरा बसाया हो। यहाँ और भी कुछ दस्तावेज रखे हुए हैं। 1799 को सदाअत अली खान का परनामा भी है, जिसमें लिखा हुआ है कि अयोध्या के जयसिंह पुरा में राम

मंदिर के लिए जमीन सुरक्षित है। इस पर काजी सैयद नबी बख्श की सील लगी हुई है। इन दस्तावेजों से यही निकलकर आता है कि राम जन्मभूमि का सवाल मुगल काल में भी सुप्त नहीं था।

अब 'अवध विलास' को देखें। 'अवध विलास' की रचना लाल दास ने तुलसी के रामचरितमानस से सौ साल बाद की थी। 'अवध विलास' की खोज एकदम नई है। 1985 में इसका प्रथम संस्करण डॉ. चंद्रिका प्रसाद दीक्षित 'ललित' के संपादन में आया। लाल दास ने अपने इस रामायण में राम के जन्मस्थान का भौगोलिक जिक्र किया है—

अब सुन राम जन्म अस्थाना। जन्म भयो जेहि ठौर ठिकाना॥
जाको दरस करै नर कोई। माता गर्भ बास नहिं होई॥
देव सिद्ध रिषि मुनि जन जेते। बंदत हैं ता ठौरहिं तेते॥
विघ्नेश्वर के पूरब ओरा, आठ हजार धनुष वह ठोरा॥
लोमस्थल के पश्चिम देसा। धनुष पचास और कछु ऐसा॥
है उन्मत्त की दक्षिण घाहीं, धनुष एक सय आधिक नाहीं॥
मुनि वशिष्ठ के उत्तरभागा, राम जन्म जहुं मध्य विभागा॥
नौमी चैत मास उजियारी, व्रत करै दरसन नर नारी॥

इस चौपाई में कवि ने राम जन्म की भौगोलिक स्थिति का जिक्र किया है। लाल दास ने अयोध्या में ही इसकी रचना की, इसलिए उन्होंने लोक विश्वास और रसिक साधना के द्वारा स्वीकृत राम जन्म के स्थान को प्रामाणिक मानकर उसका वर्णन किया है। उन्होंने दूरी के लिए धनुष का जिक्र किया है। यह एक प्राचीन माप है—साढ़े तीन हाथ की माप को एक धनुष कहा जाता है। बाकी कौन ऋषि-मुनि की कौन सी जगह है, किसका किस दिशा में ठौर है, इसका हवाला दिया है।

हम तो राम और राम के अस्तित्व पर ही सवाल उठाते रहे हैं। अयोध्या को लेकर भी भ्रम फैलाते रहे हैं और रामकथा की पूरी परंपरा पर भी। सुप्रसिद्ध ललित निबंधकार कुबेरनाथ राय ने महाकवि गोएथे के हवाले से लिखा है—"गोएथे ने एक बार कहा था कि इतिहास का निचोड़ या मधु है मिथक और मिथक का निचोड़ या मधु है रहस्यबोध। गोएथे की यह उक्ति भारतीय मिथकों पर विशेषत: हमारे राष्ट्रीय महाकाव्यों—रामायण, महाभारत और श्रीमद्भागवत पर पूर्णत: लागू होती है। ये महाकाव्य शुद्ध इतिहास नहीं, इतिहास का 'मधु' प्रस्तुत करते हैं। रामायण हमारे इतिहास के भीतर निहित 'अस्ति' तत्त्व को अर्थात् 'शाश्वत' को

अभिव्यक्त करता है।" अब वामपंथी इतिहासकार सुशील श्रीवास्तव को देखिए। अपने 'इतिहास का दुरुपयोग : अयोध्या संबंधी श्वेतपत्रों का एक अध्ययन' में कई सवालों में एक सवाल यह भी उठाते हैं कि 'राम-भक्ति' को चौतरफा स्वीकृति बहुत लंबे समय बाद मिली। भारत के उत्तरी भागों की जनता ने निजी या पारिवारिक इष्टदेव के रूप में राम को उन्नीसवीं सदी में ही स्वीकार किया। अनेक तात्कालिक विवरणों से भी इस बात की पुष्टि होती है कि राम भक्ति का आरंभ बहुत बाद में हुआ।" किन विवरणों में ऐसा जिक्र है, वे इसका हवाला नहीं देते। आगे लिखते हैं—"फ्रांसिस हैमिल्टन बुकानन (1812-14) और मांटगोमरी मार्टिन (1838) ने अवध का दौरा किया और अयोध्या के इर्द-गिर्द के इलाके में रहनेवाली जनता का विस्तृत विवरण दिया। उन्होंने कहा कि वैसे तो वैरागी पूरे देश में फैले हुए हैं, मगर उनका प्रभाव और उनके अनुयायी बहुत सीमित हैं। इस क्षेत्र में और बहुत से पंथ में भी सक्रिय थे। वास्तव में, उच्च जातियों में राम की पूजा कोई खास लोकप्रिय नहीं थी। इष्टदेव के रूप में राम की पूजा खासकर उन लोगों के बीच प्रचलित थी, जो गरीब व पददलित थे।" श्रीवास्तव इस तरह अनुमान लगाते हैं, "इस प्रकार बहुत स्पष्ट है कि हाल के वर्षों में राम-पूजा का अच्छा-खासा विस्तार हुआ है, खासतौर पर विश्व हिंदू परिषद् के अभियान और दूरदर्शन पर धारावाहिक 'रामायण' के प्रसार के कारण।" सुशील श्रीवास्तव की अज्ञानता यहीं झलकती है। उन्हें थोड़ा कुबेरनाथ के गंभीर निबंधों का अध्ययन करना चाहिए। आधा दर्जन किताबें रामकथा के विभिन्न प्रसंगों पर हैं। इनका अध्ययन न करना चाहें तो सवाल है, क्या बौद्ध ग्रंथ 'दशरथ जातक' व जैन ग्रंथ 'पउम चरिउ' से लेकर उन बोलियों में, जो दुनिया की प्राचीन भाषा परिवारों की मानी जाती हैं, उनमें रामकथा कैसे पहुँच गई? हिंदी व उसकी सहयोगी भाषा परिवार की तो छोड़िए, अगरिया व कोरवा जनजातीय संस्कृति में राम कैसे उपस्थित हो गए? अगरिया असुर परिवार के हैं और छत्तीसगढ़ व मध्य प्रदेश में इनकी आबादी है। झारखंड के सीमावर्ती गढ़वा के पास सोनभद्र व विंध्य की पहाड़ियों में भी इनका रहवास है। कोरवा झारखंड में भी छत्तीसगढ़ की सीमा पर हैं। कोरवा के लिए रावण प्रिय है और अगरिया के लिए राम। इन जातियों में सीता हरण, लक्ष्मण शक्ति सहित कई प्रसंग हैं। इसी तरह 'सेवन सिस्टर' के नाम से मशहूर पूर्वोत्तर के असम, मेघालय, अरुणाचल प्रदेश, त्रिपुरा, मणिपुर, मिजोरम व नागालैंड के आदिवासियों में भी रामकथा की परंपरा मिलती है। यहाँ नृत्य व संगीत में भी राम

की कहानी कही जाती है। यानी दृश्य-श्रव्य माध्यम में भी रामकथा प्रचलित है। बिरहोरी रामकथा में राम के जन्म से लेकर रावण व कुंभकर्ण के वध तक की कथा कही गई है। यह रामकथा की लोकप्रियता का प्रतिमान है। ये बोलियों में हैं। विदेशों तक रामकथा कैसे पहुँची, उसे छोड़ दीजिए। तुलसी ने रामलीला प्रारंभ की तो पूरे उत्तर भारत में गाँव-गाँव में यह प्रथा शुरू हो गई और राम की कहानी हर गाँव-घर तक पहुँच गई। हमारे अभिवादन में राम-राम शामिल हो गया। यह सब हाल की नहीं, शताब्दियों की घटना है और विहिप व रामानंद सागर के जन्म से बहुत-बहुत पहले की। और, तुलसी से पहले तो कबीर ने राम को जनता-जनार्दन से जोड़ दिया था। अब तुलसीदास को भी वामभक्त कठघरे में खड़ा करते हैं कि आखिर, बाबा तुलसी ने जो 12 ग्रंथ लिखे और राम के दरबार में जो उन्होंने अर्जी दी, उसमें भी उन्होंने "रामचंद्रजी से शिकायत नहीं की कि उनकी जन्मभूमि अयोध्या के साथ अत्याचार हुआ है? स्वामी अग्रदास (सन् 1575), नाभादासजी (सन् 1600) और प्राणचंद्र (सन् 1610) ने भी मंदिर के तोड़े जाने का कोई उल्लेख नहीं किया है, जबकि ये तीनों रामाश्रयी शाखा के नाटककार व लेखक रहे।" हालाँकि कमलेश्वर के इस प्रश्न के कुछ साल जब मामला इलाहाबाद हाईकोर्ट पहुँचा तो जगद्गुरु रामभद्राचार्य, जो चित्रकूट में रहते हैं और जन्मांध हैं, उन्होंने कोर्ट के सामने तुलसीदास के 'दोहा शतक' को पेश किया। दोहा के कुछ अंश इस प्रकार हैं—

राम जन्म मंदिर जहं, लसत अवध के बीच।
तुलसीदासरचीमसीततहं, मीरबाकीखलनीच॥
रामायन धरि घंट जहं श्रुति पुरान उपखान।
तुलसी जवन अजान तहं, करान अजान॥

इस 'तुलसी दोहा शतक' को कुछ वामपंथी संदिग्ध मानते हैं। बाबू शिवनंदन सहाय ने 1916 में प्रकाशित 'गोस्वामी तुलसीदास' में तुलसी के 12 ग्रंथों का जिक्र किया है। इसमें 'दोहावली' नाम की एक छोटी सी पुस्तिका का जिक्र है, लेकिन 'तुलसी दोहा शतक' का नहीं। जो तुलसी के नाम पर 21-22 ग्रंथों की सूची देते हैं, वे भी इस 'दोहा शतक' का उल्लेख नहीं करते। फिर भी, पूरे विश्वास के साथ नहीं कहा जा सकता है कि यह कृति उनकी है या नहीं! संभव है, उनको यह ग्रंथ मिला हो। तुलसीदास का चित्रकूट से गहरा नाता रहा। कहा जाता है, यहीं पर भगवान् राम ने उन्हें दर्शन दिए थे। खैर, वरिष्ठ पत्रकार हेमंत

शर्मा भी अपनी पुस्तक 'युद्ध में अयोध्या' में इसका जिक्र करते हैं। वे लिखते हैं—"वामपंथी आलोचक नामवर सिंह मेरे गुरु रहे हैं। उन्होंने मुझसे कहा कि इस 'दोहा शतक' नाम के ग्रंथ की प्रामाणिकता संदिग्ध है। पर हाईकोर्ट ने 'दोहा शतक' को संज्ञान में लिया है, इसलिए हम इसका जिक्र कर रहे हैं।" फिर भी, यदि आपका मन इसे तुलसी की रचना न मानने की हो तो भी यह साबित नहीं हो जाता कि राम जन्मभूमि पर जो मसजिद खड़ी की गई, वह किसी खाली जमीन पर खड़ी की गई? वैसे भी बाबा तुलसी क्या लिखते? वे तो खुद अपनी बिरादरी से भी पीड़ित थे—माँगकर खाने और मसजिद में सोने की बात करते थे। वे तो निखालिस भक्त थे—राम के और राम को वे अयोध्या से बाहर घर-घर पहुँचाना चाहते थे, ताकि राम को कोई विस्मृत न कर बैठे? गाँव-गाँव में साँझ होते ही मानस की चौपाई बाँचने का जो रिवाज रहा, वह बाबा तुलसी के कारण ही। जै रामजी की, राम-राम, जै सियाराम सबकी जुबान पर आ गया, ताकि राम की नगरी अयोध्या भी हमारी स्मृति में बनी रहे।

कहानी धरती के नीचे की

अब तक आपने दर्जनों देशी-विदेशी यात्रियों के यात्रा-वृत्तांत पढ़े। इनमें कुछ धार्मिक थे, कुछ यायावर, कुछ देश को जानने के लिए आए थे। इसी तरह एक ब्रिटिश चित्रकार विलियम होग ने 1780 से 1783 के बीच भारत की यात्रा की और महत्त्वपूर्ण स्थलों के चित्र भी बनाए। देवघर के बाबा बैजनाथ का मंदिर, गाजीपुर की एक मसजिद सहित सैकड़ों चित्र। एक चित्र अयोध्या का भी बनाया, जिसमें नदी किनारे से मंदिरों के साथ बाबरी मसजिद दिख रही है। आइए, अब थोड़ा धरती के नीचे की कहानी को भी जानने का प्रयास करते हैं। अयोध्या के कई बार बसने और उजड़ने के प्रमाण मिलते हैं। यहाँ हुए उत्खनन से भी इसकी पुष्टि होती है। कहा जाता है कि अयोध्या का प्रथम सर्वेक्षण अलेक्जेंडर कनिंघम ने 1862-63 में किया था। उसका उद्देश्य राम जन्मभूमि का पता लगाना नहीं था। वह यहाँ बौद्ध स्मारकों का पता लगाने आया था। उसका मानना था कि बुद्ध ने यहाँ कई मास व्यतीत किए थे। उसने यहाँ से मिले 'धनन' व 'विशाख' लेखवाले सिक्कों का जिक्र किया है। अयोध्या का एक नाम 'विशाखा' भी है और यह बौद्ध काल की देन है। इसका एक सिरा सिंहल या श्रीलंका से भी जुड़ता है। वह ऐसे कि सिंहली परंपरा में धनंजय नाम के एक श्रेष्ठि की पुत्री विशाखा नाम की थी। बौद्ध साहित्य में इसका बड़ा सम्मान है। धनंजय राजगृह का एक श्रेष्ठि था, जो साकेत

में आकर बस गया था। उसकी पुत्री विशाखा का विवाह श्रावस्ती के श्रेष्ठि मृगार के पुत्र पुनर्वर्धन के साथ हुआ था। विशाखा ने सबसे पहले बौद्ध धर्म में दीक्षा ली थी। इसलिए अयोध्या को 'विशाखा' भी कहा गया। कनिंघम ने बड़ा काम किया। वे सर्वेक्षण आज भी पथ-प्रदर्शक का काम करते हैं। उसे भारत के पुराविद् का जन्मदाता कहा जाता है। उसी की सूचना पर देश में बहुतेरी खुदाइयाँ आज भी हो रही हैं। आरंभिक काम उस अकेले आदमी का है। उसके बाद अलोइस फ्यूरर ने 1889-91 में यहाँ का सर्वे किया। इसके बाद इलाहाबाद विश्वविद्यालय के विजय शंकर दुबे ने 1961-62 में अयोध्या के कई टीलों का सर्वेक्षण किया था और यहाँ की पुरातात्त्विक संपन्नता की ओर संकेत किया था। उन्हें सरयू नदी के तट पर कई खंडित पात्र मिले थे। इसके बाद इस स्थल की प्राचीनता तथा सांस्कृतिक अनुक्रम के निर्धारण के लिए 1969-70 में बनारस हिंदू विश्वविद्यालय के ए.के. नारायण ने टी.एन. राय व पुरुषोत्तम सिंह की सहायता से उत्खनन किया था। सरयू नदी द्वारा काटे गए इसके प्राचीन अनुभागों में दीर्घकालीन आवास के प्रमाण मिलते हैं, जो अयोध्या के प्राचीन स्थल के उत्तरी भाग में आवासीय प्रमाण प्रस्तुत करते हैं। 1970-71 में अयोध्या नगर की कुछ ताम्र मुद्राएँ भी मिलीं, जो प्रथम शताब्दी ईसा पूर्व की थीं, जिन पर ब्राह्मी लिपि में 'अजुधे' लिखा है।

'आर्कियोलॉजी ऑफ द रामायण साइट्स' प्रोजेक्ट के तहत बी.बी. लाल ने भारतीय पुरातत्त्व सर्वेक्षण के के.वी. सुंदरराजन व के.एन. दीक्षित के साथ सम्मिलित रूप से रामायण से संबंधित अयोध्या के 14 स्थलों का 1975-76, 1976-77 व 1979-80 में उत्खनन किया था। अयोध्या नगर के प्राचीन क्षेत्रों के दो प्रमुख स्थलों का उत्खनन कार्य 1976-77 में किया गया—पहला राम जन्मभूमि टीले का और दूसरा हनुमानगढ़ी के पश्चिम में स्थित खुले क्षेत्र में। इसके अतिरिक्त 'सीता की रसोई' स्थल पर भी उत्खनन हुआ। यहाँ कई आवासीय जमाव के प्रमाण मिले। उत्खनन में जो चीजें मिलीं, उनसे पता चला कि यहाँ तीसरी शताब्दी ईसा पूर्व तक आबादी रही। जन्मभूमि क्षेत्र के उत्खनन में ईंटों से निर्मित एक विशाल दीवार के प्रमाण मिले, जिसकी पहचान रक्षा प्राचीर के रूप में की गई। उत्खनन में कुछ ऐसी चीजें भी मिलीं, जिनके आधार पर शुंगों की द्वितीय राजधानी अयोध्या में पतंजलि द्वारा उल्लिखित इंडो-यूनानी आक्रमण का संकेत मिलता है। इसी आक्रमण या अग्निकांड के कारण अयोध्या में एक युग का अंत हुआ और एन.वी.पी. संस्कृति नष्ट हुई। यहाँ उत्खनन में उस समय आधा दर्जन

मुहरें, 70 सिक्के और एक सौ से अधिक मृण्मूर्तियाँ मिलीं। इसमें राजा वासुदेव की मिट्टी की मुहर विशेष उल्लेखनीय है। इस राजा के द्वितीय शताब्दी ईसा पूर्व के अयोध्या के सिक्के भी मिले। इसके साथ ही प्रारंभिक ऐतिहासिक काल की महत्त्वपूर्ण खोजों में ईसा की प्रथम व द्वितीय शताब्दी में अयोध्या से बड़े पैमाने पर व्यापार होता था। यह व्यापार नदी मार्ग से भी होता था। इसी उत्खनन में गुप्त काल के आवासीय जमाव प्राप्त हुए हैं। प्रारंभिक ऐतिहासिक काल के जमावों के बाद यहाँ के आवासीय जमाव में एक अंतराल दिखाई पड़ता है। 11वीं शताब्दी के आसपास यह स्थल फिर से आबाद हुआ। सन् 1979-80 में बी.बी. लाल के नेतृत्व में फिर से उत्खनन कार्य प्रारंभ हुआ तो उसका उद्देश्य अयोध्या में एन.वी.पी.डब्ल्यू. काल के पहले का कोई आवासीय जमाव अयोध्या में है या नहीं? पता लगाना था। लगभग द्वितीय शताब्दी ईसा पूर्व में एन.वी.पी.डब्ल्यू. (नॉर्दर्न ब्लैक पॉलिश्ड वेयर) काल के अंत के बाद अयोध्या लगातार शुंग, कुषाण और गुप्त युग से मध्य काल तक आबाद रहा। शुंग काल की दीवारें मिलीं। इसी प्रकार गुप्त काल का एक मकान मिला।

प्रो. बी.बी. लाल की खुदाई के बाद 2 जुलाई, 1992 में एस.पी. गुप्ता, वाई.डी. शर्मा, के.एम. श्रीवास्तव आदि के नेतृत्व में खुदाई हुई। इसका जिक्र सृष्टि डोकरा ने अपने लेख 'अयोध्या इन इट्स आर्किटेक्चर : मिथ एंड रियलिटी' में इस उत्खनन का हवाला दिया है—इस टीम ने अपनी खुदाई में 10वीं से 12वीं शताब्दी के पिलर, छत एवं दीवार के शीर्ष, चौखट आदि पाए। कुषाण काल के टेराकोटा की प्रतिमाएँ मिलीं। यहाँ से जो अवशेष मिले, उससे लगता है कि राम जन्मभूमि का निर्माण किसी एक ही समय में न होकर, कई कालखंडों में हुआ। खुदाई में मिले अवशेषों के आधार पर टीम इस निष्कर्ष पर पहुँची कि—"साहित्यिक साक्ष्य निर्विवाद रूप से यहाँ राम मंदिर के होने का प्रमाण देते हैं। दूसरा, दो हजार साल के पुराने अवशेष यहाँ मिलते हैं। तीसरा, पुरातात्त्विक आधार पर कहा जा सकता है कि यहाँ दो बार आक्रमण हुआ—पहला 12वीं-13वीं शताब्दी में, दूसरा 1528 में और तीसरी बार कारसेवकों द्वारा 06 दिसंबर, 1992 को। और, अंत में 11वीं-12वीं के जो अवशेष मिले, वह बताते हैं कि यह उस हरि-विष्णु का मंदिर है, जिसने दस सिरवाले रावण का वध किया था।"

जब 1976-77 में अयोध्या खुदाई शुरू हुई तो इस अभियान से बतौर पुरातत्त्व के छात्र के.के. मोहम्मद भी जुड़ गए। इस प्रसंग को उन्होंने अपनी जीवनी 'मैं

हूँ भारतीय' में विस्तार से लिखा है। जीवनी में एक अध्याय अयोध्या पर ही है। इस अध्याय में वामधड़ा के इतिहासकारों की सांप्रदायिक सोच एवं इस मामले में उनकी नियत का भी खुलासा करते हैं कि पूरे समाज में उन्होंने कैसे विष घोला। बहरहाल, हम यहाँ उनके उस अंश को देखें—"अयोध्या के स्वामित्व के संबंध में सन् 1990 में राष्ट्रीय स्तर पर तर्क ने जोर पकड़ा। उसके बहुत पहले सन् 1976-77 में पुरातत्त्व अध्ययन के दौरान अयोध्या उत्खनन में भाग लेने का मुझे अवसर मिला। प्रो. बी.बी. लाल के नेतृत्व में अयोध्या उत्खनन की टीम में 'दिल्ली ऑफ आर्कियोलॉजी' से मैं एक सदस्य था। उस समय के उत्खनन में मंदिर के स्तंभों के नीचे के भाग में ईंटों से बनाया हुआ आधार देखने को मिला। एक पुरातत्त्वविद् की ऐतिहासिक सोच के साथ निस्संग होकर हमने उसे देखा था। उत्खनन के लिए जब मैं वहाँ पहुँचा, तब बाबरी मसजिद की दीवारों में मंदिर के स्तंभ थे। उन स्तंभों का निर्माण 'ब्लैक बेसाल्ट' कसौटी के पत्थर के नाम से जाने जानेवाले पत्थरों से किया गया था। स्तंभ के निचले भाग में 11वीं-12वीं सदी के मंदिरों में दिखनेवाले पूर्ण कलश बनाए गए थे। मंदिर कला में पूर्ण कलश 8 ऐश्वर्य चिह्न में एक है। सन् 1992 में बाबरी मसजिद ढहाए जाने के पहले इस तरह से एक या दो स्तंभ नहीं, 14 स्तंभों को हमने देखा है। पुलिस सुरक्षा में रही मसजिद में प्रवेश मना किया गया था। उत्खनन और अनुसंधान से जुड़े होने के कारण हमारे लिए किसी प्रकार का प्रतिबंध नहीं था। उन स्तंभों को हमने नजदीक से देखा है।"..."प्रो. बी.बी. लाल के नेतृत्व में भारतीय पुरातत्त्व सर्वेक्षण के अधिकारियों के अलावा 'दिल्ली स्कूल ऑफ आर्कियोलॉजी' के हम 12 विद्यार्थी शामिल थे। करीब दो महीने उत्खनन के लिए हम अयोध्या में रहे। बाबर के सेनानायक मीर बाकी द्वारा तोड़े गए या पहले से तोड़े गए मंदिरों के अंशों का उपयोग करके मसजिद का निर्माण किया गया है। पहले जो कसौटी के पत्थरों से निर्मित स्तंभ के बारे में बताया गया था, उसी तरह के स्तंभ और उसके नीचे के भाग में ईंट का चबूतरा मसजिद की बगल में और पीछे के भाग में उत्खनन करने से प्राप्त हुआ था। इन सबूतों के आधार पर मैंने कहा कि बाबरी मसजिद के नीचे मंदिर रहा था। मेरा यह बयान 15 दिसंबर, 1990 को आया था।"

जब मामला इलाहाबाद हाईकोर्ट पहुँचा तब इलाहाबाद हाईकोर्ट की लखनऊ बेंच ने 5 मार्च, 2003 को भारतीय पुरातत्त्व सर्वेक्षण को उत्खनन का आदेश दिया। उत्खनन के लिए जो टीम बनी, उसका नेतृत्व डॉ. बी.आर. मणि कर रहे

थे। दो महीने तक खुदाई हुई। के.के. मोहम्मद लिखते हैं—"इलाहाबाद हाईकोर्ट के लखनऊ बेंच के निर्देशानुसार किए गए उत्खनन में तकरीबन 50 मंदिर स्तंभों के नीचे के भाग में ईंट से बनाया गया चबूतरा दिखाई पड़ा। इसके अलावा, मंदिर के ऊपर का आमलका और मंदिर का अभिषेक जल बाहर निकालनेवाली मकर प्रणाली भी उत्खनन से प्राप्त हुई। उत्तर प्रदेश भारतीय पुरातत्त्व सर्वेक्षण के निदेशक डॉ. राकेश तिवारी द्वारा समर्पित रिपोर्ट में बताया गया कि बाबरी मसजिद के आगे के भाग को समतल करते समय मंदिर से जुड़े हुए 263 पुरातत्त्व अवशेष प्राप्त हुए हैं।"..."उत्खनन से प्राप्त हुए सबूतों और पौराणिक अवशेषों के विश्लेषण से भारतीय पुरातत्त्व सर्वेक्षण इस निर्णय पर पहुँचा कि बाबरी मसजिद के नीचे एक मंदिर रहा था। इलाहाबाद उच्च न्यायालय की लखनऊ बेंच भी इसी निर्णय पर पहुँची।...उत्खनन को निष्पक्ष रखने के लिए कुल 137 श्रमिकों में 552 मुसलमान थे। बाबरी मसजिद एक्शन कमेटी के प्रतिनिधि पुरातत्त्व इतिहासकार सूरजभान मंडल, सुप्रिया वर्मा, जय मेनन आदि के अलावा इलाहाबाद उच्च न्यायालय के एक मजिस्ट्रेट भी शामिल थे।" यानी उत्खनन को हर स्तर पर निष्पक्ष बनाने की कोर्ट की मंशा रही। के.के. मोहम्मद भी कहते हैं—"उत्खनन को इससे ज्यादा निष्पक्ष कैसे बनाया जा सकता है?"

मीनाक्षी जैन ने भी अपनी पुस्तक 'द बैटल फॉर राम' में उत्खनन कार्य का विवरण दिया है—"इलाहाबाद उच्च न्यायालय ने (जस्टिस सुधीर नारायण, जस्टिस एस.आर. आलम तथा जस्टिस भँवर सिंह की विशेष बेंच) 5 मार्च, 2003 को भारतीय पुरातत्त्व सर्वेक्षण विभाग को उत्खनन करने का निर्देश दिया, ताकि यह निर्णय लिया जा सके कि विवादित ढाँचे के नीचे मंदिर है या नहीं। ए.एस.आई. ने हाईकोर्ट को जो रिपोर्ट दी, उसमें उसने विवादित ढाँचे के नीचे मंदिर होने की पुष्टि की। ए.एस.आई. ने जो रिपोर्ट दी, उसके अनुसार अनूठे प्रमाणों के साथ यह साफ-साफ पाया गया कि मसजिद खाली जगह पर नहीं बनी थी। यहाँ तक कि मसजिद की उत्तरी दीवार (दीवार 5) सीधे मंदिर की पश्चिमी दीवार (दीवार 16) पर बना दी गई। मंदिर के अवशेष का उपयोग हुआ है। मसजिद की अन्य दीवारें भी इसी तरह के तथ्यों की तस्दीक कर रही थीं। खुदाई के क्रम में तथा इसके बाद भी बाबरी ग्रुप के वाम इतिहासकार लगातार विरोध में भ्रम फैलाते रहे।

लेकिन जब उच्च न्यायालय का 2010 में फैसला आया तो इसे वामपंथी मानने को तैयार ही नहीं हुए। 17 नवंबर, 2019 को सुप्रीम कोर्ट का इस विवादित

मामले में अंतिम फैसला आया तब भी नहीं। जब सुप्रीम कोर्ट में इस मसले की सुनवाई चल रही थी, तब एक नया शिगूफा छोड़ा गया कि के.के. मोहम्मद ने अयोध्या में उत्खनन कार्य में कभी भाग ही नहीं लिया, न वे बी.बी. लाल के उस महत्त्वाकांक्षी अभियान में साथ थे। मंशा यह थी कि सुनवाई को किसी तरह प्रभावित किया जाए व के.के. मोहम्मद की बातों पर विश्वास न किया जाए। 'टाइम्स ऑफ इंडिया' ने 12 अक्तूबर, 2019 को अपने ऑनलाइन संस्करण में अलीगढ़ मुसलिम यूनिवर्सिटी के इतिहास विभाग के अध्यक्ष प्रो. सैयद रिजवी ने कहा, "के.के. मोहम्मद का यह दावा कि अयोध्या में बी.बी. लाल के नेतृत्व में खुदाई के दौरान वे इकलौते मुसलिम सदस्य थे, बिल्कुल बेबुनियाद है। वे कभी अयोध्या में खुदाई से जुड़े नहीं थे। वे हवाला देते हैं कि बी.बी. लाल ने इस संबंध में जो वार्षिक रिपोर्ट पेश की है, उसमें के.के. मोहम्मद का कहीं जिक्र ही नहीं है।" अब इसका जवाब खुद 98 साल के बी.बी. लाल ने उसी 'टाइम्स ऑफ इंडिया' के 14 अक्तूबर के अंक में दिया। उन्होंने कहा, "जब मैं अयोध्या में 1976-77 में उत्खनन का काम कर रहा था, तब श्री के.के. मोहम्मद मेरे साथ थे।" रिजवी के झूठ का क्या जवाब हो सकता है? यही नहीं, ग्वालियर म्यूजियम के पूर्व निदेशक रमाकांत चतुर्वेदी ने भी कहा कि के.के. मोहम्मद 1976-77 में अयोध्या में हो रही खुदाई में साथ थे। तब वे दिल्ली के ए.एस.आई. स्कूल के छात्र थे और मेरे साथ थे। बी.बी. लाल भारतीय पुरातत्त्व सर्वेक्षण विभाग के 1968 से 72 तक डी.जी. यानी महानिदेशक थे और इंडियन इंस्टीट्यूट ऑफ एडवांस स्टडीज, शिमला के निदेशक भी रहे। 2005 में अवकाश ग्रहण करनेवाले ए.एस.आई. के चीफ फोटोग्राफर राजनाथ काव कहते हैं कि रिपोर्ट में के.के. मोहम्मद का नाम इसलिए नहीं था कि वे प्रशिक्षु छात्र थे। भोपाल के पुराविद् अशोक पांडेय कहते हैं कि के.के. मोहम्मद क्लासमेट थे और अयोध्या खुदाई में वे और उनके साथ दस और छात्र भी शामिल थे।" सुप्रीम कोर्ट का जो फैसला आया, कह सकते हैं कि रिजवी के झूठ का कोई असर उस फैसले पर नहीं पड़ा। रिजवी अकेले नहीं हैं, बहुतेरे उनकी सोच के मिल जाएँगे। इस झूठ को तार्किक जामा वामपंथी इतिहासकारों ने पहनाया। वे चाहते तो इसका सरल समाधान निकल सकता था, लेकिन उन्होंने मुसलमानों को सिर्फ उकसाने का काम किया। कई बार देश का आम मुसलमान इसके निर्माण के पक्ष में था। 1857 से पहले भी। लेकिन हमारे देश की राजनीति ने बाँटने का काम ज्यादा किया। अयोध्या मुसलमानों का मक्का

नहीं है, न यह उनके लिए इतनी पवित्र मसजिद। भला, किसी के पवित्र स्थल को तोड़कर खुदा की इबादतगाह बना देना और फिर वहाँ नमाज अदा करना, क्या सचमुच इसे अल्लाह कुबूल करता होगा? अयोध्या ही नहीं, मथुरा व काशी को भी देख लीजिए। कोई अंधा भी कह सकता है कि यह मंदिर को तोड़कर मसजिद का निर्माण किया गया है! सोमनाथ मंदिर को तो एक लुटेरे ने तोड़ा, लेकिन देश के तीन महत्त्वपूर्ण धार्मिक स्थलों को मुगल शासन के झंडाबरदारों ने तोड़ा और यह सब सिर्फ हिंदू स्वाभिमान को कुचलने व अपमानित करने के लिए ही किया गया था। लेकिन वामपंथी इतिहासकार केवल गंगा-जमुनी का राग ही अलापते रहे। इन्हें न गंगा से मतलब था, न जमुना से। 'फ्रंटलाइन' के 6 दिसंबर, 2019 के अंक को भी देख सकते हैं। लीड स्टोरी का शीर्षक है—'इन द नेम ऑफ फेथ'। इससे समझ सकते हैं।

...और अंत में फैसला

आखिरकार, 09 नवंबर, 2019 को चिर-प्रतीक्षित व ऐतिहासिक फैसला आ ही गया। 1045 पेजों का यह फैसला 40 दिनों की लगातार मैराथन सुनवाई का नतीजा था। इस ऐतिहासिक निर्णय के अंतिम शब्द हैं—"निष्कर्ष यह है कि मसजिद बनने से पहले भी हिंदुओं की आस्था यही थी कि भगवान् राम का जन्मस्थान वही है, जहाँ बाबरी मसजिद थी और इस आस्था की पुष्टि दस्तावेजों व मौखिक गवाही से हो चुकी है।" लेकिन इसके कुछ रोचक प्रसंगों का जिक्र करना भी जरूरी है। आजादी के तत्काल बाद 22-23 दिसंबर, 1949 की आधी रात तो उक्त राम जन्मभूमि-बाबरी मसजिद में रामलला 'प्रकट' हो गए। तब कांग्रेस की सरकार थी। 01 फरवरी, 1986 को जब इसका ताला खुला, तब भी कांग्रेस की सरकार थी और कांग्रेसी नेताओं की इसमें अहम भूमिका रही। 06 दिसंबर, 1992 को भी जब कारसेवकों ने इस ढाँचे को गिरा दिया, तब भी केंद्र में कांग्रेस की सरकार थी। 1949 से 1992 तक न जाने सरयू में कितना पानी बह चुका। इंदिरा गांधी, चंद्रशेखर व राजीव गांधी भी चाहते थे कि यहाँ मंदिर का निर्माण हो जाए, वे इसके लिए तत्पर भी रहे, लेकिन वे कुछ कर पाते, उससे पहले समय ने उन्हें छीन लिया। इंदिरा व राजीव की हत्या हो गई और चंद्रशेखर की सरकार ही चली गई। इस तरह एक ऐतिहासिक काम इनके हाथों से जो संपन्न होना था, नहीं हो पाया। राजीव गांधी ने जब मंदिर का ताला खुलवा दिया, इसके बाद तो कई संगठनों का जन्म हुआ और पुराने संगठनों ने इस मुद्दे को लपक लिया। विश्व हिंदू परिषद्

की स्थापना भले 1964 में हुई हो, लेकिन वह इस मुद्दे में अस्सी के दशक में ही आया। 1980 भारतीय जनता पार्टी के गठन का भी वर्ष है। आजादी के बाद इस राम जन्मभूमि के सवाल को उठानेवाले भी मुरादाबाद से पाँच बार कांग्रेस के विधायक रहे दाऊदयाल खन्ना ही रहे। ये मंत्री भी रहे। 1983 में ही इन्होंने पहले-पहल राम जन्मभूमि, कृष्ण जन्मभूमि व काशी विश्वनाथ को मुक्त कराने की माँग उठाई थी। तब विहिप को नहीं लगा था कि यह भी मुद्दा बन सकता है। इसके एक साल बाद जब 1984 में विहिप की दिल्ली में पहली धर्मसंसद् हुई तो इन तीनों स्थलों की मुक्ति का भी प्रस्ताव पास हुआ। इसके बाद का इतिहास तो सबको ज्ञात है। 1984 से शुरू हुई यह लड़ाई धीरे-धीरे इतनी व्यापक होती गई कि इसने राजनीति को भी प्रभावित करना शुरू कर दिया और सरकारें बनने व बिगड़ने लगीं। विहिप का यह आंदोलन भाजपा का मुख्य एजेंडा हो गया। 1991 से लेकर 2014 व 2019 तक का कालखंड याद करें। उन नारों को याद करें, दलों के दलदल को याद करें, पार्टियों के एजेंडों को याद करें। आखिरकार, 35 साल बाद वह क्षण आ ही गया और देश के प्रथम स्वतंत्रता आंदोलन से पहले जो मुकदमेबाजी शुरू हुई थी, उसका भी अंतत: अंत हो गया। यह ऐसी कथा है, जो अनंत है। इस मसले पर सैकड़ों किताबें लिखी जा चुकी हैं। सबके अपने-अपने चश्मे हैं। अब हमें आगे की सुधि लेनी चाहिए। एक बेहतर भारत के निर्माण की दिशा में अपने कदम बढ़ाने चाहिए। इस नए बनते भारत में हम पाँच सौ साल पहले कबीर की कही उक्ति को तो झुठला दें कि दास कबीर, हम अब अपनी-अपनी राह पर आ गए हैं। अब आपको ताना मारने की जरूरत नहीं है।

~

और अंत में, यह पुस्तक पुन: प्रकाशित हो रही है। इसका श्रेय डॉ. पीयूषजी को है। मुझे हार्दिक प्रसन्नता इस बात की है कि यह अब फिर पाठकों के हाथों में पहुँच रही है। इसका भी श्रेय पीयूषजी को जाता है कि उन्होंने इस अकिंचन पर विश्वास कर भूमिका लिखने का भार सौंप दिया। कितना कर पाया हूँ, कह नहीं सकता। लेकिन इस बीच बहुत कुछ इस भूमिका के बहाने जानने-समझने का मौका मिला। 'अयोध्या का इतिहास' लिखनेवाले उस गुमनाम हो चुके लेखक का भी। उनके जीवन के बारे में काफी खोजबीन के बाद जो कुछ पता चल पाया, यथास्थान दे दिया गया है। हम हिंदीवाले बड़े कृतघ्न हैं। अपने पूर्वजों को याद करने में कोताही बरतते हैं। या, याद उन्हें ही करते हैं, जो हमारी पाँत का है। इस

संकीर्णता ने बेड़ा गर्क ही किया है। खैर, यह ऐसा अवसर है कि हम अधिवक्ता श्री असीत कुमार व पुराविद् श्री हरेंद्र प्रसाद सिन्हा को भूल नहीं सकते, जिनकी वजह से रामलला के दर्शन का सुयोग मिल पाया। तीसेक सालों से कई बार चाहा, जरा अयोध्या का दरस-परस किया जाए, लेकिन संयोग नहीं बन पाता। इस भूमिका में आए तमाम लेखकों-प्रकाशकों-इ-पुस्तकालय, गूगल का भी कृतज्ञ हूँ, जिनका इसमें जहाँ-जहाँ उपयोग किया गया है। एक बार पुनः आप सबके प्रति आभार। अयोध्यावासी श्री रामप्रकाश त्रिपाठी का भी। जै रामजी की।

—संजय कृष्ण

21 फरवरी, महाशिवरात्रि, 2020

राँची

श्रीअवधवासी भूप
उपनाम लाला सीताराम, बी.ए.

लाला सीताराम ने 'अयोध्या का इतिहास' लिखा था। आज से 88 साल पहले हिंदुस्तानी अकेडमी, इलाहाबाद ने पहली बार इसे 1932 में प्रकाशित किया था। इस पुस्तक की भूमिका के अंत में अपना नाम श्रीअवधवासी भूप उपनाम सीताराम लिखा है। पता–प्रयाग। तिथि–आश्विन कृष्ण; 11, सं. 1988। ब्रिटिश सरकार ने शिक्षा, प्रशासन व साहित्य में उनकी उपलब्धियों को देखकर 'रायबहादुर' की उपाधि प्रदान की थी। इसलिए उनके नाम के आगे 'रायबहादुर' भी जुड़ गया। इस तरह उनका पूरा नाम हो गया था—रायबहादुर लाला सीताराम, बी.ए., 'भूप'। 'भूप' उनका उपनाम था। अपने नाम के साथ बी.ए. लगाने का कारण यह था कि उन्होंने बी.ए. किया था। 'अवध संस्कृति विश्वकोश' में इनका जन्म 20 जनवरी, 1858 (कहीं 1861 भी मिलता है) को अयोध्या बताया गया है। इनके पुरखे जौनपुर के थे और वे अयोध्या के प्रसिद्ध संत बाबा रघुनाथ दास के शिष्य हो गए थे और अयोध्या में रहने लगे थे। सन् 1879 में सीतारामजी ने बी.ए. के बाद वकालत की डिग्री भी ली। कुछ समय तक 'अवध अखबार' के संपादक रहे। बाद में क्वींस कॉलेज में अध्यापक हो गए। इसके बाद सीतापुर में भी अध्यापन किया। कालक्रम में असिस्टेंट इंस्पेक्टर और डिप्टी कलेक्टर भी अंग्रेजों ने बना दिया। इन सबके साथ वैदिक साहित्य में उनकी गहरी रुचि थी। एक तरह से वे इन शिष्यों में पारंगत थे। 'प्रयाग प्रदीप' से जानकारी मिलती है कि सन् 1883 ई. से इनकी पुस्तकें प्रकाशित होने लगी थीं। उन्हें अंग्रेजी, संस्कृत और फारसी आदि कई भाषाओं का ज्ञान था। ब्रजभाषा में कविताएँ भी लिखा करते थे। संस्कृत के क्लिष्ट काव्यों तथा दुरूह नाटकों का हिंदी में अनुवाद किया। इनमें कालिदास, भवभूति, शुद्रक, हर्ष आदि के कई नाटक प्रमुख थे। 'रघुवंश', 'कुमारसंभव', 'ऋतु संहार',

'मालती माधव', 'उत्तर रामचरित', 'मालविकाग्नि मित्र', 'मृच्छकटिकं', 'महावीर चरित', 'नागानंद' आदि को भी हिंदी में लेकर आए। यही नहीं, दोहा-चौपाई में अवधी भाषा का घनाक्षरी सवैया में ब्रज भाषा का और गद्य में खड़ी बोली का प्रयोग किया। शेक्सपीयर की कई पुस्तकों का भी अनुवाद किया। महाकवि श्रीनारायणकृत प्रसिद्ध संस्कृत ग्रंथ 'हितोपदेश' का 'नई राजनीति' नाम से छंदों में अनुवाद किया। यह पूर्वार्ध और उत्तरार्ध दो खंडों में प्रकाशित हुआ था। पहला संस्करण 1902 में आया था। तब शायद वे बलिया में स्थापित थे, क्योंकि अंग्रेजी में लिखित भूमिका में बलिया 6 फरवरी, 1902 लिखा था। 1905 में इसका दूसरा संस्करण आया। तब वे मुरादाबाद में स्थापित रहे। पूर्वार्ध के प्रकाशक रामनारायण लाल, बुकसेलर, इलाहाबाद थे। यहाँ से 1922 में इसका चतुर्थ संस्करण आया था। नेशनल प्रेस प्रयाग से उत्तरार्ध का दूसरा संस्करण 1914 में आया था। रामनारायण बुक सेलर से छपी 'नई राजनीति' के अंतिम पेज पर लाला सीताराम की 11 पुस्तकों की सूची प्रकाशित है। इनके बारे में यह छिटपुट जानकारी मिलती है। 01 जनवरी, 1937 को इनका निधन प्रयाग में हो गया। हालाँकि 'अवध संस्कृति विश्वकोश' में 03 जनवरी, 1947 दिया गया है, जो गलत है। 'प्रयाग प्रदीप' ने सही जानकारी दी है।

'अयोध्या का इतिहास' प्रकाशित होने के पाँच साल बाद हिंदुस्तानी अकेडमी, इलाहाबाद से प्रकाशित उनकी एक और कृति मिलती है—'प्रेमदीपिका'। महात्मा अक्षरअनन्य कृत। यह बुंदेलखंडी में है। लाला सीताराम ने लिखा है कि यह पौने तीन सौ साल पुरानी रचना है और "जो प्रति हम शुद्ध (अशुद्ध) करके छपवाकर पाठकों को निवेदन करते हैं, वह विक्रम संवत् 1909 की लिखी हुई है। लेखक महाशय को न छंदों का ज्ञान था, न अर्थ समझते थे। ग्रंथ पौने तीन वर्ष पहले की बुंदेलखंडी बोली में लिखा हुआ है। इससे पाठकगण दोषारोपण से पहले पुरानी बुंदेलखंडी समझने का प्रयत्न करें…।" इसका प्रकाशन सन् 1935 में हुआ है। इसके अंत में 'अयोध्या का इतिहास' पुस्तक के बारे में जानकारी दी गई है—"हिंदुओं में भगवान् के सबसे प्रसिद्ध अवतार श्रीरामचंद्र की जन्मभूमि अयोध्या को कौन नहीं जानता? यह नगर आदि काल से सूर्यवंश की राजधानी रहा है, जिसमें मान्धाता, भगीरथ, जो पृथ्वी पर गंगाजी को लाए थे, दिग्विजयी रघु, दशरथ, आदि बड़े-बड़े राजा हो गए हैं। इन सबका चरित सरल हिंदी भाषा में इस अपूर्व ग्रंथ में सुप्रसिद्ध विद्वान् और इतिहासवेत्ता राय बहादुर लाला सीताराम (श्री अवधवासी सीताराम) ने बड़े परिश्रम से संकलित किया है। इसके अतिरिक्त इसमें जैन और बौद्धों का

इतिहास, मुसलमानों के राज में अयोध्या का वर्णन और अंत में शाकद्वीपी राजाओं का भी कुछ चरित है। इस ग्रंथ में इस बात को सिद्ध करने का प्रयत्न किया गया है कि सब बातें ऐतिहासिक हैं। इसकी बड़े-बड़े विद्वानों ने मुक्त कंठ से प्रशंसा की है। प्रसिद्ध जैन विद्वान् पं. अजित प्रसादजी लिखते हैं कि आपने ऐतिहासिक, पौराणिक सारी बातों का उल्लेख करके हिंदुओं और जैन दोनों को आभारी बना दिया है। यदि आपको अपने देश पर अभिमान है, यदि आपको अपने पूर्व पुरुषों के चरित जानने की रुचि है, यदि आप इस बात को जानना चाहते हैं कि भारतवासियों ने सारे संसार में सभ्यता का सूत्रपात किया, अमेरिका, मैक्सिको तक पहुँचे तो इस अपूर्व ग्रंथ को पढ़िए।" लाला सीताराम ने पूर्ण मनोयोग से जीवन की अंतिम वेला में इसका प्रणयन किया, जैसे तुलसीदास ने 'रामचरितमानस' का। हिंदी में लिखी गई यह एक प्रामाणिक पुस्तक है। बाद के लेखकों और शोधार्थियों ने इस कृति का जिक्र किया है, इससे इसकी प्रामाणिकता और ऐतिहासिकता स्वयं सिद्ध हो जाती है। अब यह दुबारा प्रकाशित हो रही है। इसकी जरूरत भी थी। राम जन्मभूमि विवाद को लेकर दर्जनों पुस्तकें हिंदी-अंग्रेजी में लिखी गई हैं। अयोध्या के प्राचीन इतिहास पर कम ध्यान दिया गया है। यह पुस्तक हमें अयोध्या के वैदिक, पौराणिक, ऐतिहासिक काल से रूबरू कराती है। अयोध्या को जानना भी जरूरी है। यह राम की जन्मभूमि है। राम आराध्य हैं। देश के चित्त हैं। संस्कार हैं। उस सरयू को भी, जो अयोध्या के बार-बार उजड़ने-बसने की गवाह रही है।

संदर्भ—

1. स्वामी विवेकानंद का हिमालय भ्रमण, स्वामी विदेहात्मानंद, अद्वैत आश्रम, कोलकाता, संस्करण 2016।
2. भारत भ्रमण, बाबू साधुचरण, 1912। प्रकाशक खेमराज श्रीकृष्णदास के श्रीवेंकटेश्वर प्रेस, मुंबई।
3. 'अवध संस्कृति विश्वकोश', सूर्यप्रसाद दीक्षित, वाणी प्रकाशन, नई दिल्ली, 2016, भाग-दो।
4. अवध की सत्तावनी क्रांति और अमृतलाल नागर, बिपिन तिवारी, बया पत्रिका, अक्तूबर-दिसंबर 2019।
5. बुद्ध चरित, अश्वघोष, संपादक-अनुवाद सूर्यनारायण चौधरी, प्रकाशक मोतीलाल बनारसी दास, बनारस, 1985।
6. फैजाबाद जनपद का पुरातत्त्व, विजय प्रकाश वर्मा का शोध प्रबंध, प्राचीन

इतिहास, संस्कृति एवं पुरातत्त्व विभाग, इलाहाबाद विश्वविद्यालय, 1993, (इ-पुस्तकालय पर उपलब्ध अप्रकाशित पुस्तक)।

7. मैं भारतीय हूँ, के.के. मोहम्मद, प्रभात प्रकाशन, नई दिल्ली 2018।
8. अयोध्या : कुछ सवाल, संपादक मालिनी भट्टाचार्य, सारांश प्रकाशन, नई दिल्ली, 1994।
9. सुलगते शहर का सफरनामा : राम जन्मभूमि और बाबरी मसजिद इतिहास के आईने में, लेखक कमलेश्वर, संपादक गीतेश शर्मा, जनसंचार, 19बी, जवाहरलाल नेहरू रोड, कोलकाता, 1988।
10. अयोध्या : राम जन्मभूमि-बाबरी मसजिद का सच, शीतला सिंह, फैजाबाद, 2019।
11. फैजाबाद : सांस्कृतिक गजेटियर, नीतू सिंह, वाणी प्रकाशन, नई दिल्ली 2016।
12. 'भूगोल', रामनारायण मिश्र, बी.ए., इलाहाबाद 1943 एवं 1953।
13. 'प्रयाग प्रदीप', शालिग्राम श्रीवास्तव, हिंदुस्तानी अकेडमी, संयुक्त प्रांत, इलाहाबाद, 1937।
14. प्राचीन भारत का राजनैतिक इतिहास, डॉ. हेमचंद्र रायचौधरी, किताब महल, इलाहाबाद, 1971।
15. प्रेमदीपिका, राय बहादुर लाला सीताराम, बी.ए., हिंदुस्तानी अकेडमी, संवत् 1935।
16. प्राचीन भारत का ऐतिहासिक भूगोल, विमलचरण लाहा, उत्तर प्रदेश, हिंदी ग्रंथ अकादमी, लखनऊ, 1972।
17. नई राजनीति, अनुवाद श्रीअवधवासी भूप उपनाम लाला सीताराम बी.ए., नेशनल प्रेस, प्रयाग, 1914।
18. 'द बैटल फॉर राम : केस ऑफ द टेंपल एट अयोध्या' मीनाक्षी जैन, आर्यन बुक्स इंटरनेशनल, नई दिल्ली, 2017।
19. द ट्रुथ ऑफ बाबरी मसजिद, अशोक पंत, आईयूनिवर्स, आई.एन.सी., 2012।
20. अयोध्या इन इट्स आर्किटेक्चर : मिथ एंड रियलिटी, सृष्टि डोकरा।
21. सुप्रीम कोर्ट में रामलला, पवन कुमार, प्रभात प्रकाशन, नई दिल्ली, 2020।
22. सीता की रसोई, रामचंद्र गांधी, समास तीन, संपादक अशोक वाजपेयी, 1994।
23. गांधी वांग्मय, खंड 19।
24. युद्ध में अयोध्या, हेमंत शर्मा, प्रभात प्रकाशन, नई दिल्ली, 2018।
25. अयोध्या का चश्मदीद, हेमंत शर्मा, प्रभात प्रकाशन, नई दिल्ली, 2018।
26. अवध विलास, संपादक डॉ. चंद्रिका प्रसाद दीक्षित 'ललित' चंदहास साहित्य शोध संस्थान, बाँदा, 1985।

27. आई चौक डॉट इन, ऑनलाइन पोर्टल।

28. गोस्वामी तुलसीदास, बाबू शिवनंदन सहाय, संपादक नलिन विलोचन शर्मा, बिहार राष्ट्र भाषा परिषद्, पटना, संशोधित एवं पुनर्मुद्रित संस्करण, 1961।

29. 'भारतीय जैन तीर्थ दर्पण', के.सी. जैन।

30. रामायण महातीर्थम, कुबेरनाथ राय, भारतीय ज्ञानपीठ, नई दिल्ली, 2003।

31. 'ए हिस्टोरिकल स्केच ऑफ तहसील फैजाबाद, जिला फैजाबाद इन्क्लूडिंग परगना हवेली अवध एंड पश्चिम रथ विद द ओल्ड कैपिटल्स-अजुधिया एंड फैजाबाद', पेट्रिक कारनेगी, 1870।

वक्तव्य

सैकड़ों बरस से ऐसे परदेशियों के अधीन रहकर जिनको न हमारे साथ कोई सहानुभूति थी न हमारी प्राचीन सभ्यता को जानने की परवाह करते थे, हम लोग अपने को भूल गए, और हमारे पुराने नगर जिनके आगे रोम, कार्थेज और बगदाद कल की बस्तियाँ हैं, अब तीर्थ बन गए और वहाँ यात्री इसी विचार से यात्रा करने जाते हैं कि संसार के बंधन से उनकी मुक्ति हो जाए। हमारे पास अब न धन बचा है न वैभव। केवल इतने ही पर संतोष करते हैं कि जिस समय हम लोग सभ्यता की पराकाष्ठा को पहुँच गए थे, उस समय आजकल की बढ़ी-चढ़ी जातियों का या तो अस्तित्व ही न था या पशुप्राय थीं। हमारे पास इस बात का प्रमाण है कि हमारे देशवासियों ने संसार में सभ्यता का सूत्रपात किया था। विचारने की बात है कि हमारा देश क्या है? और जिस देश का नाम हिंदुस्तान है वह इस प्रायद्वीप का कौन-सा भाग है? साठ वर्ष हुए हम लखनऊ में अमीनाबाद में कुछ मित्रों के साथ टहल रहे थे। एक पंजाबी लड़का पहाड़ी छड़ियाँ बेच रहा था। हमने उससे दाम पूछे तो उसने कुछ ऐसे दाम बताए जो हमको अधिक प्रतीत हुए। हमने कहा कुछ कम करोगे? वह बोल उठा कि झूठ बोलना हिंदुस्तान के लोगों का काम है। यह कलंक बुरा तो लगा परंतु अवसर न था कि हम उसको दंड देते। परंतु हिंदुस्तान शब्द ने हमको चक्कर में डाल दिया। हमारे बंगाली महाशय भी हमको हिंदुस्तानी कहते हैं। विंध्याचल के दक्षिण की तो कोई बात ही नहीं। ज्यों-ज्यों समय बीतता गया, हमारी समझ में यह बात आ गई कि मुख्य हिंदुस्तान (Hindustan Proper) हिमालय के दक्षिण विंध्याचल के उत्तर दिल्ली और दिल्ली के पूर्व और पटना के पश्चिम के भूखंड को कहते हैं और किसी प्रांत को हमसे सहानुभूति न रही। हिंदुस्तान के भाग्य का निर्णय इस हिंदुस्तान के पश्चिम पानीपत के मैदान में हुआ। पंजाबी अपने को कितना ही वीर कह लें, आक्रमणकारियों को न रोक सके।

इस देश का प्राचीन नाम उत्तरकोशल है, जिसकी राजधानी अयोध्या थी। यों तो चंद्रवंश का प्रादुर्भाव प्रयाग के दक्षिण प्रतिष्ठानपुर में हुआ; परंतु जैसे मनु पृथ्वी के प्रथम राजा (महीभृतामाद्यः) कहे जाते हैं वैसे ही उत्तरकोशला की राजधानी अयोध्या भी सबसे पहली पुरी है। इसी उत्तरकोशल में विष्णु भगवान् के मुख्य अवतार राम, कृष्ण और बुद्ध अयोध्या, मथुरा और कपिलवस्तु में हुए। तीर्थराज प्रयाग, मुक्तिदायिनी विश्वनाथपुरी काशी इसी कोशला में हैं। वेदों में जिन पाँचालों का नाम बार-बार आया है, वे इसी कोशला के रहनेवाले थे। इसी कोशला में अयोध्या के राजा भगीरथ कठिन परिश्रम से गंगा को ले आए। यहीं से निकलकर क्षत्रियों ने तिब्बत, श्याम और जापान में साम्राज्य स्थापित किए। जैन लोग 24 तीर्थंकर मानते हैं। उनमें से 22 इक्ष्वाकुवंशी थे। यों तो 5 ही तीर्थंकरों की जन्मभूमि अयोध्या में बताई जाती है, परंतु जैनियों की धारणा यह है कि सारे तीर्थंकरों को अयोध्या ही में जन्म लेना चाहिए। विशेष बातें इस ग्रंथ के पढ़ने से विदित होंगी। ऐसे प्राचीन नगर का इतिहास जानने की किस सहृदय भारतवासी को अभिलाषा न होगी।

चार बरस हुए हमने फैजाबाद के लोकप्रिय डिप्टी कमिश्नर श्रीमान् आर.सी. होबार्ट महोदय की आज्ञा से अयोध्या का एक छोटा-सा इतिहास अंग्रेजी में लिखा। यह प्रयाग विश्वविद्यालय के वाइस चांसलर श्रीमान् महामहोपाध्याय डॉक्टर गंगानाथ झा, एम.ए., डी. लिट., एल-एल. डी. की अनुमति से Allahabad University Studies Vol. IV में छपा। सर जार्ज ग्रियर्सन, सर रिचर्ड बर्न आदि अंग्रेजी के बड़े-बड़े विद्वानों ने इसकी मुक्तकंठ से प्रशंसा की। उस छोटी-सी पुस्तक का अनेक मित्रों के आग्रह से हिंदी में अनुवाद किया गया। परंतु वह ग्रंथ छोटा था। इससे जब हिंदुस्तानी एकेडेमी की ओर से इसके प्रकाशन का प्रस्ताव किया गया तो श्रीमान् सर शाह मुहम्मद सुलेमान महोदय की अनुमति यह हुई कि ग्रंथ बढ़ाकर 250 पृष्ठ का कर दिया जाए।

अयोध्या के इतिहास की सामग्री प्रचुर है, परंतु बड़े खेद की बात है कि यद्यपि महात्मा बुद्ध जी जहाँ 16 वर्ष तक रहे और यहीं उनके सारे सिद्धांत परिणत हुए तो भी उनके यहाँ निवास का पूरा विवरण नहीं मिल सका। कदाचित् लंका में सिंहली भाषा में कुछ सामग्री हो। वेद, पुराण, रामायण, महाभारत, गजेटियर आदि के अतिरिक्त रॉयल एशियाटिक सोसायटी के जर्नल में प्रसिद्ध विद्वान् पार्जिटर के लेखों से इस ग्रंथ के संपादन में विशेष रूप से सहायता मिली है। अयोध्या में जैन धर्म का वर्णन कलकत्ते के सुप्रसिद्ध विद्वान बाबू पूरनचंद नाहार और लखनऊ के एडवोकेट पं. अजित प्रसाद जी के भेजे लेखों के आधार पर है। गोंडा जिले के

तीर्थों का वर्णन हमारे स्वर्गवासी मित्र बाबू रामरतन लाल का संकलित किया हुआ है। अयोध्या के शाकद्वीपी राजाओं के इतिहास की सामग्री स्वर्गवासी महाराजा प्रतापनारायण सिंह अयोध्यानरेश से प्राप्त हुई थी। बड़े शोक की बात है कि महाराजा साहब ऐसे गुणज्ञ रईस अब संसार में नहीं हैं, नहीं तो इस ग्रंथ का रूप भी कुछ और होता। अस्तु, जो कुछ मिला वह पाठकों की भेंट किया जाता है। इसमें छापे की अशुद्धियाँ बहुत हैं। पढ़ने से पहले उन्हें शुद्ध कर लेना चाहिए।

अयोध्या में इतिहास की सामग्री दबी पड़ी है जो पुरातत्त्वविज्ञान की खोज से निकलेगी परंतु जो कुछ इस ग्रंथ में लिखा गया है उससे यदि इतिहास के मर्मज्ञों का ध्यान इस पुरानी उजड़ी नगरी की ओर आकर्षित हो तो मैं अपना परिश्रम सफल समझूँगा।

धरि हिय सिय रघुबीर पद, विरच्यो मति अनुरूप।
अवधपुरी-इतिहास यह, अवधनिवासी भूप॥
निज पुरुषन को सुजस तहँ तेज प्रताप विचारि।
पढ़ैं मुदित मन सुजन तेहि मेरे दोष बिसारि॥

—श्री अवधवासी भूप उपनाम सीताराम

प्रयाग
आश्विन कृष्ण 11, सं. 1988

अनुक्रम

अयोध्या की महिमा

अयोध्या जिसे अवध और साकेत भी कहते हैं, अत्यंत प्राचीन नगर है। यह पहले उत्तरकोशल की राजधानी थी जिसमें "सुख-समृद्धि के साथ हिंदू लोग जिस वस्तु की आकांक्षा करते या जिसका आदर-सम्मान करते हैं, वह सब प्राप्त हो चुका था। जैसा कि अब मिलना असंभव है और जो उस तेजधारी राजवंश का निवास-स्थान था जो सूर्यदेव से उत्पन्न हुआ और जिसमें 60 निर्दोष शासकों के पीछे मर्यादापुरुषोत्तम श्रीरामचंद्र का अवतार हुआ। इस वीर की ऐतिहासिक समालोचना पीछे से मनुष्य की कल्पना का सर्वोत्तम निसर्ग सिद्ध करे या अर्द्धऐतिहासिक स्थान दे, इस पर विचार करना व्यर्थ है। इतिहास का उस प्रभाव से संबंध है जो इनके चरित्र का इस बड़ी आर्यजाति के सामाजिक और धार्मिक विश्वास पर है और इतिहास यह भी देखता है कि इनकी जन्म-भूमि की यात्रा को बड़ी श्रद्धा और भक्ति से यात्रियों की ऐसी भीड़ आती है, जैसे किसी दूसरे तीर्थ में नहीं।"[1]

अयोध्या का नाम सात तीर्थों में सबसे पहले आया है—

अयोध्या मथुरा माया काशी कांची ह्यवंतिका।
पुरी द्वारावती चैव सप्तैता मोक्षदायिकाः॥

कहनेवाले कह सकते हैं कि छंद में अयोध्या का नाम पहले आना उसके प्राधान्य का प्रमाण नहीं। परंतु यह ठीक नहीं; एक प्रसिद्ध श्लोक और है जिससे प्रकट है कि अयोध्या तीर्थ-रूपी विष्णु का मस्तक है—

विष्णोः पादमवन्तिकां गुणवतीं मध्ये च काञ्चीपुरीन्
नाभिं द्वारवतीन्तथा च हृदये मायापुरीं पुण्यदाम्।
ग्रीवामूलमुदाहरन्ति मथुरां नासाञ्च वाराणसीम्
एतद्ब्रह्मविदो वदंति मुनयोऽयोध्यापुरीं मस्तकम्॥

शेष छः तीर्थों में से अनेक की बड़ाई इसी कोशल-राजधानी के संबंध से हुई

है। श्रीकृष्ण जी के जन्म से बहुत पहले मथुरा को शत्रुघ्न ने बसाया था, जिनको श्रीरामचंद्र ने यमुना तट पर बसे हुए तपस्वियों के सतानेवाले लवण को मारने के लिए भेजा था। माया या मायापुरी हरिद्वार का नामांतर है जहाँ अयोध्या के राजा भगीरथ की लाई हुई गंगा पहाड़ों से निकलकर मैदान में आती है और काशी अयोध्या की श्मशान-भूमि है।

इन दिनों भी अयोध्या जैन-धर्मावलांबियों का ऐसा ही तीर्थ है जैसा हिंदुओं का। अध्याय 8 में दिखाया जाएगा कि 24 तीर्थंकरों में से 22 इक्ष्वाकुवंशी थे और उनमें से सबसे पहले तीर्थंकर आदिनाथ (ऋषभदेव जी) का और चार और तीर्थंकरों का जन्म यहीं हुआ था।

"बौद्धमत की तो कोशला जन्मभूमि ही माननी चाहिए। शाक्यमुनि की जन्मभूमि कपिलवस्तु और निर्वाणभूमि कुशिनगर[2] दोनों कोशला में थे। अयोध्या में उन्होंने अपने धर्म की शिक्षा दी और वे सिद्धांत बनाए जिनसे जगत्प्रसिद्ध हुए और कुशीनगर में उन्हें वह पद प्राप्त हुआ जिसकी बौद्धमतवाले आकांक्षा करते और जिसे निर्वाण कहते हैं।"[3]

सूर्यवंश के अस्त होने पर 80 वर्ष तक अयोध्या शक्तिशाली गुप्तों की राजधानी रही जिसका वर्णन अध्याय 10 में है।

सोलंकी राजाओं के विषय में कुछ ऐसे प्रमाण मिले हैं जिनसे विदित होता है कि ये लोग अयोध्या से ही पहले दक्षिण गए और वहाँ सोलंकी[4] (चालुक्य) राज्य स्थापित किया। वहाँ से गुजरात आए जहाँ अन्हलवाड़े को राजधानी बनाकर बहुत दिनों तक शासन करते रहे। परंतु यह अभी तक निश्चित नहीं हुआ कि सोलंकी जो अपने को चंद्रवंशी मानते हैं, अयोध्या के सिंहासन पर कब बैठे थे।

राजा साहेब सतारा के पास की एक वंशावली से विदित होता है कि चांद्रसेनीय कायस्थ सरयूतट पर अयोध्या (अजोढ़ा) और मणिपुर (आजकल का मनकापुर ?) से गए थे।

अध्याय 9 में दिखाया जाएगा कि पटना से दिल्ली तक एक भाषा (Common Language) का आविर्भाव कोशला की राजधानी से हुआ।

प्रसिद्ध इतिहास-मर्मज्ञ सी.वाई. वैद्य जी ने 'हिंदू भारत के अंत' में लिखा है कि अत्यंत प्राचीन काल में अयोध्या में हिंदी साहित्य की उत्पत्ति हुई।[5]

हमारे हिंदू पाठकों को यह सुनकर आश्चर्य होगा कि मुसलमान भी अयोध्या को अपना बड़ा तीर्थ मानते हैं। मदीनतुल-औलिया नाम के उर्दू ग्रंथ में जो थोड़े दिन हुए अयोध्या से प्रकाशित हुआ है, यह लिखा है कि अयोध्या में आदम के

समय से आजतक अनेक औलिया और पीर हुए हैं।

मुसलमान नवाब वजीरों के राज में अयोध्या ही का एक अंश फैजाबाद के नाम से तीन नवाब वजीरों की राजधानी रहा। शुजाउद्दौला के शासन में इसकी शोभा देखकर यूरोपीय यात्री चकित होते थे।[6]

आजकल इसमें राष्ट्र-संबंधी कोई बड़ाई नहीं रही। अब यह मंदिरों का नगर है; परंतु अब भी यह रामानंदी संप्रदाय का केंद्र है जिसकी शिक्षा गोस्वामी तुलसीदास के रामायण में झलक रही है। यह ग्रंथ अयोध्या ही में सं. 1631 में प्रकाशित किया गया था। रामानंदी संप्रदाय ने सारे उत्तर भारत को बहुत थोड़ा अदल-बदलकर धर्म-नीति और समाज-नीति दोनों सिखाई हैं।

संदर्भ—

1. Oudh Gazetteer Introduction, Page xxxi.
2. आजकल की कसियो (गोरखपुर जिले में)।
3. Oudh Gazetteer, Vol. I. page 4
4. रीवा के बघेल भी सोलंकियों की एक शाखा है।
5. पृष्ठ 732।
6. Oudh Gazetteer, Vol. I, Page 406.

□

उत्तरकोशल और अयोध्या की स्थिति

किसी जगह का इतिहास जानने से पहले उसकी स्थिति जानना परमावश्यक है। इस लिए पुराने कोशलदेश और अयोध्या—पुरानी और नई—दोनों का कुछ वर्णन लिखते हैं।

अयोध्या उत्तरकोशल की राजधानी थी। उत्तरकोशल के नाम ही से एक-दूसरे कोशल का ध्यान आता है। पाणिनि के एक सूत्र में कोसल[1] शब्द आया है।

वृद्धेत्कोसलाजादाञ्ज्यङ्। 4 । 1 ॥ 171 ॥

बंबई के सुप्रसिद्ध विद्वान डॉक्टर रामकृष्ण गोपाल भंडारकर ने अपनी History of the Deccan (दक्षिण के प्राचीन इतिहास) में लिखा है कि विंध्य पर्वत के पास के देश का नाम कोशल था। वायुपुराण में लिखा है कि रामचंद्र जी के पुत्र कुश कोशल देश में विंध्य पर्वत पर कुशस्थली या कुशावती नाम की राजधानी में राज करते थे। यही कालिदास की भी कुशावती प्रतीत होती है क्योंकि कुश को अयोध्या जाते समय विंध्यगिरि को पार करना पड़ता था और गंगा को भी—

व्यलंघयद् विन्ध्यमुपायनानि पश्यन्पुलिन्दैरुपपादितानि।
तीर्थे तदीये गजसेतुबन्धात् प्रतीपगामुत्तरतोऽथगङ्गाम्।

—रघुवंश 16 सर्ग

रत्नावली में लिखा है कि कोशल देश के राजा विंध्यगिरि से घिरे हुए थे।

विन्ध्यदुर्गावस्थितस्य कोशलनृपतेः (अंक 5)

ह्वानच्वांग भी कलिंग से कोशल देश को गया था। इससे स्पष्ट है कि न केवल एक कोशल देश दक्षिण में भी था। परंतु उसी कोशल देश का राजा पुलिकेशिन् प्रथम की शरण में भी गया था। उस देश का नाम केवल 'कोशल' लिखा है।

उत्तरकोशल की भी वही दशा है। कालिदास ने उसे कई बार उत्तरकोशल कहा जैसे रघुवंश के पाँचवें सर्ग में।

पितुरनन्तरमुत्तरकोशलान्।

रघुवंश के दसवें सर्ग में भी—

श्लाध्यं दधत्युत्तरकोशलेन्द्राः।

आनंदरामायण और तुलसीदास को दूसरे कोशल का पता ही नहीं। भागवत पुराण में उसे कोशला और उत्तरकोशला दोनों लिखा है। पंचम स्कंध के 19 वें अध्याय के श्लोक 8 में तथा नवम स्कंध के दसवें अध्याय के श्लोक 42 में इस देश को उत्तरकोशला कहा है।

भजेत रामं मनुजाकृतिं हरिं।
य उत्तराननयत् कोशलान्दिवम्॥
धुन्वंत उत्तरासंगां पतिं वीक्ष्य चिरागतम्।
उतराः कोसला माल्यैः किरंतो ननृतुःमुदा॥

नवम स्कंध के दसवें अध्याय के बीसवें श्लोक में राम को कोशलेश्वर कहा है।

इस देश की मिथिला के सदृश अतीत काल से कोई सीमा निश्चित है। साधारणतः यह माना जाता है कि इसका प्रसार घाघरा से गंगा तक था। कुछ विद्वानों का मत है कि घाघरा नदी के उत्तर भाग को उत्तरकोशल कहते थे। यद्यपि साकेत का फैलाव गंगा तक था। राम और उनके पीछे अयोध्या के कुछ गुप्तवंशीय राजाओं ने बड़े-बड़े साम्राज्य पर राज किया है। राजा दिलीप के संबंध में भी कहा जाता है कि उसने पृथ्वी पर एक नगरी के समान राज किया था जिसके चारों ओर समुद्र की खाई और उत्तुंग पर्वत जिसके किले की दीवारें थीं। श्रावस्ती कोशल देश की राजधानी थी। प्रतापगढ़ जिले के तुशारनविहार भी जिसे कर्नल वोस्ट ने साकेत कहा है, कोशल देश में था।

वाल्मीकि ने रामायण के आरंभ में कोशल का इस प्रकार वर्णन किया है।

कोसलो नाम विदितःस्फीतो जनपदो महान्।
निविष्टः सरयूतीरे प्रभूतधनधान्यवान्॥

अर्थात् कोशल सरयू के किनारे एक धन-धान्यवान देश था। 'निविष्ट' शब्द से ज्ञात होता है कि यह देश सरयू के दोनों किनारों पर था।

कनिंघम का कहना है कि कोशल का प्राचीन देश सरयू अथवा घाघरा द्वारा दो प्रांतों में विभक्त था। उत्तरी भाग को उत्तर कोशल और दक्षिणी भाग को बनौध कहते थे। फिर इन दोनों के और दो भाग थे। बनौध में पच्छिम राठ और पूरब राठ थे और उत्तरकोशल में राप्ती के दक्षिण में गौड़ और राप्ती या जिसे अवध में

रावती कहते हैं उसके उत्तर को कोशल कहते थे। इनमें से कुछ के नाम पुराणों में भी पाए जाते हैं; जैसे वायुपुराण में लिखा है कि रामचंद्र जी के पुत्र लव कोशल में राज करते थे; और मत्स्य, लिंग और कूर्म पुराणों में लिखा है कि श्रावस्ती गौड़ में थी। ये परस्परविरुद्ध कथन उसी क्षण समुचित रीति से समझ में आ जाते हैं जब हम जानते हैं कि गौड़ उत्तरकोशल का एक भाग था और श्रावस्ती के खंडहर भी गौड़ में (जिसे अब गोंडा कहते हैं,) मिले हैं। इस प्रकार अयोध्या घाघरा के दक्षिण में बनौध या अवध की राजधानी थी और श्रावस्ती घाघरा के उत्तर में उत्तरकोशल की राजधानी थी।

ह्वानच्वांग ने इस देश की परिधि 4000 ली (667 मील) बतलाई है। कनिंघम के कथन की हम आगे चलकर आलोचना करेंगे। अभी हमारे लिए इतना ही कहना काफी है कि कोशल राज्य की उत्तरीय सीमा हिमालय तक थी।

जब हम वा. रामायण अयोध्या-कांड को देखते हैं तब हम अयोध्या के निर्माता मनु की इक्ष्वाकु की बताई हुई दक्षिणी सीमा का पता पाते हैं। स्यन्दिका जिसे आजकल सई कहते हैं, इस राज्य की दक्षिणी सीमा थी। यह नदी प्रतापगढ़ में बहती है और इलाहाबाद, फैजाबाद रेलवे लाइन को फैजाबाद से 61 वें मील पर काटती है। इस प्रकार राज्य की चौड़ाई 8 योजन हो जाती है। एक योजन कुछ कम 8 मील का होता है। हमें कोई भी ऐसा प्रमाण नहीं मिला जिससे हम कनिंघम के कथन का अनुमोदन कर सकें कि घाघरा के उत्तर का देश कोशल कहलाता था। सई और गंगा के बीच का प्रांत बाद में मिलाया गया होगा क्योंकि वाल्मीकि ने साफ-साफ कहा है कि सई और गंगा के बीच के ग्राम कुछ अन्य राजाओं और कुछ निषादराज के राज्य में थे। गुह निषादराज एक स्वाधीन राजा था, यद्यपि उसने कहा है कि:

नहि रामात् प्रियतरो ममास्ति भुवि कश्चनः।
'रामचंद्र से बढ़कर मेरा और कोई प्रिय नहीं है'

पूर्व और पश्चिम की सीमा निर्धारण करना उतना सुगम नहीं है। मालूम होता है कि मिथिला और कोशल के बीच में और कोई राज्य नहीं था। बौद्धधर्म के दीघनिकाय और सुमंगलविलासिनी आदि ग्रंथों के अनुसार 1906 के[2] रायल एशियाटिक सोसायटी के जर्नल में शाक्यों की उत्पत्ति का वर्णन इस प्रकार किया गया है—

'(ओकाकु इक्ष्वाकु) से तीसरे नृप के बहिष्कृत पुत्रों ने जाकर हिमालय पर्वत पर कपिलवसु (कपिलवस्तु) नाम से नगरी बसाई। कपिल ऋषि ने जो बुद्धदेव

के पूर्वावतार माने जाते हैं, उन्हें यह भूमि (बसु वस्तु) बताई थी। कपिल मुनि इन्हें हिमालय की तराई में सकसंध या सकवनसंध में सागोन के जंगल में एक पर्णकुटी में दिखाई दिए थे। नगरी बसाकर उन्होंने कपिल की पर्णकुटी के स्थान पर एक महल भी बनाया और कपिल ऋषि के लिए उसी के पास एक-दूसरे स्थान पर कुटी बना दी।'

ये इक्ष्वाकुओं के तीसरे राजा विकुक्षि हो सकते हैं। इससे प्रकट है कि सारे उत्तरीय भारतवर्ष में इक्ष्वाकु के वंशज ही जहाँ-तहाँ राजा थे, एक कोशल में, दूसरे कपिलवस्तु में, तीसरे विशाला में और चौथे मिथिला में। कपिलवस्तु का वर्णन रामायण में नहीं है। संभव है कि वह उस समय रहा ही न हो; यदि रहा भी हो तो कहीं हिमालय के कोने में। यदि वह और कहीं इधर-उधर रहा होता तो वाल्मीकि उसका वर्णन अवश्य करते। इस प्रकार हम इस निष्कर्ष पर पहुँचते हैं कि कोशल देश की पूर्वीय सीमा गंडक नदी थी और देश का पूर्वीय भाग सरयू के किनारे-किनारे सरयू और गंगा के संगम तक विस्तृत था। यहाँ पर यह कह देना उचित जान पड़ता है कि विश्वामित्र को बक्सर में सिद्धाश्रम को जाते समय रास्ते में कोई और राज्य नहीं मिला था। बृहत् संहिता में मध्यप्रदेश के राज्यों में केवल पाँचाल, कोशल, विदेह और मगध ही का उल्लेख है। विशाला मिथिला के दक्षिण-पश्चिम कोने में थी। इससे हम कह सकते हैं कि उत्तर कोशल देश की सीमा सई के किनारे-किनारे गोमती के संगम तक थी। बीच में राजा गाधि का राज्य था। यह राज्य यद्यपि कन्नौज का राज्य कहलाता था, तथापि इसके अधीन गाजीपुर और बक्सर नगरों के आस-पास का क्षेत्र भी था। इस सीमा की रेखा फिर एक विशाल वन में से होती हुई बलिया के समीप सरयू और गंगा के संगम तक जाती है और फिर वहाँ से मुड़कर उत्तर की ओर गंडक से मिलती है।

कोशल देश की पश्चिमी सीमा पाँचाल देश से मिली हुई थी जो बाद में दो भागों में विभक्त हो गया; उत्तरीय प्रांत की राजधानी अहिछत्र थी और दक्षिणी भाग में कम्पिला मुख्य नगर था। कभी-कभी यह विचार भी होता है कि कदाचित् रामगंगा ही कोशला की पश्चिमी सीमा रही हो क्योंकि रामगंगा के नाम ही से उसका रामचंद्र जी के साथ संबंध होने का अनुमान होता है। परंतु हम अवध की ही आजकल की पश्चिमी सीमा से कोशला की भी पश्चिमी सीमा मिलाकर संतुष्ट हो जाएँगे।

कनिंघम का कहना है कि उत्तरकोशल घाघरा के उत्तरीय प्रदेश को कहते थे। अवध गजेटियर ने उसे राप्ती के ही उत्तर तट तक सीमाबद्ध कर दिया है। किंतु

जब हमें स्पष्ट मालूम है कि उत्तरकोशल का राज्य श्रावस्ती से तुशारनविहार तक विस्तृत था और विंध्यगिरि में एक दक्षिण कोशल भी था तो यही विचार होता है कि उत्तरकोशल घाघरा नदी के दोनों किनारों पर था और घाघरा के उत्तर का प्रदेश गौड़ कहलाता था। परगना रामगढ़ गौरा में अभी तक गोंडा बस्ती और गोरखपुर के जिले थे। अयोध्या के उत्कर्ष के बाद प्रतीत होता है कि इस भाग का महत्त्व बढ़ गया था। कहा जाता है कि लव ने अपनी राजधानी श्रावस्ती और उनके ज येष्ठ भ्राता कुश ने अपनी राजधानी कुशभवनपुर अयोध्या से दक्षिण में 20 कोस दूर गोमती के किनारे बनाई थी।

उत्तरकोशल की सीमा निश्चित हो गई। अब हम इसकी मुख्य नदी घाघरा (सरयू) का पहले वर्णन करके इस देश का दिग्दर्शन करा के राजधानी का वर्णन करेंगे।

भक्तलोग सरयू को मानस-नंदिनी और वसिष्ठ-कन्या कहते हैं। मानस-नंदिनी से यह अभिप्राय है कि यह नदी मानस सरोवर से निकली है और वसिष्ठ-नंदिनी का अर्थ यह है कि महर्षि वसिष्ठ जी की तपस्या से इसका प्रादुर्भाव हुआ। वसिष्ठ सूर्य-वंश के गुरु थे, इस कारण वसिष्ठ-कन्या की महिमा भगीरथ-कन्या (गंगा) से बढ़कर है। घाघरा की उत्पत्ति घुरघुर शब्द से बताई जाती है।

"श्रीनारायण जगतपति जगहित जगत अधार।
धारो वपु वाराह जब आदि पुरुष अवतार॥
शब्द घुरघुरा तब भयो घाघर सरित प्रवाह।"

परंतु हमको सरयू से प्रयोजन है जिसका नाम ऋग्वेद में भी आया है।

अवध प्रांत में यह नदी नेपाल से निकलकर बहराइच में आती है। अल्मोड़ा में इसे सरयू ही कहते हैं। बहराइच में तीस कोस बहकर कौड़ियाला से मिल जाती है परंतु इस बात का प्रमाण मिला है कि सरयू पहले कौड़ियाला से भिन्न धारा में बहती हुई घाघरा में गिरती थी। कहते हैं कि एक अंग्रेज ने जो लट्ठों का व्यापार करता था, सरयू की धारा टेढ़ी-मेढ़ी देखकर उसे कौड़ियाला में मिला दिया। पुरानी धारा अब भी छोटी सरयू के नाम से प्रसिद्ध है और बहराइच से एक मील हटकर बहती है और बहराइच से निकलकर गोंडा जिले में घाघरा में गिरती है। इस संगम का वर्णन आगे किया जाएगा।

सरयू घाघरा के संगम के बाद यह नदी घाघरा ही के नाम से प्रसिद्ध है; केवल अयोध्या में इसे सरयू कहते हैं।

अब हम इसी नदी के दोनों तटों पर उत्तरकोशल के आधुनिक खंडों में जो

प्रसिद्ध स्थान हैं उनका वर्णन करेंगे।

लखनऊ—यह आजकल के अवध प्रांत का सबसे बड़ा नगर है और गोमती के तट पर बसा है। लखनऊ लक्ष्मणवती या लक्ष्मणपुर का अपभ्रंश है और प्रसिद्ध है कि इसे लक्ष्मण जी ने बसाया था। मेडिकल कालेज के पास अब भी एक स्थान लछमन-टीला कहलाता है।

बाराबंकी—इस जिले में कोटवा लिखने योग्य स्थान है, यद्यपि उसका रामायण या अयोध्या के इतिहास से संबंध नहीं है। यहाँ भगवद्भक्त जगजीवनदास हुए थे जिनसे जगजीवनदासी पंथ चला।

बहराइच—यह पहले गंधर्ववन का भाग था और कुछ लोगों का विश्वास है कि बहराइच ब्रह्मयज्ञ का अपभ्रंश है। किसी-किसी का यह भी कथन है कि यहाँ पहले 'भर' बसते थे। यह भी सुना गया है कि बहराइच 'बहरे आसाइश'[3] का बिगड़ा रूप है। यह पहले सूर्य-पूजन का केंद्र था और यहीं बालार्क का मंदिर और कुंड था और इसी जगह पर सैयद सालार गाजी मसऊद (बाले मियाँ) पीछे से गाड़े गए थे।

कहते हैं कि बाले मियाँ की कब्र के नीचे अब भी बालार्क कुंड है जिसका जल मोरियों द्वारा निकलता है और उससे कोढ़ी और अंधे अच्छे हो जाते हैं।

इस जिले में एक और पवित्र स्थान है जिसको सीताजोहार कहते हैं।

गोंडा—संभव है कि यह गौड़ ब्राह्मणों का आदि स्थान रहा हो। ब्राह्मणों की दो श्रेणियाँ हैं, (1) पंच गौड़ (2) पंच द्राविड़।

पंचगौड़ में कान्यकुब्ज, गौड़, मैथिल, उत्कल और सारस्वत ब्राह्मण हैं।

सारस्वताः कान्यकुब्जाः गौड़मैथिलिकोत्कलाः।
पञ्च गौड़ा इति ख्याताः विन्ध्यस्योत्तरवासिनः॥

यह ध्यान में रखने की बात है कि केवल एक ही श्रेणी के ब्राह्मण इस जिले में अथवा परगना रामगढ़ गौड़ा में पाए जाते हैं। इन्हें सरयूपारीण कहते हैं जो कान्यकुब्जों की एक स्वतंत्र शाखा है और कहा जाता है कि इन्हें भगवान रामचंद्रजी इस देश में लाए थे। गौड़ ब्राह्मणों, गौड़ राजपूतों एवं गौड़ कायस्थों की संख्या बहुत कम है और कम-से-कम गौड़ ब्राह्मण तो अपने को पश्चिम भारत के ही अधिवासी मानते हैं।

यह भी कथा प्रसिद्ध है कि जब राजा मानसिंह बिसेन ने गोंडे को अपनी राजधानी बनाया तो सिवाय गोंडों के वहाँ उस जंगल में और कोई न था। यह भी कहा जाता है कि किसी समय उत्तर भारत का अधिकांश भाग गोंड जाति के

लोगों से बसा हुआ था। यह भी संभव है कि अन्य लोगों ने जो वहाँ आकर बाद में बसे हों उन्हीं का नाम धारण कर लिया हो। महाभारत के समय यहाँ टाँगो नाम की एक जाति बसती थी जो यहाँ से घोड़े ले जाकर अन्य प्रांतों के श्रीमान् पुरुषों को भेंट किया करती थी। अब उस जातिविशेष का लोप हो गया है परंतु पहाड़ी छोटे टट्टू अब भी टाँगन कहलाते हैं।

एक बात और भी ध्यान देने योग्य है कि बंगाल का भी एक नाम गौड़ है और राजा आदि-सुर को जो उत्तर भारत से ब्राह्मणों और कायस्थों को ले गए थे, पंचगौड़ेश्वर कहते थे। परंतु यह नाम बंगाल सूबे को नवीं शताब्दी तक नहीं दिया गया था। पंचगौड़ से तात्पर्य उन भागों से था जिनमें उस समय का बंगाल विभक्त था अर्थात् उत्तरराढ़, दक्षिणराढ़ इत्यादि।

'सहेट महेट' भी गोंडा जिले के अंतर्गत है। यह प्राचीन श्रावस्ती नगर का भग्नावशेष है जिसको भगवान रामचंद्रजी के पुत्र लव जी ने अपनी राजधानी बनाया था। इस नगर ने बौद्धधर्म का एक केंद्र बनकर पीछे बड़ा महत्त्व प्राप्त किया था। कुछ काल पीछे श्रावस्ती नगर उजड़ गया। अब इसके खंडहर बलरामपुर से पश्चिम छः कोस पर सहेट-महेट के नाम से प्रसिद्ध हैं। यह नगर राप्ती और सीरगी नदी के बीच सात मील तक उजड़ा पड़ा हुआ है। किले की जगह पर एक ऊँचा टीला उसके पास मौजूद है जिसकी चोटी पर जैनियों का एक मंदिर बना है और उसको 'ओडाझार' कहते हैं। जनश्रुति है, सूर्यवंशी शाक्यकुल के राजा यहाँ राज्य करते थे। वे दो भाई थे। बड़े भाई का नाम सहेट और छोटे का नाम महेट था। उनकी जाति सरावगी में यह चलन है कि सूर्यास्त के पीछे भोजन नहीं करते। एक दिन बड़े भाई सहेट सूर्यास्त के समय मृगया से लौटे। उनके छोटे भाई की स्त्री दिव्या कोठे पर खड़ी थी, उसके बदन के प्रकाश से उजाला हो रहा था। राजा ने यह समझकर कि अभी सूर्यास्त नहीं हुआ है भोजन कर लिया। जब वह दिव्या वहाँ से हट गई तब राजा को मालूम हुआ कि रात बहुत बीत चुकी है। उन्होंने अपने संदेह को प्रकट किया तब सेवकों ने असली हाल उनसे कहा। अनंतर राजा ने अनुजवधू को देखने की उत्कट लालसा प्रकट की, परंतु कार्य धर्म-विरुद्ध था। तुरंत पृथ्वी फट गई और राजा का संपूर्ण परिवार उसमें समा गया और नगर उलट गया।

महाकवि कालिदास ने लिखा है कि महाराजा दिलीप जब यात्रा करते हुए गुरु वसिष्ठ के आश्रम को गए तब मार्ग में घोषों ने उन्हें ताजा मक्खन अर्पण किया। यह आश्रम हिमालय पर्वत पर कहीं था और वहाँ ग्वालों की आबादी रही होगी जो अब ग्वारिच परगने के नाम से प्रसिद्ध है। लोगों का यह भी विश्वास है कि

यहाँ पांडव राजा विराट की गायों की रक्षा करते थे।

इस जिले के सरयू और घाघरा के संगम पर वाराह क्षेत्र है। लोग कहते हैं कि इसी स्थान पर विष्णुजी ने वाराह अवतार धारण किया था, यद्यपि इस प्रतिष्ठा को प्राप्त करने के लिए अन्य तीन स्थान भी दावा करते हैं, तथापि इसमें संदेह नहीं है कि यही शूकरक्षेत्र है जहाँ श्रीगोस्वामी तुलसीदासजी ने रामायण की कथा अपने गुरु से सुनी थी थी।

इसके बीच में पसका गाँव है जहाँ एक मंदिर बना हुआ है और उसमें वाराह भगवान् की मूर्ति स्थापित है। इसी के निकट संगम है, जिसको त्रिमोहानी कहते हैं। यहाँ सरयू और घाघरा मिली हैं और पौष भर यहाँ कल्पवास होता है एवं पूर्णिमा को बड़ा मेला लगता है। दूसरी त्रिमोहानी केराघाट पर है जहाँ टेढ़ी और घाघरा का संगम है। यहाँ यमद्वितीया को भी स्नान होता है। इस जगह फलाहारी बाबा ने एक मंदिर बनवाया है। उनका कथन है कि श्रीहनुमानजी का जन्मस्थल यही है।

गोंडा जिले में एक और छोटा तीर्थ है जिसे मनोरामा कहते हैं। यहाँ महाराज दशरथ ने अश्वमेध यज्ञ किया था। महाभारत के शल्यपर्व में लिखा है कि यहाँ उद्दालक मुनि के पुत्र ने जब वे अयोध्या में यज्ञ करते थे, मनोरामा के नाम से देवी सरस्वती का आह्वान किया था। इससे स्पष्ट है कि यह मनोरामा एक नदी का नाम है और उन ऋषियों का दिया हुआ है जो पश्चिम से महाराज दशरथ को यज्ञ कराने आए थे।

गोंडे के उत्तर-पश्चिम 7 कोस पर मनोरामा ताल है जहाँ उद्दालक मुनि की मूर्ति विद्यमान है। इस तीर्थ में कार्तिकी पूर्णिमा को गोंडा जिले का बड़ा मेला होता है। जो लोग अयोध्या जी नहीं जा सकते वे यहीं आते हैं। इसी स्थान पर उद्दालक मुनि के पुत्र नचिकेता ने समागत मुनियों और ऋषियों को नासिकेत पुराण सुनाया था। इसी ताल से मनोरामा नदी निकली हुई है जो गरमियों में सूख जाती, बरसात में खूब बढ़ती और सरयू में गिरती है। इसी नदी पर दूसरा मेला होता है और यह तीर्थ मनवर मखोड़ा के नाम से प्रसिद्ध है। यह अयोध्या जी से सरयू पार करके 4 कोस पर सिकंदरपुर के पास है। यहाँ चैत्र की पूर्णिमा को नहान लगता है और अयोध्यावासी संत महंत पधारते हैं।

गोंडा जिले में अत्यंत प्रसिद्ध स्थान देवीपाटन का मंदिर है। यद्यपि रामायण में इसकी चर्चा नहीं है तथापि इसके विषय में कुछ लिखना आवश्यक है। कहते हैं कि राजा कर्ण ने इसे बनवाया था। कर्ण को एक राजा ने यहाँ पड़ा हुआ पाया था और पुत्रहीन होने के कारण उसने उसे पुत्र के समान पाला था। राजा विक्रमादित्य

ने इस मंदिर का जीर्णोद्धार किया। गोरखनाथजी के शिष्य रत्ननाथ ने भी इस मंदिर को बनवाया। मंदिर के वामपक्ष पर हिंदी में गोरखनाथजी का नाम खुदा हुआ है। सबसे पीछे औरंगजेब के राजत्वकाल में तुलसीपुर के राजा ने इसे बनवाया। इस स्थान पर एक जगह कुआँ बना हुआ है।[4]

कहते हैं कि सती जी जब जल गईं और शिवजी उनकी लोथ को कँधे पर डालकर पूर्व से पश्चिम की ओर दौड़े तो उनके अंग जहाँ-जहाँ गिरे वहाँ-वहाँ देवी जी का एक स्थान सिद्धपीठ हो गया। यहाँ भवानी की दक्षिण भुजा गिरी थी इसी से इसका नाम देवीपाटन पड़ा। 'पाटन' का अर्थ भुजा है।

गोंडा जिले के निम्नलिखित स्थान भी जानने योग्य हैं—

सोहागपुर—यह स्थान गोंडा के उत्तर में है। यह च्यवन[5] ऋषि की तपस्थली है। चमदई (चमनी) नदी इनके नाम से प्रकट हुई है। कन्नौज के राजा कुश ने अपनी कन्या इन्हें ब्याह दी थी और देव-वैद्य अश्विनीकुमारों ने इन्हें युवावस्था प्रदान की थी। मुनि ने इंद्र से बारह दिन के लिए जाड़े में वर्षा माँग ली थी; माघांत में छः दिन और फाल्गुनारम्भ में छः दिन। इसको च्यवनहार या च्यवन-बरहा कहते हैं।

पारासराय— यह पराशर जी की तपस्थली है किंतु अब एक चबूतरा ही रह गया है।

बसती—इस जिले में प्राचीन राज्य कपिलवस्तु का एक अंश शामिल है। इस समय 'पिपरहवा' कपिलवस्तु का भग्नावशेष बताया जाता है। परंतु कुछ विद्वानों के मत से नेपाल की तराई में स्थित तिलौरा कोट ही प्राचीन कपिलवस्तु है। इसमें संदेह नहीं कि लुम्बिनीबाग जहाँ भगवान् बुद्ध पैदा हुए थे और जिसका वर्णन ह्वान्च्वाँग ने किया है, नेपाल की तराई में है। अब इसको 'रुमिनेदई' कहते हैं और यह अंग्रेजी सरहद से चार मील उत्तर है।

जमथा—परशुराम जी के पिता जमदग्नि ऋषि की तपस्थली है।

सिंगिरिया—यह परसपुर के निकट है। पुत्रेष्टि यज्ञ के समय ऋष्यशृंग यहीं टिके थे।

गोरखपुर—इसी जिले में कुशीनगर (कसिया) है जहाँ बुद्ध जी को निर्वाण प्राप्त हुआ था। चार वर्ष हुए जहाँ की भूमि खोदी गई थी और जो कुछ प्राप्त हुआ था लखनऊ के अजायबघर में रखा है।

सीतापुर—इसी जिले में नैमिषारण्य तीर्थ है जहाँ अट्ठासी हजार ऋषि रहते थे और सूत जी पुराण सुनाते थे। यहीं भगवान् रामचंद्रजी ने अश्वमेध यज्ञ किया

था और उनके पुत्र कुश और लव जी ने महर्षि वाल्मीकि-रचित रामायण की कथा सुनाई थी। यहाँ से कुछ दूर पर वह स्थान बताया जाता है जहाँ महारानी सीता जी पृथ्वी में प्रवेश कर गई थीं। महाभारत के शल्य-पर्व में लिखा है कि यहीं ऋषियों ने सरस्वती का कंचनाक्षी नाम से आह्वान किया था। अब इस स्थान पर बहुत से ताल हैं जिनमें सबसे प्रसिद्ध चक्रतीर्थ है। यहाँ ललिता देवी का मंदिर है।

नैमिष से मिसरिख छः मील है। यहाँ सरकारी तहसील है और राजा दधीचि का मंदिर है। किसी समय राजा यहाँ तप करते थे और देवलोक में देवासुर-संग्राम हो रहा था। असुरों ने देवताओं को हरा दिया था। ब्रह्मा ने देवताओं से कहा कि जब तक दधीचि की हड्डियों का अस्त्र न बनेगा तब तक तुम जीत नहीं सकते। देवताओं ने उनसे प्रर्थाना करके उन्हें राजी किया। मरने से पहले राजा ने सब तीर्थों का जल एक कुंड में डलवा दिया। इससे उस स्थान का नाम मिश्रित पड़ा। पीछे लोग उसे मिसरिख कहने लगे।

सुलतानपुर—कहते हैं कि यह प्राचीन नगर राम के पुत्र कुश के द्वारा बसाया गया था और उसे कुसपुर या कुशभवनपुर भी कहते थे। कनिघंम ने इसी स्थान को ह्वानच्वाँग का कुशपुर कहा है। ह्वानच्वाँग कहता है कि उसके समय में वहाँ पर एक नष्टप्राय अशोक का स्तूप था और बुद्ध ने वहाँ 6 मास तक उपदेश दिया था। आजकल भी सुलतानपुर के उत्तर पश्चिम में 5 मील की दूरी पर महमूदपुर नामक ग्राम में बौद्ध मठों के खँडहर मिलते हैं। प्राचीन नगर को अलाउद्दीन खिलजी ने नष्ट कर दिया था।

गोमती के किनारे पर सुलतानपुर के पास ही, सिविल लाइन के बाद ही एक स्थान है जिसे सीता-कुंड कहते हैं जहाँ सीता जी ने अपने पति के साथ वन जाते समय स्नान किया था।

फैजाबाद—अयोध्या को छोड़कर इस जिले में चारों ओर रामचरित संबंधी तीर्थ है।

नंदिग्राम—यहाँ भरत जी 14 वर्ष तापस वेष में रहे थे।

तारड़ीह—वन-यात्रा में पहले दिन श्रीरामचंद्र तमसा तट पर यहीं टिके थे। इसी से कुछ दूर पूर्व तमसा-तट पर वाल्मीकि का आश्रम था।

वारन—यहाँ एक बाजार और एक ताल है। यहाँ महाराज दशरथ के हाथी रहते थे (वारण-हाथी) और यहीं सरवन मारा गया था। वारन ताल तमसा (मड़हा) का एक भाग है। इसका पूरा वर्णन हमारी छपाई अयोध्या कांड की भूमिका में है।

अब जिले भर के और रामायण-संबंधी स्थानों के वर्णन करने की कुछ

आवश्यकता नहीं। इसलिए अब हम अयोध्या, अवध, साकेत या विशाखा का वर्णन करेंगे। मेजर (अब कर्नल) वास्ट का कथन है कि यद्यपि साकेत कोशल में था, परंतु परताबगढ़ का तुसारन विहार साकेत है। पुरातत्त्ववेत्ताओं ने चीनी यात्री ह्वानच्वाँग के लिखे भ्रमात्मक स्थानों के नाम और उनकी परस्पर दूरी जानकर अयोध्या को लखनऊ, कुरसी (बाराबंकी), मुजानकोट (उन्नाव), डौंडियाखेड़ा (उन्नाव) से मिलाया है। किंतु हम कनिघंम से सहमत होकर यही मानने को तैयार हैं कि अयोध्या विशाख, (पिसोकिया), साकेत (साची) आदि पर्यायवाची हैं। हम ह्वानच्वाँग के आयुतो को भी अयोध्या ही मानते हैं। आगे हम कर्नल वास्ट के तर्कों का उत्तर देने का प्रयत्न करेंगे।

सबसे प्रथम कर्नल वास्ट ने कालिदास को उद्धृत किया है और यह दिखाने का प्रयत्न किया है कि मल्लिनाथ की टीका रहते भी साकेत का मतलब अयोध्या से नहीं था। इसके विपरीत हमें यही कहना है कि कालिदास के अनुसार साकेत और अयोध्या एक ही हैं।

पुरमविशदयोध्यां मैथिलीदर्शिनीनाम्।

(रघुवंश, दशम सर्ग, 96 श्लोक)।

साकेतनार्योऽञ्जलिभिः प्रणेमुः।

(रघुवंश, षोडश सर्ग, 13 श्लोक)।

अब हम यदि कर्नल साहब का कथन सत्य मान लें तो यह भी मानना पड़ेगा कि राम के विवाह के समय की राजधानी बदलकर तुसारन विहार (साकेत) चली गई थी जब वे वन से लौटे। जैनों के प्रथम तीर्थंकर ऋषभदेव आदिनाथ साकेत के राजा नाभि और मेरु देवी के पुत्र थे। जैन लोग बड़ी श्रद्धा से विश्वास करते हैं कि आदिनाथ अयोध्या ही में उत्पन्न हुए थे, और उनके स्मरणार्थ बनाए गए मंदिर को शाहजूरान के टीले के पास बताते हैं जो हमारे घर से 200 गज की दूरी पर है।

परंतु इससे बढ़कर एक बात जो हमारी राय के पक्ष में है वह बुद्ध जी के दतून के पेड़ का स्थान है। बुद्ध जी ने जब साकेत (साची या पिसोकिया) में थे एक दतून का पेड़ लगाया था जो छः या सात फुट ऊँचा बढ़ा और जिसे फाहियान और ह्वानच्वाँग दोनों ने देखा था।

साची के संबंध में फाहियान कहता है, ''नगर के दक्षिण द्वार से निकलकर सड़क के पूर्व में एक स्थान है जहाँ बुद्ध देव ने कँटीले वृक्ष की एक डौंगी तोड़कर भूमि में लगा दी थी जहाँ वह सात फुट तक बढ़ी और फिर न घटी न बढ़ी।'' यह कथा बिलकुल उसी के अनुकूल है जो ह्वानच्वाँग ने विशाखा के संबंध में

कही है जो राजधानी के दक्षिण में और मार्ग की बाईं ओर (अर्थात् पूर्व में जैसा फाहियान ने कहा था) एक छः या सात फुट ऊँचा वृक्ष था जो पवित्र समझा जाता था। जो न घटता था और न बढ़ता था। यही बुद्धदेव का प्रख्यात दतून का वृक्ष था।

कहा जाता है बुद्धदेव ने साकेत में 16 वर्ष तक निवास किया था। हनुमानगढ़ी के बाद जब हम अयोध्या से फैजाबाद की ओर पक्की सड़क पर चलते हैं तो मार्ग की बाईं ओर दतून कुंड पड़ता है। यद्यपि सर्व साधारण का विश्वास है और अयोध्या-माहात्म्य में भी लिखा है कि इस कुंड पर भगवान् रामचंद्र दतून किया करते थे, तथापि विचार यही होता है कि कदाचित् यही स्थान है जहाँ बुद्धदेव ने दतून का वृक्ष लगाया था या जहाँ पर पास ही सरोवर खोदा गया था जिसमें भगवान् बुद्धदेव मुँह धोया करते थे और जो आजकल भी वृक्ष के सूख जाने पर भगवान् बुद्धदेव के अयोध्या के निवास का स्मारक है।

संभव है दक्षिण द्वार हनुमानगढ़ी के पास था। हनुमानगढ़ी से सरयू तक की दूरी एक मील से कुछ अधिक है, किंतु नदी की गति बदलती रहती है और यात्री (ह्वानच्वाँग) के समय में वह कुछ और उत्तर की ओर बहती रही हो। अभी मेरी याद में इस नदी ने बसस्ती और गोंड़ा जिलों की हजारों एकड़ भूमि काट डाली है और वही भूमि अयोध्या में मिल गई है।

ह्वानच्वाँग कहता है कि पिसोकिया की परिधि लगभग 16[6] ली थी। इतना स्थान एक शक्तिशाली राज्य की राजधानी के लिए कदापि काफी नहीं था। मेरा विश्वास है कि यह परिधि रामकोट की है जिसका आगे वर्णन किया जाएगा। डॉक्टर फूरर का वचन है कि गोंडे के आदमी इस दतून के वृक्ष को चिलबिल का पेड़ बताते हैं जो छः या सात फुट से आगे नहीं बढ़ता। यह करौंदा भी हो सकता है जिसकी दतूनें आजकल भी अवध में और विशेषकर लखनऊ में काम आती हैं।

यहाँ यह भी बताना अयोग्य न होगा कि दतून के बढ़ने में कोई आश्चर्य की बात नहीं है। कानपुर जिले में घाटमपुर की तहसील से एक मील की दूरी पर एक महंत का कई मंजिल का मकान है जिसमें एक नीम का पेड़ एक दतून से निकला हुआ है जिसे एक साधु ने 200 वर्ष पूर्व लगाया था। इन बातों से कदापि यह मेरा मतलब नहीं है कि मेरे कथन से किसी को दुःख हो। समाधान यों भी हो सकता है कि बुद्धदेव भी विष्णु के अवतार थे।

कनिघंम कहते हैं कि अयोध्या की प्राचीन नगरी जैसा कि रामायणी में लिखा है, सरयू नदी के किनारे थी। कहा गया है कि उसका घेर 12 योजन या लगभग 100 मील था। किंतु हमें इसके बदले 12 कोस या 24 मील ही पढ़ना चाहिए। संभव

है कि उस प्राचीन नगर को उपवनों के सहित माना हो। पश्चिम में गुप्तारघाट से लेकर पूर्व में रामघाट तक की दूरी सीधी छः मील है और हम भी यही समझते हैं कि उसका घेर 12 कोस ही का रहा हो। आजकल भी यहाँ के निवासी कहते हैं कि नगर की पश्चिमी सीमा गुप्तारघाट तक और पूर्वी विल्वहरि तक थी। दक्षिणी सीमा भदरसा के पास भरतकुंड तक बताई जाती है। वह भी छः कोस है।

आइने अकबरी में नगरी की लंबाई 148 कोस और चौड़ाई 32 कोस है। इसका अभिप्राय घाघरा के उत्तर के अवध प्रांत से है। ह्वानच्वाँग ने इस प्रदेश का घेर 4000 ली या 667 मील बताया है।

कनिघंम के 24 मील के कथन की पुष्टि में एक बात और है कि अयोध्या की परिक्रमा जो कि प्राचीन धार्मिक नगर की सीमा मानी जा सकती है, 14 कोस अर्थात् 28 मील या किसी-किसी के अनुसार 24 मील की ही है। इस परिक्रमा के भीतर फैजाबाद का शहर और आस-पास के गाँव भी आ जाते हैं, जैसा कि नकशे में दिखाया जाएगा। यह बसी हुई बस्ती की सीमा हो सकती है, किंतु यह कदापि वाल्मीकि की प्राचीन नगरी का घेर नहीं था।

अयोध्या मनु ने निर्मित की थी और वह 12 योजन लंबी थी और 3 योजन चौड़ी थी। वह सरयू से वेदश्रुति तक फैली हुई थी तो वह वेद-श्रुति अयोध्या से 24 मील की दूरी पर होनी चाहिए। इसे आजकल विसुई कहते और यह सुलतानपुर जिले से निकलकर आजकल भी फैजाबाद जिले की सीमा बनाती हुई इलाहाबाद-फैजाबाद रेलवे लाइन को खुजरहट स्टेशन से दो मील की दूरी पर काटती हुई अकबरपुर के पास मड़हा से मिल जाती है और वहाँ से इसे टोंस (तमसा) कहते हैं।

अब पूर्वी और पश्चिमी सीमा के संबंध में यदि हम फैजाबाद जिले के नक्शे की ओर देखें तो मालूम होगा कि इसमें घाघरा के किनारे-किनारे की भूमि जो 25 मील से अधिक चौड़ी नहीं है, आजमगढ़ से बाराबंकी तक लगभग 80 मील तक फैली हुई है। कनिघंम जिन्होंने कदाचित रामायण भी नहीं देखा, आइने अकबरी को उद्धृत करते हैं और फिर ब्राह्मणों की अत्युक्ति पर दो-चार बातें कहकर मान लेते हैं कि नगरी आस-पास के भागों को लेकर 12 योजन लंबी थी। इसमें तो आजकल का लखनऊ शहर भी आ जाएगा और फिर साधारण के विश्वास से लक्ष्मणपुरी (लखनऊ) अयोध्या का पश्चिम द्वार हो जाएगी। यह भी कहा जाता है कि इस नगर का पूर्व द्वार फैजाबाद जिले में आजमगढ़ की सीमा पर विड़हर में था, किंतु नगरी की पश्चिमी सीमा बड़ी कठिनाई से निश्चित समझी जा सकती है।

संदर्भ—

1. कोशल और कोसल दोनों रूप शुद्ध हैं।
2. J R. A. S., 1906
3. Ocean of comfort
4. इसके बारे में लोग कहते हैं कि यहाँ से नवग्रह और नक्षत्र अपने-अपने स्थानों पर दिखाई देते हैं। संभव है कि यहाँ किसी समय मानमंदिर रहा हो। यह मंदिर जब बहुत प्रसिद्ध हुआ तब औरंगजेब ने एक सैनिक को भेजकर इसे तोड़वा डाला। 'भगवती-प्रकाश' नामक ग्रंथ में लिखा है कि वह सैनिक मारा गया और जहाँ वह गाड़ा गया उसे 'शूर-वीर' कहते हैं।
5. इन्हीं के जवान होने के लिए 'च्यवनप्राश' दवा बनाई गई थी।
6. चीनी नाप एक ली अंग्रेजी 1/6 मील के बराबर है। □

प्राचीन अयोध्या

(क) वाल्मीकि रामायण में अयोध्या का वर्णन

महर्षि वाल्मीकि जी की रामायण को देखने से यही सिद्ध होता है कि अयोध्या उस समय में मर्त्यलोक की अमरावती थी, अमरावती क्या—यदि अमरावती से बढ़कर कोई पुरी भूमंडल पर थी तो अयोध्या थी। जो कुछ यहाँ विभूति या सुखसामग्री थी, उसका अत्यंत प्रभाव था। जिस दैवी संपत्ति के कारण अयोध्या की शास्त्रों में भूयसी प्रशंसा की गई है, उसका वर्णन करना हमारे आज के लेख का उद्देश्य नहीं है, केवल अयोध्या की उस मानुषी संपत्ति को दिखाना चाहते हैं जिसे लिखे पढ़े लोग नवीन समझे हुए हैं।

यह भूमंडल की सबसे पहली लोकप्रसिद्ध राजधानी स्वयं आदिराज महाराज मनुजी ने बसाई थी। यह दैर्ध्य (लंबाई) में बारह योजन और विस्तार (चौड़ाई) में तीन योजन थी। सतुरां, अयोध्या अड़तालीस कोस लंबी और बारह कोस विस्तृत (चौड़ी) थी। जैसा कि महर्षि वाल्मीकि जी ने रामायण के बालकांड में वर्णन किया है।

'अयोध्या नाम तत्रास्ति नगरी लोकविश्रुता।
मनुना मानवेंद्रेण पुरैव निर्मिता स्वयम्॥
आयता दश च द्वे च योजनानि महापुरी।
श्रीमती त्रीणि विस्तीर्णा नानासंस्थानशोभिता॥'

ऊपर जो अयोध्या की लंबाई एवं चौड़ाई का वर्णन है, उसे नगर मात्र का समझना चाहिए। 'राजमहल' व 'राजदुर्ग' इससे भिन्न था।

महर्षि ने दूसरी जगह लिखा है—

'सा योजने द्वे च भूयः सत्यनामा प्रकाशते॥'

अर्थात् द्वादश योजन लंबी और तीन योजन विस्तृत महापुरी में दो योजन

परिखादि द्वारा विशेष सुरक्षित हो 'अयोध्या' (जिसे शत्रु जीत न सके) के नाम को अधिक सार्थक करता था। राजधानी अयोध्या पुरी के चारों ओर प्राकार (कोट) था। प्राकार के ऊपर नाना प्रकार के 'शतघ्नी' आदि सैकड़ों यंत्र (कल) रखे हुए थे। इससे यह सिद्ध होता है कि उस समय में तोप की तरह किले को बचाने के लिए कोई यंत्र विशेष होता था। 'शतघ्नी' को यथार्थ तोप कहने में हमें इस लिए संकोच है कि उससे पत्थर फेंके जाते थे। बारूद से काम कुछ न था। महर्षि वाल्मीकि बारूद का नाम भी नहीं लेते। यद्यपि किसी-किसी जगह टीकाकारों ने 'अग्निचूर्ण' वा 'और्व्व' के नाम से बारूद को मिलाया है, पर उसका हमने प्रकृति में कुछ भी उपयोग नहीं पाया। अस्तु।

कोट के नीचे जल से भरी हुई परिखा (खाई) थी। पुरी के उत्तर भाग में सरयू का प्रवाह था। सुतरां, उधर परिखा का कुछ भी प्रयोजन न था। उधर सरयू का प्रबल प्रवाह ही परिखा का काम देता था, किंतु नदी के तट पर भी संभव है कि नगरी का प्राकार हो। नदी के तीन ओर जो खाई थी अवश्य वह जल से भरी रहती थी। क्योंकि नगरी के वर्णन के समय महर्षि वाल्मीकि ने उसका 'दुर्गगंभीर-परिखा' यह विशेषण दिया है। टीकाकार स्वामी रामानुजाचार्य ने इसकी व्याख्या में कहा है कि 'जलदुर्गेण गंभीरा अगाधा परिखा यम्याम्'। इससे समझ में आता है कि जलदुर्ग से नगरी की समस्त परिखा अगाध जल से परिपूर्ण रहती थी। सुतरां, इन परिखाओं में जल भरने के लिए जलदुर्ग किसी तरह का कौशल था। इस विषय में कुछ संदेह नहीं।

संभव है कि नगरी के चारों ओर चार द्वार थे। सब द्वारों का नाम भी अलग-अलग रखा गया होगा, किंतु हमें एक द्वार के सिवाय और किसी द्वार का नाम नहीं मिलता। नगरी के पश्चिम की ओर जो द्वार था उसका नाम था 'वैजयन्त द्वार'। शत्रुघ्न सहित राजकुमार भरत जब मातुलालय (मामा के घर) गिरिव्रज नगर से अयोध्या में आए थे तब इसी द्वार से प्रविष्ट हुए थे। यथा—

'द्वारेण वैजयन्तेन प्राविशञ्छान्तवाहनः।'

नगरी से जो पूर्व की ओर द्वार था, उसी से विश्वामित्र के साथ राम-लक्ष्मण सिद्धाश्रम व मिथिला नगरी को गए थे। किंतु दक्षिण का द्वार राम-लक्ष्मण और सीता की विषादमयी स्मृति के साथ अयोध्यावासियों को चिरकाल तक याद रहा था। क्योंकि इसी द्वार से रोती हुई नगरी को छोड़कर राम-लक्ष्मण और सीता दंडक-वन को गए थे। और इसी द्वार से रघुनाथजी की कठोर आज्ञा के कारण जगज्जननी किंतु मंदभागिनी सीता को लक्ष्मण वन में छोड़कर आए थे। उत्तर की ओर जो द्वार था

उसके द्वारा पुरवासी सरयू-तट पर आया जाया करते थे।

इस प्रकार अयोध्या 'कोट खाई' से घिरकर सचमुच 'अयोध्या' हो रही थी। पर हमारी अयोध्या की इन पुरानी बातों को दो-चार व्यूहलर और वेबर आदि दुराग्रही विलायती पंडित सहन नहीं करते। उनके लिए यह असह्य और अन्याय की बात हो रही है कि जब उनके पितर वनचरों के समान गुजारा कर रहे थे उस समय हिंदुओं के भारतवर्ष में पूर्ण सभ्यता और आनंद का डंका बज रहा था! लाचारी से हमारी पुरानी बातों का इन्हें खंडन करना पड़ता है। लंदन नगर का चाहे जितना विस्तार हो, 'पेरिस' चाहे जितनी बड़ी हो, यह सब हो सकता है, किंतु अयोध्या का अड़तालीस कोस में बसना सब झूठ है! इतना ही नहीं, एक साहब ने कहा है, कि अयोध्या के चारों ओर कोट की जगह काठ का बाड़ा बना हुआ था, जैसा अब भी जंगली लोग पशुओं से बचने के लिए जंगल में खड़ा कर लिया करते हैं। इसके सिवाय और सब ब्राह्मणों की कल्पना है!

वेबर को इस पर भी संतोष व विश्वास नहीं हुआ कि 'हिंदुओं के पूर्वजों के पास एक बाड़ा भी रहा हो।' उसने लिख मारा, 'न अयोध्या हुई और न कोई राम! सब कवि-कल्पना है।' सीता को हल से जुती हुई धरती की रेखा और आर्यों की खेती ठहराया है, और रामचंद्र तथा बलराम जी (अर्थात् हलभृत् और सीतापति) को एक ही ठहराकर यह निगमन निकाला है कि लुटेरों से प्रजा खेती की जो बलरामजी ने रखवाली की इस बात का रूपक बाँधकर रामायण में यों लिखा है कि सीता को राक्षस ने हर लिया और पीछे से सीता के पति रामचंद्र ने ढूँढ़कर उन्हें राक्षसों से छुड़ा लिया।

वेबर के विचारों की दुर्बलता व निरंकुशता हम अपने लेखों में दिखाएँगे। यहाँ केवल उन हिंदू-कुलांगारों से निवेदन है जो वेबर आदि को पुरातत्त्वेत्ता मानकर उनके पीछे-पीछे अंधकार में चले जा रहे हैं, वे एक बार रामायण को देखें और फिर विलायत वालों की धृष्टता की परीक्षा करें कि कितना अर्थ का अनर्थ कर रहे हैं। बाँस, लकड़ी आदि का जो अयोध्या का दुर्बल प्राकार बता रहे हैं, वे रामायण में अयोध्या के इन विशेषणों की ओर ध्यान दें—'बहुयंत्रायुधवती', 'शतघ्नी-शतसंकुला'।

अयोध्या नगरी की सड़कों और गलियों के सुंदर और स्पष्ट वर्णन से कौन कह सकता है कि वह किसी बात में कम रही होगी? नगर के चारों ओर सैर करने की सड़क थी, जिसका नाम 'महापथ' लिखा है। राजप्रासाद (राजमहल नगरी के मध्य भाग में किसी जगह था) के चार द्वार थे। इन द्वारों (दरवाजों) से सर्व्वपण्य-शोभित मार्ग पुरी में चारों ओर जाते थे, इनका नाम 'राजमार्ग' अर्थात् सरकारी सड़क था। राजमार्ग और गलियों से नगर के मुहल्लों का विभाग हो रहा था। महापथ और

राजमार्ग सब पर प्रतिदिन जल छिड़का जाता था। खाली जल ही से नहीं, सुगंधित पुष्पों की भी मार्ग में वृष्टि होती थी; जिससे पुरी सुवासित रहती थी।

मुक्तपुष्पावकीर्णेन जलसिक्तेन नित्यशः।

नगरी में जब कोई विशेष उत्सव होता तब सर्वत्र चंदन के जल का छिड़काव होता और कमल तथा उत्पल सब जगह शोभित किए जाते थे। मार्ग और सड़कों पर रात्रि के समय दीपक व प्रकाश का कुछ राजकीय प्रबंध था कि नहीं, इसका कुछ स्पष्ट वर्णन नहीं मिलता, किंतु उत्सव के समय उसकी विशेष व्यवस्था होती थी; इस विषय में स्पष्ट प्रमाण मिलता है। राम-राज्याभिषेक की पहली रात्रि को सब मार्गों में दीपक-वृक्ष (झाड़) लगाए गए थे और खूब रोशनी हुई थी। यथा—

प्रकाशीकरणार्थञ्च निशागमनशंकया।
दीपवृक्षांस्तथा चक्रुरनुरथ्यासु सर्व्वशः॥

ऐसे उत्सव के समय मार्ग के दोनों ओर पुष्पमाला, ध्वजा और पताका भी लगाई जाती थी और संपूर्ण मार्ग 'धूपगन्धाधिवासित' भी किया जाता था। राजमार्ग (सड़क) के दोनों ओर सुंदर सजी-सजाई नाना प्रकार की दुकानें शोभायमान थीं। इसके सिवाय कहीं उच्च अट्टालिका, कहीं 'सुसमृद्ध चारु दृश्यमान' बाग था, कहीं 'चैत्यभूमि', कहीं वाणिज्यागार और कहीं भूधर-शिखर-सम देवनिकेतन पुरी की शोभा बढ़ा रहे थे। कहीं सूतमागध वास करते, कहीं सर्वप्रकार शिल्पनिपुण (कारीगर) दृष्टिगोचर होते और कहीं पुरस्त्रियों की नाट्यशाला सुशोभित थी। कोई कोई स्थान हाथी, घोड़े और ऊँटों से भरा था। किसी स्थान में सामंत राजगण, कहीं वेदवित ब्राह्मण लोग और कहीं ऋषि मंडल निवास कर रहे थे। कहीं स्त्रियों का क्रीड़ागार, कहीं गुप्तगृह और कहीं साप्तभौमिक भवन विद्यमान था। कहीं विदेशीय मणिक जन और कहीं वारमुख्या (गणिका) बस रही थीं। कहीं आम्रधन, कहीं पुष्पोद्यान और कहीं गोचारण भूमि दिखाई पड़ती थी। किसी स्थान से निरंतर मृदंग, वीणा आदि मधुर ध्वनि आती थी, कहीं सहस्त्रों नरसिंह सैनिक 'गुफा' की तरह अयोध्या की रक्षा कर रहे थे। महर्षि वाल्मीकि कहते हैं कि अयोध्यावासी धर्मपरायण, जितेंद्रिय, साधु और राजभक्त थे, वर्ण के लोग अपने-अपने धर्म में स्थित थे। सभी लोग हृष्ट, पुष्ट, अलुब्ध और सत्यवादी थे। अयोध्या के पुरुष कामी, कदर्य और नृशंस नहीं थे और नारी सब धर्मशीला और पतिव्रता थीं। अयोध्या के वीर पुरुष भी राजा के विश्वासपात्र और सरल थे। कंबोज बाल्हीक, सिंधु और वनायु देश से अयोध्या में अश्व आया करते और विंध्य, हिमालय से महापद्म ऐरावत प्रभृति भद्रमंद और मृगजातीय नाना प्रकार के हस्ती। हाय! अब इनकी सत्यता पर

विश्वास भी नहीं रहा! योगीश्वर वाल्मीकि की कविता केवल कल्पनामात्र समझी गई। पाठकों! पुरानी अयोध्या का यही चित्र है।

(सं. 1900 के सुदर्शन से संपादक स्वर्गीय पं. माधवप्रसाद मिश्र के भाई पं. राधाकृष्ण मिश्र की आज्ञा से उद्‌धृत।)

(ख) और प्राचीन ग्रंथों में अयोध्या का वर्णन

कालिदास का वर्णन—कालिदास ने रघुवंश के आदि में अयोध्या का वर्णन नहीं किया, यद्यपि अपने आश्रयदाता चंद्रगुप्त विक्रमादित्य के साथ अयोध्या आए थे। उस समय महाकवि ने अयोध्या की उजड़ी दशा देखी थी जिसका वर्णन उन्होंने सर्ग 16 में किया है। इसी से हमें कुछ अयोध्या की समृद्धि का पता लगता है। अयोध्या की अधिष्ठात्री देवी महाराज कुश से कहती है—

वस्वौकसारामभिभृयसाऽहं
सौराज्यवद्धोत्सवया विभूत्या।[1]
निशासु भास्वत्कलनूपुराणां[2]
यः संचरो भूदभिसारिकाणाम्॥
स राजपथः ·······
आस्फालितं यत्प्रमदाकराग्रेः[3]
मृदंगधीरध्वनिमन्वगच्छत्।
तदम्भः ·······
सोपानमार्गेषु च येष रामाः[4]
निक्षिप्तवत्यश्चरणान् सरागान्।
चित्रद्विपाः पद्मवनावतीर्णः।[5]
करेणुभिर्दत्तमृणालभंगाः।
स्तभ्मेषु योषित् प्रतियातनानाम्।[6]
उत्क्रान्तवर्णाक्रमधूसराणाम्।
आवर्ज्य शाखाः सदयं च यासाम्।[7]
पुष्पाण्युपात्तानि विलासिनीभिः॥
(ता) उद्यान लताः॥
वलिक्रियावर्जितसैकतानि।[8]
···सरयूजलानि॥

परंतु उसी समय का बना हुआ एक महाकाव्य और है जिसके आदि ही में अयोध्या का वर्णन है। इस ग्रंथ का नाम जानकीहरण है और इसका निर्माता कवि कुमारदास है। यह ग्रंथ सिंहल देश में मिला और स्वर्गीय धर्मारामनाथ स्थविरपाद ने उसे तीस वर्ष हुए सिंहली अक्षरों में छपवाया था।

'सिंहल में कुमारदास के लिए एक गलत धारणा है। यहाँ कहते हैं कि कालिदास के घनिष्ट मित्र कुमारदास सिंहल के राजा थे। लेकिन महावंश में किसी सिंहल-राज का नाम कुमारदास नहीं पाया जाता। न यहाँ के पुराने इतिहास-ग्रंथों में जानकीहरण ऐसे प्रौढ़ ग्रंथ के रचयिता किसी महाकवि राजा का नाम आता है। सिंहल के राजा सभी बौद्ध थे। इसलिए भी जानकीहरण पर काव्य लिखना संदिग्ध समझा जाता है। यहाँ यह भी कहा जाता है कि कालिदास ने स्वयं इस काव्य को लिखकर कुमारदास के नाम से प्रसिद्ध कराया। वास्तविक बात यह जान पड़ती है—कालिदास और राजा कुमारदास दोनों घनिष्ट मित्र थे। यह राजा कविता-प्रेमी भी था। किंतु राजा के नाम में अनुप्रास के ही लिए 'दास' जोड़ा गया है। वस्तुतः यह कुमार सिंहल का राजा कुमार धातुसेन (515-24 ई.) न होकर 'गुप्त-सम्राट' कुमारगुप्त महेंद्रादित्य (413-55 ई.) था। नाम की समानता से ऐसी भ्रांति स्वाभाविक है।'[9]

हम अध्याय 10 में दिखाएँगे कि महाकवि कालिदास गुप्तवंशी राजा चंद्रगुप्त द्वितीय विक्रमादित्य के आश्रित थे। कुमारगुप्त महेंद्रादित्य उसका बेटा था। जानकीहरण काव्य* रघुवंश के पीछे लिखा गया जैसा कि इस श्लोक से प्रकट है।

जानकीहरणं कर्तुं रघुवंशे स्थिते सति।
कविः कुमारदासश्च रावणश्च यदि क्षमः॥

जानकीहरण महाकाव्य में आदि ही में अयोध्या का वर्णन है। इसके कुछ अंश नीचे उद्धृत किए जाते हैं—

आसीदवन्यामतिभोगभाराहिवोऽवतीर्णा नगरीव दिव्या।
क्षत्रानलस्थानशमी समृद्धया पुरामयोध्येति पुरी परार्ध्या॥

(अयोध्यापुरी क्षत्रियों के तेज की शमी धनधान्य से पूरित, एक दिव्य नगरी ऐसी जान पड़ती थी मानो भोग के भार से स्वर्ग से पृथ्वीतल पर उतरी थी।)

कृत्वापि सर्वस्य मुदं समृद्धया हर्षाय नामूदभिसारिकाणाम्।
निशासु या काञ्चनतोरणस्थरत्नांशुभिर्भिन्नतमिस्त्रराशिः॥

(वह अपनी समृद्धि से सब को सुख देकर अभिसारिकाओं को दुःख देती थी क्योंकि उसके सुनहरे फाटकों में जड़े हुए रत्नों के प्रकाश से अँधेरा छँट जाता था)

स्वबिम्बमालोक्य ततं ग्रहाणामादर्शभित्तौ कृतवन्ध्यघातः।
रथ्यासु यस्यां रदिनः प्रमाणं चक्रुर्मदामोदमरिद्विपानाम्॥

(अयोध्या के घर सब ऐसे पदार्थ के बने थे कि उनकी दीवारें दर्पण सी चमकती थीं। उस पर हाथी अपना प्रतिबिंब देखकर टक्कर मारते थे परंतु जब उनमें से मद न निकलता था तो अपनी भूल समझ जाते थे।)

यत्र क्षत्तोद्वंहितितामसानि रक्ताश्मनीलोपलतोरणानि।
क्रोधप्रमोदौ विदधुर्विभाभिर्नारीजनस्य भ्रमतो निशासु॥

[(यहाँ फिर अभिसारिकार का वर्णन है।) रात को जो स्त्रियाँ अपने उपपतियों के पास जाने को निकलती थीं उन्हें कभी सुख होता था कभी क्रोध, क्योंकि लाल और काले पत्थर के फाटकों में लाल पत्थर की चमक से अँधेरा छँट जाता था और काले पत्थरों से अँधेरा बढ़ जाता था।]

कुमारगुप्त की राजधानी अयोध्या थी और यह संभव नहीं कि सम्राट् अपनी राजधानी की झूठी बड़ाई करता। हम यह समझते हैं कि उसने उस समय की अयोध्या का वर्णन किया।

यह तो हुई सनातनधर्मियों की बात, अध्याय 8 में यह दिखाया जाएगा कि अयोध्या जैनों का भी तीर्थ है। कलकत्ते के प्रसिद्ध विद्वान् और रईस बाबू पूरनचंद नाहार ने हमारे पास दो जैनग्रंथों से उद्धृत करके अयोध्या का वर्णन भेजा है। एक धनपाल की तिलकमँजरी (Edited by Pandit Bhavadatta Sastri and kashi Nath Pandurang Paraba and published by Tuka Ram Javaji, Bombay) से लिया गया है और दूसरा हेमचंद्राचार्य कृत त्रिष्ठष्ठिशला का पुरुष चरित से। हमने पूरे-पूरे दोनों उपसंहार में दे दिए हैं।

तिलकमंजरी का ग्रंथकार अयोध्या की प्रशंसा में मस्त हो गया है। जैसे महाकवि कालिदास ने अयोध्या के मुँह से कहलाया है कि मैंने कैलास को भी अपनी विभूति से अभिभूत कर दिया वैसे ही धनपाल आदि ही में कहते हैं कि अयोध्या की रमणीयता से सारा सुरलोक निरस्त हो गया था। '''यह भारतवर्ष के मध्यभाग का अलंकार स्वरूप थी। इसके चारों ओर ऊँचा कोट था। इसके आगे जलभरी गहरी खाई थी जिसे मनोरथों से भी कोई लाँघ नहीं सकता था और जिसमें ऊँचे कोट की परछाई पड़ने से ऐसा जान पड़ता था मानों मैनाक की खोज में हिमालय समुद्र में घुसा हुआ है। इत्यादि।'

हेमचंद्र जी अन्हलवाड़े के कुमारपाल सोलंकी के गुरु थे। वे कहते हैं कि इंद्रदेव की आज्ञा से कुबेर ने 12 योजन चौड़ी और 9 योजन लंबी विनीता पुरी

बनाई जिसका दूसरा नाम अयोध्या भी था और उसे अक्षय धनधान्य और वस्त्र से भर दिया। ···उसके घरों के आँगनों में मोती चुनकर स्वस्तिका बनती थी—वहाँ जलकेलि में स्त्रियों के हार टूटने से घर की बावलियाँ ताम्रपर्णी[10] सी लगती थीं। जहाँ चंद्रमणि की भित्तियों से रात को इतना जल गिरता था कि सड़कों की धूर बैठ जाती थी ···विनीता नाम की पुरी जंबूद्वीप के भरतखंड में पृथ्वी की शिरोमणि थी।

परंतु जैन-धर्म का सबसे प्रामाणिक ग्रंथ आदिपुराण है। इस ग्रंथ को विक्रम संवत् की आठवीं शताब्दी में जिन सेनाचार्य ने संस्कृत में रचा था। इसमें अयोध्या का वर्णन बारहवें अध्याय में दिया हुआ है।[11]

तौ दम्पती तदा तत्र भोगैकरसतां गतौ।
भोगभूमिश्रियं साक्षाच्चकतुर्वियुतावपि॥ 68॥

ऋषभदेव जी (आदिनाथ) के माता पिता मरुदेवी और राजा नाभि इसमें भोगभूमि से वियुक्त होने पर बड़े आनंद से रहे।

तस्यामलंकृते पुण्ये देश कल्पाङ्घ्रिपात्यये।
तत्पुण्यैमुहुराहूतः पुरहूतः पुरीं दधात्॥ 69॥

(कल्पवृक्ष के नष्ट होने पर उस देश में जिसे उन दोनों ने अलंकृत किया था उन्हीं के पुण्यों से आहूत होकर इंद्र ने पुरी रची।)

सुरा ससंभ्रमा सद्यः पाकशासनशासनात्।
तां पुरी परमानन्दाद व्यधुः सुरपुरीनिभा॥ 70॥

(देवताओं ने तुरंत बड़े चाव से इंद्र की आज्ञा पाकर एक पुरी बनाई जो देवपुरी के समान थी।)

स्वर्गस्येव प्रतिच्छन्दं भूलोकेऽस्मिन्निधित्सुभिः।
विशेषरमणीयैव निर्ममे साऽमरैः पुरी॥ 71॥

(देवताओं ने यह पुरी ऐसी रमणीय बनाई कि भूलोक में स्वर्ग का प्रतिबिंब हो।)

स्वस्वर्गस्त्रिदशावासस्स्वल्प इत्यवमन्यते।
परः शतजनावासभूमिका तान्तु ते व्यधुः॥ 72॥

(देवताओं ने अपने रहने की जगह का अपमान किया क्योंकि यह त्रिदशावास (अक्षरार्थ तीस जनों के रहने का स्थान) था[12]। इससे उन्होंने सैकड़ों मनुष्यों के रहने की जगह बनाई।)

इतस्तुतश्च विक्षिप्तानानीयानीय मानवान्।
पुरीं निवेशयामासुर्विन्यासैः विविधैः सुराः॥ 73॥

(इधर-उधर बिखरे मनुष्यों को इकट्ठा करके देवों ने यह नगर बसाया और इसे सजा दिया।)

नरेंद्रभवनञ्चास्या सुरैर्मध्ये विवेशितम्।
सुरेंद्रनगरस्पर्धि परार्ध्यविभवान्वितम्॥ 74॥

(देवों ने इस पुरी के बीच में राजा का प्रासाद बनाया इसमें असंख्य धन भर दिया जिससे यह इंद्र के नगर की टक्कर का हो गया।)

सूत्रामा सूत्रधारोऽस्या शिल्पिनः कल्पजा सुराः।
वास्तुजातामही कृत्स्ना सोद्यानास्तु कथम्पुरी॥ 75॥

(अयोध्या सबसे बड़ी पुरी क्यों न हो जब इंद्र इसके सूत्रधार थे, कल्प के उत्पन्न देव कारीगर थे और सारी पृथ्वी से जो सामान चाहा सो लिया।)

संचस्कुरुश्च तां वप्रप्राकारपरिखादिभिः।
अयोध्या न परं नाम्ना गुणेनाप्यरिभिः सुराः॥ 76॥

(फिर देवों ने कोट और खाई से इसे अलंकृत किया। और अयोध्या केवल नाम ही से नहीं अयोध्या थी बैरियों के लिए भी अयोध्या[13] थी।)

साकेतरुढिरयप्स्या श्लाध्यैव सुनिकेतनैः।
स्वनिकेत इवाह्वातुंसाकूतेः केतवाहुभिः॥ 77॥

(इसको साकेत इसलिए कहते थे कि इसमें अच्छे-अच्छे मकान थे, उन पर झंडे फहराते थे जिससे जान पड़ता था कि देवताओं को नीचे बुला रहे हैं।)

सुकोशलोतिविख्यातिं सादेशाभख्यया गता।
विनीतजनताकीर्णा विनीतेति च सा मता॥ 78॥

(इसका नाम सुकोशल इस कारण था कि उसी नाम के देश का प्रधान नगर था और विनीत जनों के रहने से इसका विनीता नाम पड़ा।)

इन वाक्यों से अत्युक्ति हो परंतु किसी को क्या पड़ी थी कि निरा झूठ लिख डालता।

(ग) सूर्यवंश के अस्त होने के पीछे की अयोध्या

अयोध्या कितनी बार बसी और कितनी बार उजाड़ हुई, इसका हिसाब करना सहज नहीं है। सच पूछिए तो भगवान् श्रीरामचंद्र की लीला-संवरण के बाद ही अयोध्या पर विपत्ति आई। कोशलराज के दो भाग हुए। श्रीरामचंद्र के ज्येष्ठ कुमार महाराज कुश ने अपने नाम से नई राजधानी 'कुशावती' बनाई

और छोटे पुत्र लव ने 'शरावती' वा 'श्रावस्ती' की शोभा बढ़ाई। राजा के बिना राजधानी कैसी? अयोध्या थोड़े ही दिनों पीछे आप से आप श्रीहीन हो गई। अयोध्या की दुर्दशा के समाचार सुन महाराज कुश फिर अयोध्या में आए और कुशावती ब्राह्मणों को दान कर पूर्वजों की प्यारी राजधानी और उनकी जन्म-भूमि अयोध्या ही में रहने लगे।

कविकुल-कलाधर महाकवि कालिदास ने रघुवंश काव्य के 16वें सर्ग में कुशपरित्यक्ता अयोध्या का वर्णन अपनी ओजस्विनी अमृतमयी लेखनी से किया है जिसको पढ़कर आज दिन भी सरस रामभक्तों का हृदय द्रवीभूत होता है। यद्यपि महाकवि ने यह उस समय का पुराना चित्र उतारा है, पर हाय! हमारे मंद अदृष्ट से वर्तमान में भी तो वही वर्तमान है। भेद है तो यही है कि उस समय भगवती अयोध्या की पुकार सुननेवाला एक सूर्यवंशी विद्यमान था। अब वह भी नहीं रहा।

जड़ जीव कोई सुने या न सुने। परंतु अयोध्या की वह हृदयविदारिणी पुकार सरयू के कल-कल शब्द के साथ 'हा राम! हा राम!' करती हुई अभी तक आकाश में गूँज रही है। उस प्राचीन दृश्य को विगत जीव हिंदू-समाज भूले तो भूल सकता है, परंतु अयोध्या की अधिष्ठात्री देवी किस प्रकार भूल सकती है।

महाभारत के महासमर तक[14] अयोध्या बराबर सूर्यवंशियों की राजधानी रही। उस युद्ध में कुमार अभिमन्यु के हाथ से अयोध्या का सूर्यवंशी महाराज 'बृहद्दल' मारा गया। इसके बाद इस राज्य पर ऐसी तबाही आई कि अयोध्या बिलकुल उजड़ गई। सूर्यवंश अंधकार में लीन हो गया। इस वंश के लोग दूसरे के अधीन हुए। प्राणों का मोह बढ़ा और स्वाधीनता नष्ट हुई। उदयपुर के धर्मात्मा राणा, जोधपुर के रणबंके राठोड़ और जयपुर के प्रतापी कछवाह इसी सूर्यवंश महावृक्ष की बची बचाई शाखा के अवशिष्ट हैं।

महाभारत तक का वृत्तांत पुराणों में मिलता है और पीछे का कुछ वृत्तांत जाना नहीं जाता कि अयोध्या में कब क्या हुआ और किसने क्या किया। परंतु शाक्यसिंह बुद्धदेव के जन्म से फिर अयोध्या का पता चलता है और कुछ-कुछ वृत्तांत भी मिलता है। कारण बुद्धदेव कपिलवस्तु में उत्पन्न हुए, श्रावस्ती में रहे और कुशीनगर या कुशीनर में निर्वाण को प्राप्त हुए। यह सब स्थान कोशल देश में विद्यमान थे। बुद्धमत के ग्रंथों से जाना जाता है कि उन दिनों कोशल व अवध की राजधानी का राज सिंहासन 'श्रावस्ती' में था जिसको श्रीरामचंद्रदेव के कनिष्ठ पुत्र लव ने 'शरावती' के नाम से बसाकर अपनी राजधानी बनाया

था।[15] इसी का नाम जैनों के प्राकृत-ग्रंथों में 'सावत्थी' है। अब यह अयोध्या के पास उत्तर दिशा में महाराज बलरामपुर के इलाके, गोंडा के जिले में उजड़ी हुई पड़ी है। वहाँवाले इसे 'सहेट-महेट' कहते हैं। ईसा की सप्तम शताब्दी में 'ह्वान्‌च्वांग' नामक प्रसिद्ध बौद्ध यात्री भारतवर्ष में आया था। उसने अयोध्या के साथ श्रावस्ती और कपिलवस्तु आदि का भी यात्रा पुस्तक में वर्णन किया है। उसी के अनुसार अलेकजंडर कनिंघम साहेब ने 'सहेट-महेट' के खंडहर खुदवाकर अनेक ऐतिहासिक बातों का पता लगाया जिनका वर्णन हम किसी दूसरे लेख में करेंगे।

बौद्धों के समय यद्यपि अयोध्या अवध की राजधानी थी, तथापि उसकी दशा ऐसी खराब न थी जैसी पीछे मुसलमानों के समय हुई। तब तक पुराने राजमंदिर और सुंदर देवस्थान तोड़े नहीं गए थे और न अयोध्यावासी ब्राह्मणों का रक्त बहाया गया था। चीन यात्री के लेख से भी अयोध्या की पिछली दशा सुंदर ही प्रतीत होती है। ईस्वी सन् से 57 वर्ष पहले श्रावस्ती के बौद्ध राजा को जीतकर उज्जैन के प्रसिद्ध महाराज विक्रमादित्य ने आर्य-राजधानी अयोध्या का जीर्णोद्धार किया।[16] पुराने मंदिर देवालय और स्थान सब परिष्कृत किए गए और अनेक नवीन मंदिर भी बनवाए गए। वह प्रसिद्ध मंदिर जिसको बादशाह बाबर ने सन् 1526 ई. में तोड़कर भगवान् रामचंद्रदेव की जन्मभूमि पर मसजिद खड़ी की, इन्हीं महाराज विक्रम ने बनवाया था। यदि अब तक वह मंदिर विद्यमान रहता तो न जाने उससे कैसे-कैसे ऐतिहासिक वृत्तांतों का पता लगता।

श्रावस्ती ने आठ सौ वर्ष तक स्वतंत्रता का सुख भोगा। अंत में वह भी जननी अयोध्या के समान पराधीन हो दूसरों का मुँह देखने लगी। कभी पटना के प्रतापशाली राजाओं ने इसे अपनाया और कभी कन्नौजवालों ने निज राजधानी की सेवा में इसे नियुक्त किया। अपने लोग चाहे कितने ही बुरे क्यों न हों अंत को अपने-अपने ही हैं। अपना यदि मारे भी तो भी छाया में रखता है। बौद्धों और जैनों के समय पहले की सी बात न थी तो भी अयोध्या की इस समय दशा मुसलमानों के राज्य से लाख गुनी अच्छी थी। क्योंकि दूसरों की राजधानी होने की अपेक्षा अपनों की दासी होना भी भला था, परंतु विधाता को इतने पर भी संतोष नहीं हुआ, इसके लिए और भी भयंकर समय उपस्थित कर दिया। प्रथम तो रघुवंशियों के विरह से यह आप ही मर रही थी, दूसरे परस्पर की फूट ने इसे और भी हताश कर दिया था। वह घाव अभी तक सूखने भी न पाए थे जो राम-वियोग से इसके अर्चनीय और बंदनीय शरीर में होने लगे थे, अकस्मात्

महमूद गजनवी के भांजे सैयद सालार ने इस पर चढ़ाई कर 'जले पर नून' का सा असर किया। इसी सालार ने काशी के वृद्ध महाराज 'बनार' को धोखे से नष्ट कर काशी का स्वाधीन सुख अपहरण किया और इसी ने अयोध्या को चौपट किया। कई लड़ाइयों के बाद सन् 1033 में यह सालार हिंदुओं के हाथ से बहराइच में मारा गया। 'गाजी मियाँ' के नाम से आजकल यही 'सालार' मूर्ख और पशुप्राय जीवित हिंदुओं से पूजा करवा रहा है।

'किमाश्चर्यमतःपरम्।'

सन् 1526 ई. में बाबर ने हिंदुस्तान पर चढ़ाई की और दो वर्ष पीछे अर्थात् सन् 1528 में अयोध्या के एक मात्र अवशिष्ट 'रामकोट' मंदिर को विध्वंस कर रघुवंशियों की जन्म-भूमि पर अपने नाम से मसजिद बनवाई जो सही सलामत आजतक उसी तरह साभिमान खड़ी हुई है। मुसलमान इतिहास-लेखकों ने बाबर को शांत और दयालु बादशाह लिखा है; किंतु बाबर की बर्बरता और अन्याय के हमारे पास अनेक प्रमाण हैं जिनको हम मरकर भी नहीं भूल सकते! अकबर के समय में धर्मप्रिय हिंदुओं ने 'नागेश्वरनाथ' और चंद्रहरि आदि देवों के दस पाँच मंदिर ज्यों-त्यों कर फिर बनवा लिए थे जिनको औरंगजेब ने तोड़ उनकी जगह मसजिद खड़ी की। सन् 1731 ई. में दिल्ली के बादशाह ने अवध के झगड़ालू क्षत्रियों से घबराकर अवध का 'सूबा' सआदत खाँ को दिया तब से नवाबी की जड़ जमी।

अवध की नवाबी का बीज सआदत खाँ ने बोया था। मनसूर अली खाँ उपनाम सफदरजंग के समय वह अंकुरित और पल्लवित हुआ। नवाब शुजाउद्दौला ने उसे परिवर्द्धित कर फल पाया। मनसूर अली खाँ के समय से अवध की राजधानी फैजाबाद हुई। (फैजाबाद वर्तमान अयोध्या से 3 मील पश्चिम ओर है)। अयोध्या की राजश्री फैजाबाद के नाम से विख्यात हुई। यहाँ के मुसलमान मुर्दों के लिए अयोध्या 'करबला' हुई, मंदिरों के स्थान पर मसजिदों और मकबरों का अधिकार हुआ, साधु-संन्यासी और पुजारियों की जगह मुल्ला-मौलवी और काजी जी आरूढ़ हुए। अयोध्या का बिलकुल स्वरूप ही बदल गया। ऐसी-ऐसी आख्यायिका और मसनवी गढ़ी गई जिनसे यह सिद्ध हो कि मुसलमान औलिए फकीरों का यहाँ 'कदीमी' अधिकार है। अब तक भी अयोध्या में 'मणिपर्वत' के पास नवाबी समय का दृश्य दिखलाई देता है। इसी समय नवाब सफदरजंग के कृपापात्र सुचतुर दीवान नवल राय ने अयोध्या में 'नागेश्वर नाथ महादेव' का वर्तमान मंदिर बनवाया।

दिल्ली की बादशाही के कमजोर होने से अवध की नवाबी स्वतंत्र हुई। दक्षिण में मरहठों का जोर बढ़ा। पंजाब में सिक्ख गरजने लगे। सबको अपनी-अपनी चिंता हुई। प्राणों के लाले पड़ गए। इसी उलटफेर और अंधाधुंध के समय में हिंदू-संन्यासियों ने अयोध्या में डेरा आ डाला। शनैः शनैः सरयू के तट पर साधुओं की झोपड़ी पड़ने लगी। शनैः शनैः रामनाम की गूँज व मृदु मधुर ध्वनि से अयोध्या की वनस्थली गूँजने लगी। शाही परवानगी से छोटे-छोटे मंदिर बनने लगे। धीरे-धीरे गोसाईं और स्वामियों के अनेक अखाड़े आ जमे और जहाँ-तहाँ भस्मधारी हृष्ट-पुष्ट परमहंस और वैरागी दृष्टिगोचर होने लगे। अपने-अपने नेता व गुरु की अधीनता में अलग-अलग 'छावनी' के नाम से इनकी जमात-की-जमात रहने लगी। ये लोग आजकल के बैरागियों की तरह वृथा पुष्ट और विषयासक्त न थे। भगवद्भजन के साथ-साथ भगवती योध्या के उद्धार की भी इन्हें चिंता थी। इसलिए कुश्ती करना, हथियार बाँधना और विपत्ति के समय अपने को बचाने को मुसलमानों से लड़ना-झगड़ना भी इनका कर्तव्य कार्य था।

यदि उस समय गुसाईं और बैरागियों में परपर ईर्ष्या और कलह की जगह प्रेम और सौहार्द होता तो ये लोग अपने किए हुए पुरुषार्थ के फल से वंचित न होते। यदि उस समय इन्हें सिक्ख गुरु गोविंदसिंह जैसा एक महाप्राण, दूरदर्शी धर्मगुरु मिलता, तो ये लोग भी खाली भिखमँगे न होकर सिक्खों की तरह एक हिंदू रियासत का कारण होते; पर विधाता को यह स्वीकार न था। इसलिए दरिद्र भारत में इनके द्वारा भिक्षुकों ही की संख्या-वृद्धि हुई। नवाब आसिफुद्दौला के दीवान राजा टिकैतराय ने उस समय इनको बहुत कुछ सहारा दिया था। शाही खर्च से गढ़ीनुमा छोटे-छोटे दृढ़तर कई मंदिर भी बनवा दिए थे। प्रसिद्ध मंदिर हनुमान गढ़ी भी इसी समय 'गढ़ी' के आकार में हुआ था। नवाब वाजिदअली शाह के समय अयोध्या में सब मिलाकर तीस मंदिर तैयार हो गए थे। अब कई सौ मंदिर बन गए और प्रतिवर्ष इनकी संख्या बढ़ती ही चली जा रही है। परंतु अभी तक अयोध्या में गृहस्थों का निवास नहीं हुआ। गृहस्थों के बिना पुरी कैसी, तथापि दिन दूनी रात चौगुनी अयोध्या की बाह्य शोभा बढ़ रही है, यह क्या कम आनंद की बात है?

(सं 1900 के सुदर्शन के संपादक स्वर्गीय पं. माधवप्रसाद मिश्र के भ्राता पं. राधाकृष्ण मिश्र की आज्ञा से उद्धृत।)

संदर्भ—

1. मैं सुराज संपदा जनाई।
   मानी लघु कैलास बड़ाई॥
2. निशि महँ बजत नुपुरुन धारी।
   चलीं जहाँ पिय खोजन नारी॥

अभिसारिका का लक्षण नायिकाभेद में यह है—
कान्तार्थिनी तु या याति संकेतं साऽभिसारिका।
अभिसारिका उसे कहते हैं जो अपने कांत की खोज में संकेत (किसी नियत सथान) को जाए। महाकवि कालिदास ने तो लिखा ही है आगे जानकीहरण महाकाव्य में भी अभिसारिकाओं का वर्णन है। हमारे पाठक यह न समझें कि यह सूर्यवंश की राजधानी के अयोग्य है। समृद्ध नगर में सब तरह के लोग रहते हैं। राजधानी जिसमें—
रिधि सिधि संपत्ति नदी सुहाई।
उमगि अवध अंबुधि कहँ आई॥
योगी यतियों का निवास न था और न हो सकता था। नपुंसकों और यतियों से समृद्ध नगर नहीं बनता।

3. लागत तरुनिहाथ जहँ नीरा।
   बज्यो मृदंग समान गंभीरा॥
4. जिन सीढ़िन पर सिंधुर गामिनि।
   डारत रंगि चरन वरभामिनि॥
   बने चित्र महँ नाग विशाला।
   लहत प्रिया सन मृदुल मृनाला
5. खंभन मांहि चित्र तरुनिन के।
   धूमिल भये रँग अब तिनके॥
6. जाकी द्वार झुकाय संभारी।
   तोरत फूल रहीं सुकुमारी॥
7. वेदि विहीन होइ सरितीरा।
   बिन सुगंध चूरन सुचि नीरा॥
   (रघुवंश भाषा, सर्ग 16)
8. सरस्वती भाग 31 संख्या 6 पृष्ठ 682 विद्यालंकार कालेज सीलोन के श्रीराहुल सांकृत्यायन के लेख से उद्धृत।
9. यह ग्रंथ हमको इलाहाबाद म्यूनिसिपलिटी के विद्वान् एक्जिक्यूटिव अफसर पंडित ब्रजमोहन व्यास की कृपा से प्राप्त हुआ है।

10. लंका जहाँ अब तक मोती निकलते हैं।
11. यह लेख पंडित अजित प्रसाद जी एम.ए., एल-एल. बी., एडवोकेट के भेजे हुए लेख के आधार पर है।
12. यह त्रिदश पर श्लेष है त्रिदश=देवता=तीस।
13. जिसे कोई जीत न सके।
14. और उसके कई पीढ़ी पीछे तक।—लेखक
15. यह भी ठीक नहीं। श्रावस्ती राजा श्रावस्त की बसाई थी।
16. हमारी जान में यह भी ठीक नहीं है।

□

आजकल की अयोध्या

अंग्रेजी राज्य में अयोध्या पाँच-छ: हजार की आबादी का एक छोटा-सा नगर सरयू नदी के बाएँ तट पर बसा है। इसका अक्षांश 26° 27′ उत्तर और देशांतर लंदन से 82° 15′ पूर्व और बनारस से 7° 30′ पश्चिम है। परंतु धार्मिक विचार से फैजाबाद के अतिरिक्त और कई गाँव भी इसी के अंतर्गत हैं। यह बात परिक्रमा से सिद्ध होती है, जो किसी नगर की सीमा जानने के लिए सबसे उत्तम प्रमाण है।

यह परिक्रमा कार्तिक सुदी नवमी को की जाती है और सरयू के किनारे पर स्वर्गद्वार से आरंभ होती है। यद्यपि परिक्रमा और कहीं से भी आरंभ की जा सकती है, किंतु जहाँ से आरंभ की जाए वहीं अंत होना चाहिए। स्वर्गद्वार से चलकर नदी के किनारे-किनारे यात्री सात मील तक जाता है और वहाँ से मुड़कर शाहनिवाजपुर और मुकारमनगर[1] में से होता हुआ दर्शननगर में सूर्यकुंड पर ठहरता है। यह दर्शननगर बाजार के पास राजा दर्शन सिंह का बनाया हुआ सूर्य भगवान् का सुंदर सरोवर है। दर्शननगर से वह पश्चिम की ओर कोसाहा, मिर्जापुर और बीकापुर से होता हुआ जनौरा को जाता है जो फैजाबाद-सुल्तानपुर सड़क पर है।

यह गाँव अयोध्या से दक्षिण-पश्चिम में 7 मील पर और फैजाबाद से दक्षिण की ओर 1 मील पर है। इस गाँव में एक पक्का सरोवर है जिसे गिरिजाकुंड कहते हैं और एक शिवमंदिर है। यह अयोध्या में एक पवित्र स्थान माना जाता है और बहुत से यात्री यहाँ प्रतिवर्ष कार्तिक में परिक्रमा करते हुए पूजा करने जाते हैं।

इसे जनौरा (जनकौरा का अपभ्रंश) इसलिए कहते हैं कि जब महाराज जनक अयोध्या आते थे तो यहीं ठहरते थे। क्योंकि बेटी के घर हिंदूलोग पानी तक नहीं पीते। इस गाँव में सूर्यवंशी ठाकुर रहते हैं जो अपने को रामचंद्र जी के वंशज समझते हैं। उनके पूर्व-पुरुष कुलू पर्वत (पंजाब) से लाए गए थे। कहा जाता है कि जब राजा विक्रमादित्य ने अयोध्या का फिर से निर्माण कराना आरंभ किया तो पंडितों

ने उन्हें रामचंद्र जी के वंशजों को यज्ञ में भाग लेने के लिए बुलाने की सलाह दी थी। अन्यथा यज्ञ हो ही नहीं सकता था।

जनौरा से यात्री खोजनपुर और सिविल-लाइन के बीच से होता हुआ घाघरा के तट पर निर्मलीकुंड जाता है और वहाँ से गुप्तारघाट होता हुआ परिक्रमा को वहीं समाप्त कर देता है जहाँ से उसे आरंभ करता है। इस प्रकार अयोध्या नगर की स्थिति निश्चित हुई।

अब हम अयोध्या के कुछ ऐतिहासिक स्थानों का वर्णन करेंगे। इनमें सबसे अधिक उल्लेखनीय स्थान रामकोट (रामचंद्र जी का दुर्ग) है। दुर्ग के भीतर बहुत अधिक भूमि है और प्राचीन पुस्तकों में लिखा है कि इस दुर्ग में 20 फाटक थे और प्रत्येक फाटक पर रामचंद्र जी के मुख्य-मुख्य सेनापति रक्षक थे। इन गढ़-कोटों के नाम भी वही थे और हैं जो इनके रक्षकों के थे। इस दुर्ग के भीतर 8 राजप्रासाद थे जहाँ राजा दशरथ, उनकी रानियाँ और उनके बेटे रहते थे। अयोध्या माहात्म्य में निम्नलिखित अंश रामकोट के वर्णन में लिखा है।

'राजप्रासाद के मुख्य फाटक पर हनुमान जी का वास था और उनके दक्षिण में सुग्रीव और उसी के निकट अंगद रहते थे। दुर्ग के दक्षिण द्वार पर नल-नील रहते थे और उनके पास ही सुषेण। पूर्व की ओर 'नवरत्न' नामक एक मंदिर था और उसके उत्तर में गवाक्ष रहते थे। दुर्ग के पश्चिम द्वार पर दधिवक्र थे और उनके निकट शतवलि और कुछ दूर पर गंधमादन, ॠषभ, शरभ और पनस थे। दुर्ग के उत्तर द्वार पर विभीषण रहते थे और उनके पूर्व में उनकी स्त्री सरमा थी। उसके पूर्व में विघ्नेश्वर थे और उसके पूर्व में पिंडारक रहते थे। उसके पूर्व में वीर मत्तगजेंद्र का वास था। पूर्वीय भाग में द्विविद रहते थे और उसके उत्तर-पश्चिम में बुद्धिमान मयंद रहते थे, दक्षिणी भाग में जांबवान और उनके दक्षिण में केसरी। यही दुर्ग की चारों ओर से रक्षा करते थे।'

इनमें से आज-कल 4 ही बचे हैं, हनुमान गढ़ी, सुग्रीव टीला, अंगद टीला और मत्तगजेंद्र, जिसे सर्वसाधारण मातगेंड कहते हैं। हनुमान गढ़ी अब चार कोटवाला छोटा-सा दुर्ग दिखाई पड़ता है। यह गढ़ी आसिफुद्दौला के मंत्री टिकैतराय के द्वारा पुराने स्थान पर बनी थी और एक बड़ी मूर्ति स्थापित की गई थी। प्राचीन छोटी मूर्ति उसी के आगे स्थापित है।

अयोध्या प्रधानतः वैरागियों का घर है और हनुमान-गढ़ी उनका दृढ़ दुर्ग है। गढ़ी के वैरागी निर्वाणी अखाड़े के हैं और चार पट्टियों में विभक्त हैं। साधारण पढ़े-लिखे हिंदुस्तानी समझते हैं कि वैरागी लोग बड़े उद्दंड होते हैं और उनका

एक उद्‌देश्य खाओ-पिओ और मस्त रहो है, किंतु बात ऐसी नहीं है। चेलों को पहले बड़ी सेवा और तपस्या करनी पड़ती है। उनका प्रवेश 16 वर्ष की अवस्था में होता है। यद्यपि ब्राह्मणों और राजपूतों के लिए वह बंधन नहीं रहता। इन्हें और भी सुविधाएँ हैं जैसे इन्हें नीच काम नहीं करना पड़ता। पहली अवस्था में चेले को 'छोरा' कहते और उसे 3 वर्ष तक मंदिर और भोजन के छोटे-छोटे बरतन धोने को मिलते हैं, लकड़ी लाना होता है और पूजा-पाठ करना होता है। दूसरी अवस्था भी तीन वर्ष की होती है और इसमें उसे 'बंदगीदार' कहते हैं। इसमें उसे कुएँ से पानी लाना पड़ता है, बड़े-बड़े बरतन माजने पड़ते हैं, भोजन बनाना पड़ता है और पूजा भी करनी पड़ती है। इसको इतने ही समय में (3 वर्ष) तीसरी अवस्था आरंभ होती है जिसमें इसे 'हुड़दंगा' कहते हैं। इसमें इसे मूर्तियों को भोग लगाना पड़ता है, भोजन बाँटना पड़ता है जो दोपहर को मिलता है, पूजा करनी पड़ती है और निशान या मंदिर की पताका ले जानी पड़ती है। दसवें वर्ष में चेला उस अवस्था को जाता है जिसे 'नागा' कहते हैं। इस समय वह अयोध्या छोड़कर अपने साथियों के साथ भारतवर्ष के समस्त तीर्थों और पुण्य स्थानों का परिभ्रमण करने जाता है। यहाँ भिक्षा ही उसकी जीविका रहती है। लौटकर वह पाँचवीं अवस्था में प्रवेश करता है और अतीत हो जाता है।

इस अवस्था में वह मृत्युपर्यंत रहता है। अब इसे सिवाय पूजापाठ के कुछ काम नहीं करना पड़ता और उसे भोजन और वस्त्र मिलता है।

इससे स्पष्ट है कि वैरागी का काम बेकारी नहीं है। उसे नियम से धार्मिक-साधना करनी पड़ती है। वैरागी सदा से हिंदू-धर्म के रक्षक रहे हैं, इन्हें परिवार का कोई बंधन नहीं रहता और अपने धर्म के लिए जान देने को तैयार रहते हैं। लखनऊ म्यूजियम के एक चित्र से मालूम होता है कि हरिद्वार में वैरागियों ने अकबर का कैसा विरोध किया था। सन् 1855 ई. में अयोध्या में जब हिंदू और मुसलमानों में बड़ा झगड़ा हो गया था और मुंसलमानों ने गढ़ी पर धावा भी किया था जिसे वे नष्ट-भ्रष्ट करना चाहते थे तो वैरागी ही थे जिन्होंने उन्हें पीछे हटा दिया था। इन्होंने वही वीरता का काम तब भी किया था जब कुछ ही दिन बाद अमेठी के मौलवी अमीरअली ने धावा करने का फिर से प्रयत्न किया था। ये सदा से अपने धर्म के रक्षक रहे हैं और इन्हीं ने अयोध्या को नष्ट होने से बचाया है। ये सिवाय देश के शासक और किसी से नहीं दबते, किंतु जब दबाव हटा लिया जाता है तो फिर से स्वतंत्र हो जाते हैं और दूसरे अवसरों पर ये उतने ही शांत रहते हैं जैसे ईश्वर की सेवा में दत्तचित्त और कोई दूसरी धार्मिक संस्था वाले। उनमें अनेक ऊँचे कुल के

हैं, बहुत से रिटायर्ड डिप्टी कलेक्टर और सबार्डिनेट जज हैं। आजकल जो सबसे बड़े महात्मा हैं, उनका शुभनाम श्रीसीतारामशरण भगवान्‌प्रसाद है। वे रिटायर्ड डिप्टी इंस्पेक्टर ऑफ स्कूल्स हैं। कविकुलदिवाकर सुधारक और भक्त-शिरोमणि तुलसीदास अयोध्या के स्मार्त्त वैष्णव थे। अभी मेरी याद में पन्ना रियासत के भूतपूर्व दीवान जानकीप्रसाद जो बाद में रसिक बिहारी कहे जाते थे, अयोध्या में आकर रहे और वैरागी होकर कनकभवन के महंत हो गए। इन्हीं में से एक बाबा रघुनाथदास थे जो मेरे पिता के गुरु थे और जिन्होंने मेरा विद्यारंभ कराया था; इन्हें भारतवर्ष के भिन्न-भिन्न प्रांतों के लाखों हिंदू देवता समझकर पूजते थे। बाबा युगलानन्यशरण और उनके चेले बाबा जानकीवरशरण दोनों संस्कृत और फारसी के बड़े विद्वान थे और बाबा युगलानन्यशरण जी बड़े कवि भी थे।

हम कह चुके हैं कि वैरागियों के कई अखाड़े हैं। 'इन सातों अखाड़ों के नियमित क्रम हैं जिसके अनुसार ये बड़े-बड़े मेलों और ऐसे ही अवसरों पर चलते हैं। पहले दिगंबरी रहते हैं, फिर उनके बाद निर्वाणी दाहिनी ओर, और निर्मोही बाईं ओर, तीसरी पंक्ति में निर्वाणियों के पीछे खाकी दाहिनी ओर, और निरालंबी बाईं ओर। और निर्मोहियों के पीछे संतोषी और महानिर्वाणी। हर एक के आगे और पीछे कुछ स्थान खाली रहता है।'

वैरागियों के इस संक्षिप्त वर्णन से तात्पर्य केवल यही है कि आजकल नवशिक्षित युवकों में वैरागियों के प्रति जो कुविचार फैला हुआ है दूर हो जाए कि ये हरामखोर हैं और अंधविश्वासी हिंदू-जनता के दान से जीते हैं और उसे ही ठगते हैं। प्रत्येक संस्था में बुरे भी होते हैं किंतु मैं विश्वास के साथ बिना प्रतिवाद के भय से कह सकता हूँ कि अयोध्या के वैष्णव वैरागी जैसा कि वे भगवान् रामचंद्र के भक्त हैं वैसे उतने त्यागी संयमी भी हैं जितने संसार भर की और भी किसी धार्मिक संस्थाओं के पुरुष होंगे। मैं यह कहकर किसी का अपमान कदापि नहीं करना चाहता।

दूसरे और तीसरे कोट सुग्रीव-टीला और अंगद-टीला (कवीर-पर्वत) हैं। दोनों गढ़ी के दक्षिण में हैं। जनरल कनिंघम का कथन है कि सुग्रीव-टीला उसी स्थान पर है जहाँ ह्वानच्वांग के अनुसार मणिपर्वत के दक्षिण पश्चिम में 500 फुट की दूरी पर एक बड़ा बौद्ध मठ था। पाँच सौ फुट आगे वह स्तूप था जहाँ बुद्ध के नख और केश रखे गए थे। कनिंघम यह भी मानते हैं कि रामकोट और मणिपर्वत से कोई संबंध था और इन खंडहरों का भी रामकोट से प्रत्यक्ष संबंध है।

इसके बाद दूसरा महत्त्व का स्थान जन्मस्थान है जहाँ बाबर ने 1528 में एक मसजिद बनवाई थी जो आज तक उसके नाम से प्रसिद्ध है। जिस स्थान पर मंदिर

बना था उसे लोग यज्ञवेदी कहते हैं। कहा जाता है कि दशरथ ने यहीं पुत्रेष्ठि-यज्ञ किया था। हम अपने बाल्य-काल में यहाँ से जले चावल खोदा करते थे।

विक्रमादित्य द्वारा अयोध्या के जीर्णोद्धार की चर्चा हो चुकी है। यह बात दंतकथाओं के भी अनुकूल है और ऐतिहासिक अन्वेषणों से भी पता चलता है कि विक्रमादित्य के पहले अयोध्या की दशा नष्टप्राय थी। क्योंकि यह सर्वसम्मत है कि कालिदास इन्हीं विक्रमादित्य के समय में हुए थे और वे इनकी सभा के नवरत्नों में से एक रत्न थे। हम यह मानते हैं कि रघुवंश के 16वें सर्ग में जो कुश के द्वारा अयोध्या की प्रतिष्ठा पुनः स्थापित करने की चर्चा है वह कदाचित् गुप्तों की राजधानी उज्जैन से (पाटलिपुत्र से नहीं) हटाकर चंद्रगुप्त द्वितीय द्वारा अयोध्या ले जाने की बात है[2] और यज्ञवेदी वही स्थान है, जहाँ यज्ञ हुआ था जब कि चावल और घी का आज का सा चढ़ा भाव नहीं था। यज्ञवेदी भगवान् रामचंद्र का जन्म स्थान हो सकती है, किंतु यह मेरा दृढ़ मत है कि चंद्रगुप्त द्वितीय विक्रमादित्य ने भी फिर से इसे यज्ञ कराकर पवित्र किया था। रामचंद्र जी के पुराने मंदिर में थोड़ा ही हेर-फेर हुआ है। मसजिद में जो मध्य का गुंबद है वह प्राचीन मंदिर ही का मालूम होता है और बहुत से स्तंभ भी अभी ज्यों के त्यों खड़े हैं। ये सुदृढ़ काले कसौटी के पत्थर के बने हुए हैं। खंभे सात से आठ फुट तक ऊँचे हैं, और नीचे चौकोर हैं और मध्य में अठकोने।

उस झगड़े के बाद जिसका वर्णन अध्याय 14 में है, हिंदुओं ने मसजिद का आँगन ले लिया और वहाँ तक वेदी बनवा दी। अब एक दीवार खींच दी गई है जिससे कि मसजिद के नमाज पढ़नेवाले मुसलमानों और बाहर वेदी पर पूजा करनेवाले हिंदुओं में झगड़ा न हो।

वेदी के पास ही कनकभवन है जिसे सीता जी का महल कहते हैं। वहाँ पर सीताराम की दो प्रतिमाएँ प्राचीन हैं। भगवान् रामचंद्र की प्रतिमा को कनकभवन-बिहारी कहते हैं और यह प्रतिमा अयोध्या की इस ढंग की मूर्तियों में सबसे सुंदर है। हमारे लड़कपन में यह छोटा-सा मंदिर था किंतु अब टीकमगढ़ बुंदेलखंड के महाराज ने बहुत रुपया व्यय करके एक विशाल मंदिर बनवा दिया है।

अब हम प्राचीन नगर के ऐतिहासिक मंदिर त्रेता के ठाकुर पर आते हैं। इसे कूलू (पंजाब) के राजा ने जो जनौरा के ठाकुरों के जैसा कि ऊपर कहा गया है पूर्वपुरुषों में से थे, प्राचीन भग्नावशेष मंदिर के स्थान पर बनवाया था और फिर इंदौर की प्रख्यात रानी अहिल्याबाई ने उसमें कुछ सुधार किए थे। कहते हैं कि नौरंगशाह की टूटी हुई मसजिद रामदरबार के स्थान से बनवाई गई थी। किंतु फिर

किसी ने इस मंदिर को नहीं बनवाया।

सरयू के तट पर सबसे पहले पश्चिम की ओर लक्ष्मणजी का मंदिर और लछमन घाट मिलता है, जहाँ कहते हैं कि लक्ष्मण जी ने स्वर्गारोहण किया। मंदिर में जो मूर्ति है वह लक्ष्मणजी के गोरे रंग की नहीं है किंतु 5 फुट ऊँची चतुर्भुजी काले पत्थर की बनी हुई है। यह सामने के कुंड में मिली थी और माना यह गया कि यह कालीजी की मूर्ति है। किंतु उसके हाथ में चक्र है। इससे यह अनुभव हुआ कि वह लक्ष्मणजी की ही मूर्ति है, क्योंकि लक्ष्मण धरा के आधार शेष के अवतार हैं और शेष कृष्ण वर्ण हैं। नागपंचमी के अवसर पर अयोध्या के निवासी अन्य किसी नाग की पूजा न करके यहीं भगवान् शेष के अवतार लक्ष्मणजी को लावा (खील) चढ़ाते हैं।

फिर सुंदर घाट और पत्थर की सीढ़ियों पर चलते हुए, जिन्हें राजा दर्शन सिंह ने बनाया था हम नागेश्वरनाथ जी के ऐतिहासिक मंदिर पर पहुँचते हैं। इसी मूर्ति के द्वारा और सरयू के द्वारा विक्रमादित्य ने अयोध्या का पता लगाया था। यह शिवजी की बहुत पुरानी मूर्ति है। कहते हैं कि भगवान् रामचंद्र के पुत्र कुश ने इसे स्थापित किया था। कुश का अंगद (बाँह का भूषण) सरयू में गिर पड़ा था और वह पाताल में चला गया जहाँ नागलोक के राजा की कन्या ने उसे उठा लिया। महाराज कुश ने नागों को नष्ट करना चाहा तब महादेवजी इन दोनों में मेल कराने आए थे। कुश ने उनसे प्रार्थना की कि आप यहीं रहें और यह नियम करा दिया कि बिना नागेश्वरनाथ की पूजा किए किसी यात्री को अयोध्या आने का फल न होगा।

नागेश्वरनाथ जी के पास ही उत्तर की ओर गली में एक ओर देखने योग्य मंदिर है। वहाँ एक ही काले पत्थर में चारों भाइयों की मूर्तियाँ खुदी हैं और बीच में सीता जी की मूर्ति है। कथा प्रसिद्ध है कि बाबर ने जन्म-स्थान का मंदिर नष्ट कर दिया तो हिंदू इसे उठा लाए थे। इसका सविस्तार वर्णन अध्याय 13 में है।

फिर बड़ी सड़क पर आ जाएँ तो हमें बहुत से मंदिर मिलेंगे। यहीं विक्टोरिया पार्क है जिसमें राजराजेश्वरी विक्टोरिया की मूर्ति एक मंडप के नीचे स्थापित है। कुछ बाएँ पर पुराना स्कूल है जिसे महाराज की कचहरी कहते हैं। इसमें हमने प्रारंभिक शिक्षा पाई थी। फिर दाहिनी ओर काशी के सुप्रसिद्ध रईस राजा मोतीचंद के पितामह भीखूमल का मंदिर है और उसके आगे हमारी सुसराल का मंदिर सीसमहल है। यह मंदिर रायदेवी प्रसाद जी ने नब्बे वर्ष हुए बनवाया था। महाराज अयोध्या नरेश के नायब राय राधोप्रसाद जी के समय तक यह मंदिर अयोध्या के सुप्रसिद्ध मंदिरों में गिना जाता था। आजकल इसकी दशा शोचनीय है।

इससे कुछ दूर आगे चलकर पुलिस स्टेशन (कोतवाली) है और कुछ दूर दक्षिण श्रृंगारहाट नाम का बाजार है। और उसके पश्चिम महाराज अयोध्यानरेश का महल (राजसदन) और बाग है। बाग के दक्षिण भाग में एक सुंदर शिवालय है। इसे 80 वर्ष हुए राजा दर्शन सिंह ने बनवाया था और इसीलिए दर्शनेश्वर का मंदिर कहलाता है। अवध गजेटियर लिखता है, आजकल अवध भर में इससे बढ़कर सुंदर शिवालय नहीं है।[3] यह मंदिर बढ़िया चुनार के पत्थर का बना हुआ है और बहुत-सा नकशी काम मिर्जापुर में बनकर यहाँ लाया गया था। शिवलिंग नर्मदा के पत्थर का है। इसका दाम 250 दिया गया था। संगमरमर की मूर्तियाँ जयपुर से मँगाई गई थीं। पहले यह विचार था कि नेपाल से घंटा मँगवाकर यहाँ लटकाया जाए। परंतु घंटा राह ही में टूट गया। तब उसी नमूने का घंटा अयोध्या में बनवाया गया। वह भी स्थानीय कारीगरी का अच्छा नमूना है।

राजसदन के दक्षिण में खुले मैदान में 'तुलसी चौरा' है जहाँ साढ़े तीन सौ वर्ष पहले गोस्वामी तुलसीदासजी रहते थे और जहाँ चैत्र शुक्ल 9 संवत 1931 को रामचरितमानस प्रकाश किया गया था। यहाँ से एक मील से कुछ कम की दूरी पर दक्षिण में मणिपर्वत है। जनरल कनिंघम का कथन है कि मणिपर्वत 65 फुट ऊँचा टूटी फूटी ईंटों और कंकड़ों का टीला है। सर्वसाधारण उसे आजकल 'ओड़ा झार' या झौवा झार' कहते हैं, जिससे यह सूचित होता है कि रामकोट के बनानेवाले मजदूरों के टोकरों का झाड़न है। जनरल कनिंघम का यह कहना है कि यह 200 फुट ऊँचे एक स्तूप का भग्नावशेष है और वहीं बना हुआ है जहाँ बुद्धदेव ने अपने 6 वर्ष के निवास में धर्म का उपदेश दिया था। उनका अनुमान है कि नीचे की भूमि शायद बौद्धों के समय के पूर्व की हों और पक्का स्तंभ अशोक ने बनवाया था। किंतु हिंदुओं का विश्वास है कि जब लक्ष्मण जी को शक्ति लग गई और हनुमान जी उस शक्ति के घात से लक्ष्मण को बचाने के लिए संजीवन मूल लेने हिमालय गए और पर्वत को लेकर लौट रहे थे तो उसका एक ढोंका यहीं गिर पड़ा था। दूसरा कथन यह भी है जैसा ऊपर लिखा जा चुका है कि जब रामकोट के मजदूर काम कर चुकते तो अपनी टोकरियों का झाड़न यहीं फेंक देते थे जिसका ढेर यही मणिपर्वत है।

हम दतून-कुंड का वर्णन कर ही चुके हैं। दूसरा ऐतिहासिक स्थान सोनखर है। रघुवंश के पाठक जानते ही हैं कि रघु को एक ब्राह्मण को बहुत-सा सुवर्ण देना था जब कि उनका कोश खाली हो चुका था। उन्होंने ठान लिया कि कुबेर पर चढ़ाई करके उससे इतना सुवर्ण प्राप्त कर लेना चाहिए। कुबेर ने डर के मारे रात में यहीं सुवर्ण की वर्षा कर दी।

अयोध्या में नवाब वजीरों के राज से आजतक हजारों मंदिर बने और नित नए बनते जाते हैं। इनका सविस्तार वर्णन श्री अवध की झाँकी में दिया जाएगा जो तैयार हो रही है।

संदर्भ—

1. इसका नाम नक्शे में मुहतरिमनगर है।
2. इसका पूरा वर्णन अध्याय 10 में है।
3. Oudh Gazetteer Vol. I, Page12.

□

अयोध्या के आदिम निवासी

अयोध्या या कोशलराज के आदिम निवासी कौन थे, इसका पता नहीं लगता। पुरातत्त्व-विज्ञान और जनश्रुति दोनों इस विषय में चुप है। वाल्मीकीय रामायण और पुराणों से विदित है कि इस पृथ्वी के पहले राजा मनु वैवस्वत थे।[1] उनके पुत्र इक्ष्वाकु से सूर्यवंश चला और उनकी बेटी इला से चंद्रवंश की उत्पत्ति हुई। मनु ने अपने पुत्र इक्ष्वाकु के लिए अयोध्या और उसे कोशला की राजधानी बनाकर इक्ष्वाकु को उसका राजा बनाया। इक्ष्वाकु के वंशजों ने भारतवर्ष के भिन्न-भिन्न प्रांतों में अनेक राज्य स्थापित किए। परंतु इक्ष्वाकु की प्रजा कौन थी? यह कौन मानेगा कि प्रजा भी इक्ष्वाकुवंश की रही। पाश्चात्य विद्वान इस देश के मूल निवासियों को द्रविड़ कहते हैं। परंतु डॉक्टर विन्सेंट स्मिथ ने अपनी अर्ली हिस्ट्री ऑफ इंडिया (Early History of India) के पृष्ठ 413 में लिखा है कि द्रविड़ शब्द बड़ा ही भ्रमोत्पादक है। इसमें संदेह नहीं कि इस देश में कुछ ऐसे लोग भी रहते थे जो ढोर-डँगर पालते थे। हम लोग पुराणों और वेदों में देवों और असुरों का निरंतर संग्राम पढ़ते हैं। भारत के आर्य कभी लहू के प्यासे न थे और न उनके साथ ऐसे संक्राम रोग चलते थे जिनसे विजित लोग नष्ट हो जाते थे और आप बचे रहते थे। मूल निवासी दबा दिए गए परंतु जो शांति से रहना चाहते थे उनके लिए कोई बाधा न थी। सुरों को जो कदाचित् हिमालय प्रांत के रहनेवाले थे[2] कभी-कभी असुरों से लड़ना पड़ता था। कभी-कभी असुर ऐसे प्रबल हो जाते थे कि सुरों को पृथ्वी (भारत का मैदान) के राजा दशरथ और दुष्यंत से सहायता माँगनी पड़ी थी। किंतु हमने कभी नहीं सुना कि असुर नष्ट हो गए। यही दशा कोशल के आदिम निवासियों की रही। असुर कहीं चंडाल, कहीं दस्यु, कहीं राक्षस और कहीं पिशाच कहलाते हैं। इन्हीं में से एक जाति डोम है। अध्याय 11 में लिखा है कि ईसवी सन् की तेरहवीं शताब्दी में सरयूपार डोमनगढ़ का डोम राजा था जिसे अयोध्या के

श्रीवास्तव्य राजा जगतसिंह ने मारा था। मिस्टर नेसफील्ड ने अपने ब्रीफ रिव्यू ऑफ दि कास्ट सिस्टम ऑफ दि नार्थ वेस्टर्न प्राविंसेज एंड अवध (Brief Review of the Caste System of the North- Western Provinces and Oudh) पृष्ठ 101 में लिखा है, कि 'उजड़ी गढ़ियों, उनके नामों और उनके विषय में जनश्रुतियों से प्रकट होता है कि डोम, डोमकटर, डोमड़े या डोवर हिंदुस्तान में किसी समय में बड़े शक्तिशाली थे। विशेषकर घाघरा के उत्तर के जिलों में ...इनमें कुछ तो भाट और ब्राह्मणों को मिलाकर और पक्के हिंदुओं के आचार-विचार सीखकर छत्री बन गए, शेष उनसे बहुत ही नीचे दरजे पर पड़े रहे। कुछ भंगी बने, कुछ धरकार या बंसफोड़ हो गए। कुछ तुरहा हुए, कुछ धोबी का काम करने लगे, कुछ धानुक होकर धनुष बनाने लगे। इनमें जो मुसलमान हो गए वे कमंगर (कमान बनानेवाले) कहलाए। कुछ मुसलमान होकर डोम मीरासी बन गए। इस जाति में जो शेष बचे वे घिने काम करते हैं जैसे कुत्ते खाना और जीतों को मारना (जल्लादी)। परंतु कुमाऊँ में इस जाति के कुछ अच्छे अंश बचे हैं और कारीगरी के काम करते हैं; जैसे राजगीरी और बढ़ई का काम। इसी से अनुमान किया जा सकता है कि नीचे के देश में भी जो लोग ऐसे उद्यम करते हैं वे भी पहले इसी जाति के थे।'

दूसरी जाति जो अबतक प्रबल रही है, भरों की है। इनमें कुछ रजभर कहलाते हैं, जिनके नाम ही से प्रकट है कि इस जाति के लोग पहले राजा थे। अवध प्रांत में अब भी भरों के गढ़ों के भग्नावशेष पाए जाते हैं। 'मलिक मुहम्मद जायसी'[3] शीर्षक अंग्रेजी लेख में हमने लिखा है कि गढ़ अमेठी और जायस जिसका प्राचीन नाम उदयनगर (या उद्यान नगर) था दोनों पहले भरों के अधिकार में थे।

अवध गजेटियर में लिखा है कि भर जाति के लोग अवध के पूर्व जिलों में इलाहाबाद और मिर्जापुर में पाए जाते हैं। कुछ लोग इनको क्षत्रिय समझते हैं परंतु हमको इसमें संदेह है। ऐसा जान पड़ता है कि अवध के पश्चिम में पासी, अवध के पूर्व और मध्य में भर और गोरखपुर और बनारस के कुछ भाग में (जो पहले कोशल ही के अंतर्गत थे) चीरू एक ही समय में राज करते थे। हजारों वर्ष पहले आर्यों ने इनको अधीन कर लिया था। इन्हें मारकर उत्तर या दक्षिण के पहाड़ी प्रांतों में भगा दिया था और जब सूर्यवंश की घटती के दिन आए तो ये फिर प्रबल हो गए। प्रश्न यह उठता है कि ये लोग अब चोर डाकुओं में क्यों गिने जाते हैं ? उत्तर स्पष्ट है। ये लोग बड़े वीर और स्वतंत्रता देवी के भक्त पुजारी थे परंतु आर्यों के हथियारों और उनके युद्ध-कौशल से इन्हें हार जाना पड़ा। जब विजेता इनको सताते थे तो यह लोग भी उनको लूट लिया करते थे। यही करते-करते अब उनकी बान सी पड़ गई

है और हजारों वर्ष की निरंतर घटती से अब ये लोग चोरी डकैती में पक्के हो गए और अब उनका यही धंधा रह गया। अवध गजेटियर में लिखा है कि मिर्जापुर के पूर्व के पहाड़ी प्रांत में अब तक भर राजा है। सर हेनरी इलियट ने लिखा है कि यहाँ ये लोग रजभर और भरपतवा कहलाते हैं और किसी समय गोरखपुर से बुंदेलखंड तक इनके राज में था। कई स्थानों पर पुरानी गढ़ियों के खंडहर अब भी देखे जाते हैं। जिन्हें लोग भरों की गढ़ियाँ बतलाते हैं। जिस धुस, टीले, तालाब या मंदिर के जड़मूल का पता नहीं लगता वह भरों का बनवाया कहा जाता है। शेरिंग ने अपने 'हिंदू कास्ट्स' (Hindu Castes) में लिखा है कि मिर्जापुर के पास पहले पंपापुर नगर बसा था जिसमें अब भी भरों के समय के कुछ खुदे पत्थर पड़े हैं। इन पर जो मूर्तियाँ हैं उनके चेहरे मंगोलियन हैं और दाढ़ी नोकदार है। आजमगढ़ में अब भी जनश्रुति है कि श्रीरामचंद्रजी के समय में इस प्रांत में रजभर और असुर रहते थे जो कोशलराज के अधीन थे। भरों की गढ़ियों के भग्नावशेष अब भी आजमगढ़ के पास हरवंशपुर और ऊँचगाँव में और घोसी में देखे जाते हैं। निजामबाद परगने में अमीननगर के पास हरीबंध भरों का बनवाया कहा जाता है। गाजीपुर के उत्तर सदियाबाद, पचोतर, जहूराबाद और लखनेसर परगने भरों के अधिकार में थे। सुल्तानपुर से मिला हुआ कुशभवनपुर बहुत दिनों तक भरों की राजधानी रहा और उनके अधिकार में अवध का सारा पूर्वी भाग था। बहराइच भी भरैच का आधुनिक रूप है। यहीं से भर दक्षिण की ओर फैले थे।'

मिर्जापुर के परगना भदोही का मूलरूप भरदही है। यहाँ अनेक गढ़ियाँ और तालाब भरों के बनवाए बताए जाते हैं। इनमें विशेषता यह है कि सब सूर्यबेधी हैं अर्थात् पूर्व-पश्चिम लंबे होते हैं। आर्यों के ताल चंद्रबेधी होते हैं और उत्तर-दक्षिण लंबे रहते हैं। भरों की बनवाई गाढ़ियों की ईंटें 19 इंच लंबी 19 इंच चौड़ी और $2^1/_2$ इंच मोटी पाई जाती हैं, और जहाँ मिलती हैं उन्हें आजकल भरडीह कहते हैं।

इन्हीं आदिम निवासियों में एक जाति पासी है। पासी विशेषकर अवध और उससे मिले हुए जिलों में पाए जाते हैं जैसे इलाहाबाद, बनारस और शाहजहाँपुर। पासी बड़े लड़नेवाले और प्रसिद्ध चोर हैं। पहले पासी लोग सिपाहियों में भरती होते थे अब भी अधिकांश गाँव के चौकीदार हैं। "नवाबी में अवध के पासी तीर चलाने में बड़े सिद्धहस्त थे और सौ गज का निशाना मार लेते थे। किसी प्रकार की चोरी या डकैती ऐसी नहीं जो वे न करते हों।" पासियों में एक वर्ग रजपासी है जिसके नाम ही से प्रकट है कि यह लोग पहले राजा थे।

ऐसी ही एक जाति थारू की है। थारू आजकल तराई में रहते हैं जहाँ

कदाचित क्षत्रियों के डर के मारे जाकर बसे हैं। थारू मांस खाते, मद्य पीते फिर भी बड़े डरपोक होते हैं। जिन बनों में थारू बस गए हैं वहाँ की आब-हवा मैदान के रहनेवालों के लिए प्राणघातक है। यद्यपि थारू यहाँ सुख से रहते हैं तो भी इनका स्वास्थ्य देखने से यह अनुमान किया जाता है कि तराई की आब-हवा ने इन्हें ऐसा दुर्बल कर दिया है।

इनके अतिरिक्त कितनी पुरानी जातियाँ आर्यों के बीच में रहकर उनसे मिलजुल गई हैं।

संदर्भ—

1. वैवस्वतो मनुर्नाम माननीयो मनीषिणाम्।
   आसीन्महीभृतामाद्यः प्रणवश्छंदसामिव॥ (रघुवंश सर्ग 1)
2. पितुः प्रदेशास्तव देवभूमयः (कुमारसंभव)।
3. Allahabad University Studies, Vol. VI. Part I. Page 326

□

वेदों में अयोध्या

वेदत्रयी में स्पष्ट रूप से न कोशल का नाम आया है न उसकी राजधानी अयोध्या का।* अथर्ववेद के द्वितीय खंड में लिखा है—

अष्टचक्रा नवद्वारा देवानां पूः अयोध्या;
तस्यां हिरण्मयः कोशः स्वर्गो ज्योतिषावृतः।

(देवताओं की बनाई अयोध्या में आठ महल, नवद्वार और लौहमय धन-भंडार है, यह स्वर्ग की भाँति समृद्धिसंपन्न है।)

ऋग्वेद मं. 10,64,9 में सरयू का आह्वान सरस्वती और सिंधु के साथ किया गया है और उससे प्रार्थना की गई है कि यजमान को तेज बल दे और मधुमन् घृतवत् जल दे।

सरस्वतीः सरयुः सिंधुरूर्मिभिः महोमही रवसायंतु वक्षणीः,
देवी रायो मातरः सूदयित्न्वो घृतवतपयो मधुमन्नो अर्चत।

इससे प्रकट है कि हमारे देश के इतिहास के इतने प्राचीन काल में भी सरयू की महिमा सरस्वती से घटकर न थी। पंजाब की दो नदियों के साथ सरयू का नाम आने से कुछ विद्वान् यह अनुमान करते हैं कि इस नाम की एक नदी पंजाब में थी परंतु हमें यह ठीक नहीं जँचता।

शतपथ ब्राह्मण में कोशल का नाम आया है और ऋग्वेद में कोशल के सूर्यवंशी राजाओं का कहीं-कहीं नाम है। ऋग्वेद मं. 10,60,4 का ऋषि राजा असमाती और देवता इंद्र हैं।

यस्येक्ष्वाकुरुपव्रते रेवान्मराय्येधते। दिवीव पंच कृष्टयः॥

इसमें इक्ष्वाकु या तो पहला राजा है या उसका कोई वंशज। और वह इंद्र की सेवा में ऐसा धनी और तेजस्वी है जैसे स्वर्ग में पाँच कृष्टियाँ (जातियाँ) हैं।

इक्ष्वाकु से उतरकर बीसवीं पीढ़ी में युवनाश्व द्वितीय का पुत्र मान्धातृ हुआ।

वह दस्युओं को मारनेवाला बड़ा प्रतापी राजा था और ऋग्वेद मं. 8,39,9 में अग्नि से उसके लिए प्रार्थना की जाती है।

वह मंत्र यह है—

'यो अग्निः सप्तमानुषः श्रितो विश्वेषु सिंधुषु।
तमागन्म त्रिपस्त्य मंधातुर्दस्युहन्तममग्निपक्षेषु
पूर्व नभंतामन्यके समे।'

ऋग्वेद मं. 8, 40, 12 में मान्धातृ अंगिरस् के बराबर ऋषि माना गया है।

एवेंद्राग्निभ्यां पितृवन्नवीयो मन्धातृवदंगिर स्वदवाचि।
विधातुना शर्मणां पातमस्मान्वयं स्याम पतयो रयीणां॥

इसके आगे ऋग्वेद मं.10, 134 का ऋषि यही यौवनाश्व मांधाता है। उस सूक्त का अंतिम मंत्र यह है—

नकिर्देवा मनीमसि नक्तिरायो पयामसि, मंत्रश्रुत्यं, चरामसि।
पक्षेभिरभिकक्षे भिरत्रामि संरभामहे।

इसको ध्यान से पढ़िए तो ऋषि का अच्छा शासक होना प्रकट होता है। वह केवल अपने वैरियों का विनाश नहीं चाहता वरन् यह भी कहता है कि हम उन दोषों से मुक्त रहें जिनके कारण राजा लोग अपने धर्म से विचलित होते हैं। इन मंत्रों में नाम कहीं मन्धातृ और कहीं मान्धातृ है परंतु दोनों के एक होने में संदेह नहीं।

□

पुराणों में अयोध्या

(क) सूर्यवंश

अयोध्या सूर्यवंशी राजाओं की राजधानी है। इस राजवंश में विचित्रता यह है कि और जितने राजवंश भारत में हुए उनमें यह सबसे लंबा है। आगे जो वंशावली दी हुई है उसमें 123 राजाओं के नाम हैं जिनमें से 93 ने महाभारत से पहले और 30 ने उसके पीछे राज्य किया। जब उत्तर भारत के प्रत्येक राज्य पर शकों, पह्लवों और काम्बोजों के आक्रमण हुए और पश्चिमोत्तर और मध्य देश के सारे राज्य परास्त हो चुके थे तब भी कोशल थोड़ी ही देर के लिए दब गया था और फिर सँभल गया। कोई राजवंश न इतना बड़ा रहा न अटूट क्रम से स्थिर रहा जैसा कि सूर्यवंश रहा है और न किसी की वंशावली ऐसी पूर्ण है, न इतने आदर के साथ मानी जाती है। प्रसिद्ध विद्वान पार्जिटर साहेब का मत है कि पूर्व में पड़े रहने से कोशलराज उन विपत्तियों से बचा रहा जो पश्चिम के राज्यों पर पड़ी थीं। हमारा विचार यह है कि सैकड़ों बरस तक कोशल के शासन करनेवाले लगातार ऐसे शक्तिशाली थे कि बाहरी आक्रमणकारियों को उनकी ओर बढ़ने का साहस नहीं हुआ और इसी से उनकी राजधानी का नाम 'अयोध्या' या अजेय पड़ गया। पूर्व में रहने अथवा युद्ध के योग्य अच्छी स्थिति से उनका देश नहीं बचा। महाभारत ऐसा सर्वनाशी युद्ध हुआ जिससे भारत की समृद्धि, ज्ञान, सभ्यता आदि सब नष्ट हो गए और उसके पीछे भारत में अंधकार छा गया। सब के साथ सूर्यवंश की भी अवनति होने लगी और जब महापद्मनंद के राज में या उसके कुछ पहले क्रांति हुई तो कोशल शिशुनाक राज्य के अंतर्गत हो गया। महाभारत में भी कोशलराज ने अपनी पुरानी प्रतिष्ठा के योग्य कोई काम नहीं कर दिखाया जिसका कारण कदाचित् यही हो सकता है कि जरासंध से कुछ दब गया था।

बेंटली साहेब ने ग्रहमंजरी के अनुसार जो गणना की है उससे इस वंश का

आरंभ ई. पू. 2204 में होना निकलता है। मनु सूर्यवंश और चंद्रवंश दोनों के मूल-पुरुष थे। सूर्यवंश उनके पुत्र इक्ष्वाकु से चला और चंद्रवंश उनकी बेटी इला से। मनु ने अयोध्या नगर बसाया और कोशल की सीमा नियत करके इक्ष्वाकु को दे दिया। इक्ष्वाकु उत्तर भारत के अधिकांश का स्वामी था क्योंकि उसके एक पुत्र निमि ने विदेह जाकर मिथिलाराज स्थापित किया। दूसरे दिष्ट या नेदिष्ट ने गंडक नदी पर विशाला राजधानी बनाई। प्रसिद्ध इतिहासकार डंकर ने महाभारत की चार तारीखें मानी हैं, ई. पू. 1300, ई. पू. 1175, ई. पू. 1200 और ई. पू. 1418, परंतु पार्जिटर उनसे सहमत नहीं हैं और कहते हैं कि महाभारत का समय ई. पू. 1000 है। उनका कहना है कि अयुष, नहुष और ययाति के नाम ऋग्वेद में आए हैं; ये ई. पू. 2300 से पहले के नहीं हो सकते। रायल एशियाटिक सोसाइटी के ई. 1910 के जर्नल में जो नामावली दी है उनके अनुसार चंद्रवंश का अयुष, सूर्यवंश के शशाद का समकालीन हो सकता है और ययाति अनेनस् का। पार्जिटर महाशय का अनुमान बेंटली के अनुमान से मिलता-जुलता है। परंतु महाभारत का समय अब तक निश्चित नहीं हुआ। राय बहादुर श्रीशचंद्र विद्यार्णव ने 'डेट ऑफ महाभारत वार' (Date of Mahabharata War) शीर्षक लेख में इस प्रश्न पर विचार किया है और उनका अनुमान यह है कि महाभारत ईसा से उन्नीस सौ बरस पहले हुआ था।

अब हम सूर्यवंशी राजाओं के नाम गिनाकर उनमें जो प्रसिद्ध हुए उनका संक्षिप्त वृत्तांत लिखते हैं।

अयोध्या के सूर्यवंशी राजा
(महाभारत से पहले)

1. मनु
2. इक्ष्वाकु
3. शशाद
4. ककुत्स्थ
5. अनेनस
6. पृथु
7. विश्वगाश्व
8. आर्द्र
9. युवनाश्व प्रथम
10. श्रावस्त
11. वृहदश्व
12. कुवलयाश्व
13. दृढ़ाश्व
14. प्रमोद
15. हर्यश्व प्रथम
16. निकुंभ
17. संहताश्व
18. कृशाश्व

19. प्रसेनजित
20. युवनाश्व द्वितीय
21. मान्धातृ
22. पुरुकुत्स[1]
23. त्रसदस्यु
24. सम्भूत
25. अनरण्य
26. पृषदश्व
27. हर्यश्व द्वितीय
28. वसुमनस्
29. तृधन्वन्
30. त्रैयारूण
31. त्रिशंकु
32. हरिशचंद्र
33. रोहित
34. हरित
35. चंचु (चंप, भागवत के अनुसार)
36. विजय
37. रुरुक
38. वृक
39. बाहु
40. सगर
41. असमंजस्
42. अंशुमत्
43. दिलीप प्रथम
44. भगीरथ
45. श्रुत
46. नाभाग
47. अंबरीष
48. सिंधुद्वीप
49. अयुतायुस्
50. ऋतुपर्ण
51. सर्वकाम
52. सुदास
53. कल्माषपाद
54. अश्मक
55. मूलक
56. शतरथ
57. वृद्धशर्मन्
58. विश्वसह प्रथम
59. दिलीप द्वितीय
60. दीर्घबाहु
61. रघु
62. अज
63. दशरथ
64. श्रीरामचंद्र
65. कुश
66. अतिथि
67. निषध
68. नल
69. नभस्
70. पुंडरीक
71. क्षेमधन्वन
72. देवानीक
73. अहीनगु
74. पारिपात्र
75. दल
76. शल
77. उक्थ
78. वज्रनाभ
79. शंखन
80. व्युषिताश्व

81. विश्वसह द्वितीय
82. हिरण्यनाभ
83. पुष्य
84. ध्रुवसंधि
85. सुदर्शन
86. अग्निवर्ण
87. शीघ्र
88. मरु
89. प्रथुश्रुत
90. सुसंधि
91. अमर्ष
92. महाश्वत
93. विश्रुतवत्
94. बृहद्बल[2]

महाभारत के पीछे के सूर्यवंशी राजा

1. बृहत्क्षय
2. उरुक्षय
3. वत्सद्रोह (या वत्सव्यूह)
4. प्रतिव्योम
5. दिवाकर
6. सहदेव
7. ध्रुवाश्व (या वृहदश्व)
8. भानुरथ
9. प्रतीताश्व (या प्रतीपाश्व)
10. सुप्रतीप
11. मरुदेव (या सहदेव)
12. सुनक्षत्र
13. किन्नराश्व (या पुष्कर)
14. अंतरिक्ष
15. सुषेण (या सुपर्ण या सुवर्ण या सुतपस्)
16. सुमित्र (या अमित्रजित्)
17. बृहद्रज (भ्राज या भारद्वाज)
18. धर्म (या वीर्यवान्)
19. कृतञ्जय
20. व्रात
21. रणञ्जय
22. संजय
23. शाक्य
24. क्रुद्धोद्धन या शुद्धोदन
25. सिद्धार्थ
26. राहुल (या रातुल, बाहुल) लांगल या पुष्कल)
27. प्रसेनजित (या सेनजित)
28. क्षुद्रक (या विरुधक)
29. कुलक (क्षुलिक, कुंदक, कुडव, रणक)
30. सुरथ
31. सुमित्र[3]

क (1) प्रसिद्ध राजाओं के संक्षिप्त इतिहास

मनु

महाकवि कालिदास ने लिखा है—

वैवस्वतो मनुर्नाम माननीयो मनीषिणाम्।
आसीन्महीभृतामाद्यः प्रणवश्च्छंदसामिव॥

रघुवंश सर्ग 1॥

"रह्यो आदिनृप बिबुधजन माननीय मनुनाम।
वेदन महँ ओंकार सम दिनकरसुत गुनधाम॥"

रघुवंश भाषा सं. 1॥

इन्हीं ने कोसल देश बसाया और अयोध्या का उसकी राजधानी बनाया। मत्स्यपुराण में लिखा है कि अपना राज अपने बेटे का सौंपकर मनु मलयपर्वत पर तपस्या करने चले गए। यहाँ हजारों वर्ष तक तपस्या करने पर ब्रह्मा उनसे प्रसन्न होकर बोले "वर माँग"। राजा उनको प्रणाम करके बोले, "मुझे एक ही वर माँगना है। प्रलयकाल[4] में मुझे जड़चेतन सबकी रक्षा की शक्ति मिले"। इस पर 'एवमस्तु' कहकर ब्रह्मा अंतर्धान हो गए और देवताओं ने फूल बरसाए।

इसके अनंतर मनु फिर अपनी राजधानी को लौट आए। एक दिन पितृतर्पण करते हुए उनके हाथ से पानी के साथ एक नन्ही-सी मछली गिर पड़ी। दयालु राजा ने उसे उठाकर घड़े में डाल दिया। परंतु दिन-रात में वह नन्ही-सी मछली इतनी बड़ी हो गई कि घड़े में न समाई। मनु ने उसे निकालकर बड़े मटके में रख दिया। परंतु रात ही भर में मछली तीन हाथ की हो गई और मनु से कहने लगी, आप हम पर दया कीजिए और हमें बचाइए। तब मनु ने उसे मटके में से निकालकर कुएँ में डाल दिया। थोड़ी देर में कुआँ भी छोटा पड़ गया तब वह मछली एक बड़े तालाब में पहुँचा दी गई। यहाँ वह योजन भर लंबी हो गई तब मनु ने उसे गंगा[5] में डाला। वहाँ भी बढ़ी तो महासागर भेजी गई, फिर भी उसकी बाढ़ न रुकी तब तो मनु बहुत घबराए और कहने लगे, "क्या तुम असुरों के राजा हो? या साक्षात् वासुदेव हो जो बढ़ते-बढ़ते सौ यौजन के हो गए। हम तुम्हें पहचान गए, तुम केशव हृषीकेश जगन्नाथ और जगद्धाम हो।"

भगवान् बोले, "तुमने हमें पहचान लिया। थोड़े ही दिनों में प्रलय होनेवाली है जिसमें वन और पहाड़ सब डूब जाएँगे। सृष्टि को बचाने के लिए देवताओं ने यह नाव बनाई है। इसी में स्वेदज, अंडज, उद्भिज और जरायुज रखे जाएँगे। तुम इस नाव को ले लो और आनेवाली विपत्ति से सृष्टि को बचाओ। जब तुम देखना

कि नाव बही जाती है तो इसे हमारे सींग में बाँध देना। दुखियों को इस संकट से बचाकर तुम बड़ा उपकार करोगे। तुम कृतयुग में एक मनवंतर राज करोगे और देवता तुम्हारी पूजा करेंगे।''

मनु ने पूछा कि प्रलय कब होगी और आपके फिर कब दर्शन होंगे। मत्स्य भगवान् ने उत्तर दिया कि ''सौ वर्ष तक अनावृष्टि होगी, फिर काल पड़ेगा और सूर्य की किरणें ऐसी प्रचंड होंगी कि सारे जीव जंतु भस्म हो जाएँगे ···फिर पानी बरसेगा और सब जल-थल एक हो जाएगा। उस समय हम सींगधारी मत्स्य के रूप में प्रकट होंगे। तुम इस नाव में सब को भरकर इस रस्सी से हमारे सींग में बाँध देना।'' यह कहकर भगवान् तो अंतरधान हो गए और मनु योगाभ्यास करने लगे।···

ईसाइयों की इंजील में प्रलय का जो वर्णन है उसका संक्षेप उत्पत्ति की पुस्तक से नीचे उद्धृत किया जाता है।

अध्याय 6 । 5 । 6,7,8

''ईश्वर ने देखा कि पृथ्वी पर पाप बढ़ा और मनुष्य का ध्यान पाप ही पर रहा।''

''तब ईश्वर पछताया कि हमने पृथ्वी पर मनुष्य क्यों बनाया, और वह दुःखी हुआ।

''तब ईश्वर ने कहा कि जिस मनुष्य को हमने बनाया उसका नाश कर देंगे, मनुष्य, पशु-पक्षी कीड़े-मकोड़े सब का। हम सब को बनाकर पछता रहे हैं।''

''परंतु ईश्वर की कृपादृष्टि नूह पर थी।''

''नूह ईश्वर के साथ चला करता था।''

''नूह के तीन बेटे थे शैम, हैम और जाफत।''

''तब ईश्वर ने नूह से कहा कि ···तुम गोफर (?) लकड़ी की नाव बनाओ और भीतर बाहर राल पोत दो।

नाव 300 हाथ लंबी हो, 50 हाथ चौड़ी हो और 30 हाथ ऊँची हो।

हम पृथ्वी पर जलप्रलय करेंगे।

परंतु तुम्हारे साथ हमारा अहदनामा (अभिसंधि) होगा। तुम नाव में अपनी स्त्री, अपने बेटों और बहुओं के साथ बैठ जाना।

मांसधारी जो जीव हैं स्त्री और पुरुष दो-दो को अपने साथ जीता रखना।''

अध्याय 7

''अड़तालीस दिन रात पृथ्वी पर पानी बरसा ···और 150 दिन तक पृथ्वी जल में मग्न रही।

"नाव ऊपर तैरी कि सारे जीव मर गए। नूह अकेला जीता रहा और जो उसके साथ नाव पर थे वे भी जीते रहे।

"फिर ईश्वर ने हवा चलाई और पानी बंद हुआ।"

मुसलमानों में इस प्रलय की कथा ईसाइयों की कथा से मिलती-जुलती है। भेद इतना ही है कि अल्लाहताला ने नूह को संसार में इसलाम धर्म सिखाने भेजा था परंतु काफिरों ने उनकी एक न सुनी और कठिन परिश्रम करने पर भी केवल 80 मनुष्य मुसलमान हुए। शेष उनके उपदेश के समय अपने कान बंद कर लेते थे और कपड़ा ओढ़ लेते थे। पुस्तक पढ़ने से विदित होता है कि जिन लोगों को नूह पैगंबर उपदेश देते थे सब मूर्तिपूजक थे और नूह उनकी मूर्तियों की निंदा करते तो वे लोग कहते थे कि हम अपनी मूर्तियों को न छोड़ेंगे और पत्थरों की पूजा में अपने सिरों को फोड़ेंगे। तुम सच्चे हो तो हमें दिखाओ कि अल्लाह कैसे दंड देता है। नूह ने तब निराश होकर अल्लाहताला से विनती की कि तू इन काफिरों को गारत कर। उनकी विनती सुनकर अल्लाहताला ने कहा कि हम इस जाति को प्रलय से नष्ट कर देंगे और तुमको और तुम्हारी 'उम्मत' को नाव में रखकर बचा लेंगे। उसी समय जिबरईल को आज्ञा दी गई कि साज का पेड़ बोया जाए। 20 वर्ष में पेड़ बड़ा हो गया तब नूह ने जिबरईल के कहने से उसके तख्ते चीरे और नाव बनाई और तख्तों के जोड़ पर कीर (राल) लगा दी। नाव बन जाने पर जिबरईल ने पशु पक्षी के जोड़े इकट्ठा किए और नाव में भरे। नूह, उनके तीन बेटे और बहुएँ और उनकी उम्मत के लोग नाव पर सवार हुए। ...उसी समय 40 दिन तक पानी बरसा और सारे काफिर और उनके घर-बार डूब गए। तब अल्लाह के हुकुम से नूह की नाव जूदी पहाड़ की चोटी पर ठहरी ...इत्यादि।[6]

हमने इस पौराणिक आख्यान को यहाँ कई प्रयोजनों से लिखा है। एक तो यह है कि प्रलय को अनेक जाति और धर्म के लोग मानते हैं जैसे—

1. चीनवालों में फोही (Fohi) का प्रलय।
2. असीरियावालों का चिसुथस (Xisuthrus)।
3. मेक्सिको का प्रलय।
4. यूनानवालों का डुकेलियन (Deucalion) और अगिगीज (Ogyges)।

इससे जान पड़ता है कि प्रलय अवश्य हुआ। मत्स्यपुराण में जो इसी अवतार का प्रधान ग्रंथ है मत्स्य भगवान् ने वैवस्वत मनु को दर्शन दिए थे। वैवस्वत मनु पृथ्वी के पहले राजा थे और उन्होंने अयोध्या नगर बसाया। इससे यह अनुमान किया

जा सकता है कि मत्स्य भगवान् ने अयोध्या ही में मनु को दर्शन दिए। मुसलमान लोग तो यहाँ तक मानते हैं कि अयोध्या में थाने के पीछे नूह की कब्र है और उसमें नूह ही के साथ उनकी किश्ती के चार तख्ते भी दफन हैं।

दूसरी विचित्र बात मत्स्यपुराण में यह देखी कि मनु-वैवस्वत वाले प्रलय के पीछे जब नई सृष्टि हुई तो मनु स्वायंभू का जन्म हुआ यद्यपि वैवस्वत मनु सातवें मनु माने जाते हैं। मनु-वैवस्वत ने सबको बचाया था। वह कहाँ गए? हमारी समझ में मत्स्यपुराण स्वायंभू मनु की स्थिति को संदेह के आवर्त में डाल रहा है। दूसरी सृष्टि भी वैवस्वत मनु ही से चली।

जब यह सिद्ध है कि वैवस्वत मनु कम-से-कम इस देश के पहले राजा थे तो अब यह प्रश्न उठता है कि यह देश भारतखंड या भारतवर्ष[7] क्यों कहलाता है?

मनु के कई संतान मानी जाती हैं परंतु मुख्य दो ही हैं। एक इक्ष्वाकु पुत्र, दूसरी इला पुत्री। इक्ष्वाकु से सूर्यवंश चला जिसने उत्तर भारत पर अपना अधिकार जमाया। इक्ष्वाकु का एक बेटा अयोध्या में रहा, दूसरा कपिलवस्तु का राजा हुआ, तीसरे ने विशाला में राज स्थापित किया और चौथा निमि मिथिलाधिपति बना। चंद्र के पुत्र बुध के संयोग से इला के पुरुरवस पुत्र हुआ जिसने आजकल के इलाहाबाद के सामने गंगा के उत्तर-तट पर प्रतिष्ठानपुर को अपनी राजधानी बनाया।

सूर्यवंश में इक्ष्वाकु के बाद तिरसठवीं पीढ़ी में महाराज दशरथ हुए। इनके चार बेटों में से एक का नाम भरत था। भरत को अपने नाना से केकय देश मिला था परंतु वे कभी भारत के सम्राट न थे। इससे भरतखंड के भरत नहीं हो सकते।

चंद्रवंश में अवश्य भरत नाम का एक प्रतापी राजा हुआ है परंतु यह पुरुरवस के बहुत पीछे हुआ। यह भरत दुष्यंत का बेटा था और इसकी माँ राजर्षि विश्वामित्र की बेटी शकुंतला थी। महाभारत में लिखा है—

भरताद् भारतीकीर्तिर्ये नेदं भारतं कुलम्।
अपरे ये च वै पूर्वे भरता इति विश्रुताः॥
भरतस्यान्वये तेहिं देवकल्पा महौजसः।

'भरत ही से भारती कीर्ति हुई जिससे भरतवंश चला और भी जो भरत पहले हो गए हैं सब भरत वंश के हैं।'

इसके प्रतिकूल श्रीमद्भागवत में लिखा है—

प्रियव्रतो नाम सुतो मनोः स्वायंभुवस्थ यः।
तस्याग्नी ध्रस्ततो नाभि ऋषभ स्तत् सुतःस्मृतः॥

तमाहु वासुदेवांशं मोक्षधर्म विवक्षया।
अवतीर्ण पुत्रशतं तस्यानीद् ब्रह्मपारगम्॥
तेषां वै भरतो ज्येष्टो नारायणपरायणः।
विख्यातं वर्ष मेततन्नाम्रा भारतमुत्तमम्॥

इसकी पुष्टि ब्रह्मांडपुराण पूर्वभाग अनुषंग पाद अध्याय 14 में देखिए।

ऋषभाद् भरतो जज्ञे वीरः पुत्रशताग्रजः।
सोऽमिषिच्याषैभः पुत्रम्महाप्रत्रज्जया स्थितः॥
हिमाद्रेः दक्षिणं वर्षे भरताय न्यवेदयत्।
तस्मातु भारतं वर्षे तम्य नाम्ना विदुर्बुधाः॥

'ऋषभ देवजी के सौ बेटे हुए जिनमें वीर भरत जेठे थे। ऋषभ देवजी भरत को राज देकर तपस्या करने चले गए। उन्होंने भरत को हिमालय के दक्षिण का देश दिया था। इसी से विद्वान लोग उसे भारतवर्ष कहते हैं।'

और पुराणों की जाँच से कोई प्रयोजन सिद्ध नहीं होता। कहीं-कहीं एक ही पुराण में दो बातें एक-दूसरे के प्रतिकूल लिखी हैं। वायुपुराण प्रथम खंड अध्याय 45 में लिखा है—

उत्तरं यत्समुद्रस्य हिमवद्दक्षिणञ्च यत्॥ 75॥
वर्षे यदुभारतं नाम यत्रेयं भारती प्रजा॥
भरणाच्च प्रजानां वै मनुर्भरत उच्यते।
निरुक्त वचनाश्चैव वर्षे तद्भारतं स्मृतम्॥ 76॥[8]

'समुद्र के उत्तर और हिमाचल के दक्षिण देश का नाम भारत है, वहीं भारती प्रजा रहती है। प्रजा के भरण-पोषण करने के कारण मनु ही भरत कहलाता है। निरुक्त का भी यही वचन है और इसी से भारतवर्ष नाम प्रसिद्ध है।'

इसमें सबसे बड़ा प्रमाण निरुक्त का है। निरुक्तकार कहता है—

भरतः आदित्यस्तस्य भा भारती

इस विषय पर सुप्रसिद्ध इतिहास मर्मज्ञ श्रीयुत विन्हा मणि विनायक वैद्यजी ने अपने विचार 'हिंदू भारत का उत्कर्ष' नामक ग्रंथ के परिशिष्ट में प्रकट किए हैं। हम उनसे अनेक बातों में सहमत नहीं हैं। परंतु इस विषय में उनके विचार की पुष्टि और प्रमाणों से होती है। हम वैद्यजी के ग्रंथ का कुछ अंश उद्धृत करते हैं—

''पुराण परंपरा बता रही है कि हिंदुस्तान का भारतवर्ष नाम जिस भरत के कारण पड़ा वह दुष्यंतपुत्र भरत नहीं किंतु उससे सहस्रों वर्ष पूर्व उत्पन्न हुआ मनु का प्रपौत्र अथवा साक्षात् मनु ही था। वायु और मत्स्यपुराणों में निरुक्त का जो हवाला

दिया है वह साधारण है। '''ऋग्वेद में जिन भरतों का बार-बार उल्लेख है वे उक्त भरत के ही वंशज थे, दुष्यंत-पुत्र के नहीं। ऋग्वेद संहिता में भरतों का नाम तीसरे और चौथे मंडल में बार-बार आया है। इन मंडलों में सुदास त्रित्सु के संबंध में यह नाम आया है और छठे मंडल में इनका संबंध दिवोदास राजा से बताया गया है।'' (भाग-2 पृष्ठ 15)। इस उल्लेख के ऋग्वेद सूक्त हमने देखे। उनसे पहली बात यह जान पड़ी कि भरतों के पुरोहित वसिष्ठ थे। पुराण परंपरा के अनुसार वसिष्ठ सूर्यवंशी क्षत्रियों के पुरोहित थे, चंद्रवंशियों के नहीं।

एक और ऋचा भी बड़े काम की है,

प्रज्नायमग्निर्भरतस्य शृण्वे।
अभियः पूरुं पृतनासु तन्थौ॥

''भरत की वही अग्नि है जिसने पुरु का पराभाव किया था।''

इसमें भरत शकुंतला का पुत्र है तो उसकी अग्नि ने उसके लकड़दादा के नगड़दादा पुरु को कैसे परास्त किया। ऋग्वेद को ध्यान से पढ़ने से यह सिद्ध हो जाएगा कि भरत प्राचीन आदि राजा था। उसके वंशज भी भरत या भारत कहलाते थे। उसने इस देश के आदिम निवासियों को जीतकर अपना राज्य स्थापन किया।

इसके अतिरिक्त जैनधर्म की जनश्रुति है। आदिनाथ या ऋषभदेव जी सूर्यवंशी थे और उनकी जन्मभूमि अयोध्या है। पुराणों में ऋषभदेव भी स्वायंभू मनु के वंशज कहे जाते हैं परंतु यहाँ स्वायंभू मनु भी वैवस्वत मनु बने जाते हैं और मत्स्यपुराण ने स्वायंभू मनु की स्थिति ही संदिग्ध कर दी है।

अब देखना चाहिए कि—

मनु पहले राजा थे,	भरत पहले राजा थे।
मनु ने अयोध्या बसाई,	भरत की जन्मभूमि अयोध्या है
मनु वैवस्वत सूर्यवंशी थे,	भरत सूर्यवंशी थे।
सूर्यवंश के पुरोहित वसिष्ठ थे,	भरतों के पुरोहित वसिष्ठ थे।

निरुक्त में भरत का अर्थ सूर्य है जिसका अर्थ यह हो सकता है कि वे सूर्यवंशी थे। वायुपुराण में भरत ही मनु कहा गया है।

इन प्रमाणों से हम यह निश्चित करते हैं कि मनु उपनाम भरत हिंदुस्तान के पहले राजा थे और उन्हीं के नाम से यह देश भरतखंड या भारतवर्ष कहलाता है।

हम ऊपर लिख चुके कि मनु वैवस्वत थे अर्थात् इनकी उत्पत्ति सूर्य से हुई थी। मनु बड़े विद्वान् और धर्मात्मा थे, उन्हीं से मानव-वंश प्रसिद्ध हुआ, जिसमें

ब्राह्मण, क्षत्रिय आदि सारे वर्ण थे। मानव ब्राह्मणों ने सांगवेद धारण किया। मनु के नाभागारि, नाभाग, कारुष, धृष्ट, नारिष्यंत, पृषघ्न, शर्याति, वेण (प्रांशु), और इक्ष्वाकु, नौ क्षत्रिय पुत्र हुए तथा इला नाम की एक कन्या हुई। इनके अतिरिक्त मनु के पचास पुत्र और भी थे, जो आपस में लड़कर नष्ट हुए।

अयोध्या के इतिहास का केवल इक्ष्वाकु से संबंध है, परंतु उनके और भाइयों का भी कुछ विवरण लिखा जाता है।

नाभागादिष्ट—इस नाम की बड़ी दुर्दशा हुई है। कहीं नाभागोदिष्ट लिखा है, कहीं नाभाग और कहीं दिष्ट कहीं अरिष्ट और कहीं रिष्ट है। ऋग्वेद 10, 61, 18, का नाभानेदिष्ट ऋषि है और यही नाम ठीक जँचता है। इसी ने वैशाली राज्य स्थापित किया जिसका वर्णन उपसंहार में है।

नाभाग—का नाम नृग भी है। नाभाग और उसके पुत्र अंबरीष का राज कदाचित् यमुना-तट पर था। महाभारत वनपर्व में लिखा है कि नाभाग और अंबरीष ने यज्ञ करके हजारों गायें ब्राह्मणों को दीं। इसी वंश में रथीतर हुआ है, जिसके संबंध में विष्णुपुराण में लिखा है कि ''रथीतर के वंशीय लोग क्षत्री हैं तथापि आंगिर होने से उन्हें क्षत्रीयेत ब्राह्मण कहा जाता है।'' नाभाग को कहीं-कहीं नभाग भी लिखा है और ऋग्वेद 8, 40, 5 में इसको नभाक कहते हैं। लिंगपुराण में इसका नाम नृग भी आया है।

कारुष—इससे कारुष-क्षत्रियवंश चला, जिसका राज्य आज-कल के रीवाँ राज्य से सोन तक फैला हुआ था। कारुष बड़े योद्धा थे। श्रीमद्भागवत में लिखा है कि कारुष ही उत्तर के देशों को दक्षिण के आक्रमण से बचाते थे।

धृष्ट—इसके वंश में धार्ष्टक हुए जिन्होंने वाह्लीक[?] में अपना राज्य जमाया।

नारिष्यंत—इसके विषय में मतभेद है। अनेक पुराणों में इसके बेटे शक कहलाते हैं। श्रीमद्भागवत के अनुसार इसी से अग्निवेषीय ब्राह्मणों की उत्पत्ति हुई।

पृषध्र या (पृषघ्र)—इसने अपने गुरु च्यवन की एक गाय मारी, इससे पतित हो गया था।

शर्य्याति—इसको कहीं-कहीं शर्याति भी कहते हैं। इसके पुत्र आवर्त से आवर्त राजवंश चला। शर्य्याति की बेटी सुकन्या भार्गव च्यवन को ब्याही थी। आवर्त की राजधानी कुशस्थली थी जो पीछे द्वारका (द्वारावती) के नाम से प्रसिद्ध हुई। यह वंश बहुत दिनों तक नहीं चला। विष्णुपुराण अंश 4 अध्याय 2 में लिखा है कि पुण्यजन नाम राक्षसों ने कुशस्थली नष्ट कर दी और आवर्त वंशवाले वहाँ से भागकर अनेक देशों में जा बसे। हैहय वंशियों में भी एक वर्ग शर्यातों का था। इस वंश का अंतिम

राजा रैवत था जिसकी बेटी रेवती बलराम को ब्याही गई।

वेण—इसका नाम मत्स्यपुराण में कुशनाभ है, और कहीं प्रांशु भी है। इसका कुछ और विवरण नहीं मिलता।

(2) इक्ष्वाकु—मनु का सबसे बड़ा बेटा। पुराणों में लिखा है कि इक्ष्वाकु के सौ बेटे थे, जिनमें विकुक्षि, निमि और दंड प्रधान थे। सौ बेटों में से शकुनि-प्रमुख, पचास भाइयों ने उत्तरापथ में राज्य स्थापित किए और यशाति प्रधान अड़तालीस दक्षिणापथ के राजा हुए।

विकुक्षि अयोध्या के सिंहासन पर बैठा, निमि ने मिथिलाराज स्थापन किया और उससे विदेह (जनक) वंश चला।

दंड इक्ष्वाकु के बेटों में सबसे छोटा था। वह अनपढ़ निकला और उसने अपने बड़े भाइयों का साथ न किया। इससे उसके शरीर में तेज न रहा। पिता ने उसका नाम दंड रखा और उसे विंध्याचल और शैवल के बीच के देश का राज दिया। दंड ने वहाँ मधुमान् नाम नगर बसाया और शुक्राचार्य को अपना पुरोहित बनाया। राजा दंड ने बहुत दिनों तक निष्कंटक राज किया। एक बार चैत के महीने में राजा दंड शुक्राचार्य के आश्रम को गया। वहाँ वह शुक्राचार्य की ज्येष्ठा कन्या अरजा को देखकर उस पर मोहित हो गया। अरजा ने उत्तर दिया कि यदि तुम हमको चाहते हो तो हमारे पिता से कहो। परंतु उस कामान्ध राजा ने न माना और उसके साथ बलात्कार किया। अरजा रोती हुई शुक्राचार्य की राह देखती रही और जब वह आए तो उसने सारा वृत्तांत कहा। शुक्राचार्य ने क्रोधित होकर श्राप दिया और सात दिन इतनी धूल बरसी कि दंड का सौ कोस का राज्य उसके परिवार समेत नष्ट हो गया। तभी से उस स्थान का नाम दंडकारण्य पड़ा।[10]

(3) शशाद—इसका पहला नाम विकुक्षि था। एक बार इसने यज्ञ के लिए जो पशु मारे गए थे उनमें से एक शश (खरहा) भूनकर खा लिया, इससे इसका नाम शशाद पड़ गया। बौद्ध ग्रंथों में लिखा है कि तीसरे इक्ष्वाकुवंशी राजा (ओकाकु-विकुक्षि) के देश निकाले लड़कों ने हिमालय की तरेटी में जाकर कपिल मुनि की बताई हुई धरती (बथु वस्तु) पर कपिलवथु (कपिलवस्तु) नगर बसाया था। कपिल मुनि बुद्धदेव के एक अवतार थे और हिमालय तट पर एक तालाब के किनारे शकसंद या शकवनसंद में कुटी बनाकर रहते थे।

(4) ककुत्स्थ—शशाद का पुत्र परंजय हुआ। एक बार देवासुर संग्राम में इसने इंद्ररूपी बैल के ककुत् (डील) पर बैठकर असुरों को परास्त किया; तबसे यह ककुत्स्थ कहलाया।[11]

(9) पृथु—महाभारत में लिखा है कि पृथु ने सबसे पहले धरती चौरस की, इसी से यह पृथ्वी कहलाती है। हरिवंश में इससे कुछ भिन्न लिखा है और कुमार संभव में भी इसका उल्लेख है। इस काव्य में पृथ्वी गाय है, इससे देवताओं ने हिमालय को बछड़ा बनाकर चमकते रत्न और औषधियाँ दुही थीं। ऐसा समझ में आता है कि पृथु ही ने धरती पर हल चलाना सिखाया था जैसा कि ईरानियों में जमशेद ने किया था।

(10) श्रावस्त— इसने श्रावस्ती नगरी बसाई जिसका भग्नावशेष, बलरामपुर से बहराइच जानेवाली सड़क पर राप्ती के किनारे अब भी महेत के नाम से प्रसिद्ध है।

(12)—कुवलयाश्व—इसने उज्जालक समुद्र के पास धुंधुराक्षस को मारा। इसी से यह धुंधुमार नाम से प्रसिद्ध हुआ। इस युद्ध में इसके बहुत से बेटे मारे गए थे।

(20) युवनाश्व द्वितीय—इसने पौरव वंश के राजा मतिनार की बेटी गौरी के साथ विवाह किया। यह शक्तिशाली राजा था। (वंशावली उपसंहार से उद्धृत)

(21) मान्धाता—यह बड़ा प्रतापी राजा था। इसके विषय में विष्णुपुराण में लिखा है कि 'जहाँ से सूर्य उदय होता है और जहाँ अस्त होता है उसके अंतर्गत सारी पृथ्वी युवनाश्व के बेटे मान्धाता की है।' यह राजर्षि था। हम ऊपर लिख चुके हैं कि ऋग्वेद 8,43,9 का यही ऋषि है।

महाभारत में लिखा है कि मान्धाता ने गंधार देश के चंद्रवंशी राजा को मारा था। यह राजा द्रुह्युकुल का अंगार था। पंजाब पर मान्धाता का अधिकार हो जाने के कारण कान्यकुब्ज और पौरव क्या आणव भी उसका लोहा मान गए थे।

मान्धाता नाम की विचित्र व्याख्या विष्णु पुराण में दी हुई है। युवनाश्व के कोई पुत्र न था। इससे वह दुःखी होकर मुनियों के आश्रम में रहता था। कुछ दिन बीतने पर मुनियों ने दया करके युवनाश्व की पुत्रप्राप्ति के लिए यज्ञ किया। वह यज्ञ आधी रात को पूरा हुआ। मुनि लोग यज्ञ का मंत्रयुक्त जल-कलस वेदी के बीच में रखकर सो गए। इतने में युवनाश्व प्यासा होकर वहीं पहुँचा। उसने मुनियों को तो जगाया नहीं परंतु मंत्रयुक्त जल पी लिया। यह जल युवनाश्व की रानी के पीने के लिए था। इससे जब मुनि लोग जागे तो पूछने लगे कि इस जल को किसने पिया। राजा ने कहा मैंने इसे अनजाने पी लिया है। मुनि बोले यह तुमने क्या किया यह जल तो तुम्हारी रानी के लिए था।

जल के प्रभाव से युवनाश्व ही के गर्भ रह गया और पूरे दिन होने पर उसकी दाहिनी कोख फाड़कर बालक निकला और राजा न मरा। लड़का तो हो गया अब यह पले कैसे? तब इंद्र देव कहने लगे, 'हम इसकी धाय का काम करेंगे (माँ

धास्यति) और उन्होंने अपनी आदेश की उँगली बालक के मुँह में डाल दी। बालक उस उँगली में से अमृत चूसकर चटपट सयाना हो गया। हम समझते हैं कि मान्धातृ नाम की उत्पत्ति सार्थक करने के लिए यह कथा गढ़ी गई है। नगर और राजसी ठाट बाट निरंतर भोग विलास से जब संतान न हुई तो वन में जाकर रहने से स्वाभाविकता कुछ आ जाती है। इसी उपाय से दिलीप ने रघु जैसा पुत्र पाया था।

महाभारत में यह भी लिखा है कि मान्धाता के राज्य में पृथ्वी धन धान्य से भरी पूरी थी। उसके यज्ञ मंडपों से सारी पृथ्वी व्याप्त थी। उसने यमुना के तट पर सौमिक और साहदेवी यज्ञ किए और कुरुक्षेत्र में भी यज्ञ किया। उसने अनावृष्टि के समय पानी भी बरसाया था।

इस राजा के विषय में विष्णुपुराण में एक बड़ी रोचक कथा लिखी है। जिसका सारांश यह है—

मान्धाता की रानी बिंदुमती चैत्ररथी यदुवंशी राजा शशविंदु[13] की बेटी थी। उससे पुरुकुत्स, अंबरीष और मचुकुंद नाम के तीन बेटे और पचास बेटियाँ हुईं। इन्हीं दिनों सौभिरि नामक ऋषि बारह बरस जलवास करके सिद्ध हो गए थे। उसी जल में संमद नामक एक बड़ा मगरमच्छ रहता था। उसके बहुत से कच्च-बच्च, नाती, पोते उसके चारों ओर खेला करते थे और वह बहुत प्रसन्न रहा करता था। सौभिरिजी समाधि छोड़कर नित्य उसका यह सुख देखकर सोचने लगे, यह मगरमच्छ धन्य है, ऐसी योनि में जन्म लेकर भी यह हमारे मन में बड़ी स्पृहा उत्पन्न करता है। हम भी इसी की तरह बेटे पोतों के साथ खेलेंगे। ऐसा विचार करके सौभिरि जी कन्या माँगने मान्धाता के पास पहुँचे। राजा ने उनका यथोचित सत्कार किया। तब सौभिरि ने उनसे कहा कि "हम अपना विवाह करना चाहते हैं। आप हमें अपनी एक बेटी दीजिए। हमारी बात न टालिए। संसार में अनेक राजकुलों में अनेक लड़कियाँ हैं। आपका कुल सबसे बढ़कर है।" सौभिरि की बातें सुन राजा बड़ी चिंता में पड़ गया। एक ओर तो मुनि का पानी में पड़ा हुआ सड़ा गला बुड्ढ़ा शरीर और दूसरी ओर उनके शाप का डर। राजा की यह दशा देखकर मुनि बोले, "आप क्यों खिन्न हैं? हमने कोई ऐसी बात नहीं कही जो करने की नहीं है। आप अपनी बेटियाँ किसी-न-किसी को तो देंगे। एक मुझे दे दीजिए मैं कृतार्थ हो जाऊँगा।" राजा ने हाथ जोड़कर कहा कि "कन्या अच्छे कुल के जिस वर को चाहे उसी को दे दी जाती है। यह बात कभी हमारे ध्यान में आई नहीं थी कि आप ऐसी प्रार्थना करेंगे। ऐसी दशा में मुझे क्या करना चाहिए यही सोच रहा हूँ।" मुनि समझ गए कि हमको इसी रीति से उत्तर दिया जाता है क्योंकि बुड्ढे मनुष्य को स्त्रियाँ कब चाहेंगी न कि

कन्या! और राजा से कहने लगे, "अच्छा तो है, आप अपनी कुल की रीति कीजिए और महल के कंचुकी के साथ हमें अपनी कन्याओं के पास भेज दीजिए। कोई कन्या हमको पसंद करे तो उसका हमारे साथ विवाह कर दीजिए, नहीं तो हमको बुढ़ापे में इस वृथा उद्योग से क्या काम।" मांधाता मुनि के शाप के डर से मान गए और प्रतीहारों के साथ मुनि को कन्या-महल में भेज दिया। वहाँ पहुँचते ही मुनि ने अपने योगबल से ऐसी मोहनी मूर्ति धारण कर ली कि जब प्रतीहारों ने कन्याओं को सूचना दी कि "तुम्हारे पिता ने इन मुनि जी को तुम्हारे पास इसलिए भेजा है कि यदि इन्हें कोई कन्या अपना पति बरै तो हम उसको इनके साथ ब्याह देंगे, क्योंकि हम इनसे ऐसी प्रतिज्ञा कर चुके हैं।" वे सारी कन्याएँ आपस में लड़ने लगीं और कहने लगीं, मैंने इनको वरा, मैंने इनको वरा, तुम सब हट जाओ मैंने इनको सबसे पहले वर लिया। एक बोली, "यह मेरे ही योग्य वर है।" दूसरी ने कहा, "जैसे घर में घुसे वैसे ही मैंने इनको वरा, तुम सब व्यर्थ झगड़ा करती हो।" प्रतीहार ने यह चरित्र देखकर राजा से कहा और अपनी बात के धनी राजा ने अपनी प्रतिज्ञा के अनुसार अपनी पचासों बेटियाँ मुनि को ब्याह दी।

मुनि उनको लेकर अपने आश्रम में आए और अपने योगबल से विश्वकर्मा को बुलाकर पचास महल बनवाए जिनमें प्रत्येक के साथ उपवन और सुंदर पक्षियों से भरे जलाशय थे। फिर नंद नामक निधि को आज्ञा दी कि सारे महलों को वस्तु रत्नादि सुख की सामग्री से भर दो। राजकन्याएँ उनमें सुख से रहने लगीं और प्रत्येक के साथ पचास रूप धारण करके मुनि रहते थे।

एन दिन राजा मांधाता को यह चिंता हुई कि मेरी बेटियाँ सुखी हैं या दुःखी और मुनि के आश्रम को गए। वहाँ देखते क्या हैं कि उनकी बेटियों के लिए स्फटिक के महल बने हैं जिनके चारों ओर बारा तड़ाग हैं।

राजा एक कन्या के घर में गए और उसे गले लगाकर पूछा, "बेटी तुम्हें किसी बात का दुःख तो नहीं है। मुनि तुम से अनुराग करते हैं। कभी तुम्हें अपनी जन्म भूमि की सुधि आती है?" बेटी ने कहा, "पिताजी यहाँ किसी बात का दुःख नहीं है। यों तो जन्मभूमि को कोई कैसे भूल सकता है। दुःख केवल इसी बात का है कि मेरे पति मेरे ही पास रहते हैं मेरी और बहिनों के पास नहीं जाते।" राजा दूसरी कन्या के पास गए तो उसने भी यही बात कही। यह सुनकर राजा तीसरी के घर गए, उसने भी यही कहा। ऐसे ही औरों के मुँह से सुनकर अत्यंत विस्मित होकर राजा एकांत में बैठे तपस्वी सौभिरि के पाँवों पर गिर पड़े और कहने लगे, हमने आपकी सिद्धि का प्रभाव देखा। राजा प्रसन्न होकर राजधानी को लौट गए। यहाँ कुछ

दिनों में सौभिरि के पचास राजकन्याओं से डेढ़ सौ बेटे हुए। संतान देखकर मुनि जी ममताजाल में फँस गए। कभी सोचते कि मेरे बच्चे कब पाँव-पाँव चलेंगे। कब सयाने होंगे ? कब इनका ब्याह होगा ? कभी वह भी दिन आएगा कि हम इनके भी बच्चे देखेंगे, और ज्यों-ज्यों उनके मनोरथ पूरे होते जाते थे, त्यों-त्यों नए-नए मनोरथ उठ खड़े होते थे। कुछ दिन पीछे मुनि को ज्ञान हुआ और उनकी आँखें खुल गई। उस समय उन्होंने जो बातें कहीं उससे स्पष्ट है कि माया मोह में फँसे मनुष्य का चित्त ईश्वर में नहीं लग सकता। और सब छोड़-छाड़कर भगवद् भजन करने लगे।

मांधाता के तीन बेटे थे, पुरुकुत्स, अंबरीष और मुचुकुंद। मुचुकुंद ने विंध्य और ऋक्ष पर्वतों के बीच में नर्मदा के किनारे माहिष्मती नगरी बसाई। उसकी एक राजधानी ऋक्ष पर्वत के नीचे पुरिका भी थी।

(22) पुरुकुत्स—इस राजा के समय में मौनेय नाम के गंधर्वों ने नर्मदा के तट पर नागकुल को परास्त करके उनका धन लूट लिया था। नागों ने पुरुकुत्स से सहायता माँगी और पुरुकुत्स ने गंधर्वों को नष्ट कर दिया। इस पर नागराज ने प्रसन्न होकर अपनी बेटी नर्मदा उस को ब्याह दी।

पुरुकुत्स की बेटी पुरुकुत्सा कान्यकुब्ज के राजा कुश को ब्याही थी। और राजा गाधि की माँ थी। (उपसंहार)

(25) अनरण्य—रावण ने दिग्विजय करके इसका वध किया था।[14] जिस स्थान पर लड़ाई हुई थी वह अयोध्या से 14 मील पश्चिम रौनाही[15] के नाम से प्रसिद्ध है। परंतु इससे यह न समझना चाहिए कि रावण ने कभी अयोध्या पर अधिकार थोड़े दिनों के लिए भी जमाया हो। यह स्मरण रखना चाहिए कि कई पीढ़ी पीछे श्रीरामचंद्र जी ने लंका को जीतकर इसका बदला ले लिया।

(30) त्रय्यारुण—इसके राज्य में एक दुखदाई घटना हुई। इसका बेटा सत्यव्रत जवानी की उमंग में विवाह के समय एक ब्राह्मणकन्या को हर ले गया। अपराध ऐसा घोर न था परंतु उसके पिता ने उसे चांडाल बनाकर घर से निकाल दिया। कुलगुरु वसिष्ठ सब जानते थे, परंतु राजा से कुछ न बोले और सत्यव्रत सदा के लिए अयोध्या छोड़कर श्वपजों के बीच में झोपड़ी बना कर रहने लगा। परंतु वसिष्ठ से जलता रहा क्योंकि वसिष्ठ जानते थे कि राजकुमार का अपराध ऐसा घोर नहीं था जो उसे ऐसा दंड दिया जाता और राजा को समझा-बुझाकर उसे बुला लेते। परंतु ऐसा जान पड़ता है कि वसिष्ठ ने जानबूझ कर मौन साधा। राजा भी पुत्रवियोग से दुःखी होकर वन को चला गया और वसिष्ठ ने कोसलराज और रनवास तक अपने शासन में रखा। वसिष्ठ के सहायक ब्राह्मण ही थे। जिससे विदित होता है कि क्षत्रियों या सभासदों

का उनसे मेल न था। राज पुरोहित के हाथ में चला गया। यह समय इक्ष्वाकुवंशियों के लिए बड़े संकट का था। इसके बाद बारह वर्ष तक अनावृष्टि हुई। उस समय विश्वामित्र अपनी स्त्री, बच्चे कोशल देश के एक तपोवन में छोड़कर सागरानूप में तपस्या करने चले गए थे जिससे उन्हें ब्राह्मणत्व प्राप्त हो जाए। यह भी कहा जाता है कि विश्वामित्र की स्त्री ने अकाल में अपने बच्चों के प्राण बचाने के लिए अपने दूसरे बेटे गालव को बेच डालना स्वीकार कर लिया। सत्यव्रत उनके पास पहुँचा और लड़के को लेकर उसका भरण पोषण करने लगा। बच्चे के पालन पोषण में उसके दो प्रयोजन थे, एक बच्चे पर दया, दूसरा विश्वामित्र को प्रसन्न करना। दुःखी सत्यव्रत के लिए विश्वामित्र के अनुग्रह का पात्र बनना अत्यंत उपयोगी था, क्योंकि एक तो विश्वामित्र कान्यकुब्ज के राजा थे, दूसरे ब्राह्मण बन रहे थे। इसी विचार से सत्यव्रत ने विश्वामित्र के कुटुंब का पालन अपने सिर लिया और शिकार करके उनको भोजन देता और उनकी और अपनी योग्यता के अनुसार उनका आदर करता था; क्योंकि बाप के वन को चले जाने पर वह राजपद का अधिकारी हो गया था। जब अकाल ने प्रचंड रूप धारण किया तो सत्यव्रत ने अपने और विश्वामित्र के कुटुंब के पालन करने को वसिष्ठ का एक पशु मार डाला। इस पर वसिष्ठ ने क्रुद्ध होकर उसे तीन पापों का अपराधी बताकर उसका त्रिशंकु नाम रख दिया।

बारह वर्ष बीतने पर विश्वामित्र मुनि होकर लौटे और सत्यव्रत से कहा कि वर माँगो। विश्वामित्र ने उसे सिंहासन पर बैठा दिया और वसिष्ठ के विरोध की उपेक्षा करके यज्ञ किया। इससे प्रकट है कि वसिष्ठ को सेना से या जनता से कोई सहायता न मिली यद्यपि इतने दिनों शासन की बाग उन्हीं के हाथ में थी और ज्यों ही सत्यव्रत के अधिकार के समर्थन के लिए विश्वामित्र ने जो राजा भी थे और ब्राह्मणत्व भी प्राप्त कर चुके थे, उठ खड़े हुए वसिष्ठ का बल नष्ट हो गया। वसिष्ठ के हाथ से राज तो जाता ही रहा, राजा की पुरोहिताई भी गई। अब बदला लेने के लिए उन्होंने कहा कि विश्वामित्र ब्राह्मण हुए ही नहीं परंतु अंत में विश्वामित्र ही की जीत रही।

(31) त्रिशंकु—त्रिशंकु का चरित्र वाल्मीकीय रामायण बालकंड सर्गः 57, 60 में दिया हुआ है, जिसका सारांश यह है—इक्ष्वाकुवंशी राजा त्रिशंकु की यह अभिलाषा हुई कि हमको सदेह देवताओं की परमगति मिले। उसने अपना विचार वसिष्ठ से कहा। वसिष्ठ ने कहा कि यह हमारे बस की बात नहीं। यह उत्तर पाकर त्रिशंकु दक्षिण को चला गया जहाँ वसिष्ठ के बेटे तप कर रहे थे और उनसे अपनी मनोकामना कही। वसिष्ठ-पुत्रों ने कहा कि जब तुमसे कुलगुरु ने कह दिया कि यह नहीं हो सकता तो तुम हमारे पास क्यों आए हो। इस पर रुष्ट होकर त्रिशंकु ने

कहा कि तुम नहीं करते तो हम दूसरे के पास जाते हैं। राजा की ऐसी बातें सुनकर ऋषिपुत्रों ने उसे शाप दिया कि तुम चांडाल हो जाओ। इस दशा में वह विश्वामित्र के पास गया जिसके कुटुंब का उसने आपत्काल में भरण पोषण किया था। विश्वामित्र ने उस पर दया की और कहा कि हम तुम्हारे लिए यज्ञ करेंगे और सब ऋषियों को निमंत्रण दिया। वसिष्ठ-पुत्र न आए और उन्हें विश्वामित्र ने शाप दे दिया। यज्ञ में देवता भी न आए; इस पर विश्वामित्र ने त्रिशंकु को अपने तपोबल से स्वर्ग की ओर उठा दिया। इंद्र ने उससे कहा कि तुम स्वर्ग में नहीं रह सकते और उसे गिरा दिया। तब विश्वामित्र ने कहा कि तुम ठहरे रहो। तब से दक्षिण की ओर आकाश में सिर नीचे किए वह लटका हुआ है। उसी की राल से कर्मानासा नदी निकली है।[16] इसका यही ऐतिहासिक अर्थ हो सकता है कि विश्वामित्र ने दक्षिण आकाश में एक नक्षत्र का नाम त्रिशंकु रखकर उसको अमर कर दिया। त्रिशंकु की रानी केकय-वंश की राजकुमारी थी।

(32) हरिश्चंद्र—श्रीरामचंद्र से पहले अयोध्या के जितने राजा हुए उनमें हरिश्चंद्र सब से प्रसिद्ध हैं। उनकी सत्यप्रियता ऐसी थी कि उसके लिए अपनी प्यारी से प्यारी वस्तु त्याग देने में उन्हें संकोच न हुआ। इसी विषय पर अनेक हिंदी नाटक बन गए जो अत्यंत लोकप्रिय हैं। पौराणिक कथा का आधार वैदिक उपाख्यान पर है और वह प्रचलित कथा से भिन्न है। इससे हम फिर रायल एशियाटिक सोसाइटी के 1917 के जर्नल से मिस्टर पार्जिटर के विचार उद्धृत करते हैं। इसमें उन्होंने कथा की ऐतिहासिक मात्रा पर अपना मत प्रकट किया है।

'राजा हरिश्चंद्र के कोई पुत्र न था। उन्होंने नारद के कहने से वरुणदेव से प्रार्थना की कि मेरे पुत्र हो तो तुम्हें बलि चढ़ा दूँ। वरुण ने उनका मनोरथ पूरा कर दिया और रोहित का जन्म हो गया। वरुण ने तुरंत ही अपनी भेंट माँगी। देवता से लड़का इस लिए माँगना कि जनमते ही लड़का बलिदान कर दिया जाए एक अनोखी बात है परंतु ऐसे धार्मिक विषय में यह बात असंभव है कि राजा ने अपने कुलगुरु वसिष्ठ से मंत्र न लिया हो। वसिष्ठ इस प्रतिज्ञा को जानते तो थे ही परंतु लड़का पैदा हो गया और कुछ बोले नहीं। राजा, वरुण की आज्ञा टालता रहा और यह ठहरा कि जब रोहित सोलह बरस का हो जाए और क्षत्रियों की सजावट से सज जाए तो उसका बलिदान हो। इससे प्रत्यक्ष है कि किसी पुजारी ने वरुण के नाम से इस आग्रह के साथ रोहित की बलि माँगी थी और यह भी कोई न मानेगा कि राजा इतने दिनों वसिष्ठ से पूछे बिना टाल मटोल करता रहा। इससे यह अनुमान होता है कि वसिष्ठ का इसमें स्वार्थ नहीं तो क्या कारण है कि वरुण को मनाने का न

कोई प्रयत्न किया गया न राजा को बचाने का और वरुण के पुजारी की इस माँग का समर्थन होता रहा कि रोहित का वध किया जाए।

जब रोहित सोलह बरस का हुआ और क्षत्रियों की सजधज से सजा तो राजा ने अपनी प्रतिज्ञा उसे सुनाई। रोहित ने न माना और वन को चला गया। उसके जाने पर राजा बीमार पड़ गया। रोहित ने सुना तो बरस बीतने पर अपने पिता को देखने आया परंतु फिर समझा-बुझाकर वन को लौटा दिया गया। यह चरित कई बरस तक होता रहा, और छठे साल फिर रोहित वन को लौट गया। ऐसी सलाह कभी मित्रभाव से नहीं दी जा सकती। एक राजकुमार को जो अयोध्या में सब तरह के सुख में पला था और अपने बाप का इकलौता बेटा था, इस तरह से घर से निकलवा देना और उसके संकट कटने का कोई प्रतीकार न करना उसको चिढ़ाना न था तो क्या था? बहकानेवाला देवराज इंद्र कहा जाता है परंतु देवराज वसिष्ठ ही का नाम हो सकता है। वसिष्ठ ने त्रिशंकु के वनवास में बारह बरस राज किया था अब फिर राज करना चाहते थे। रोहित मार डाला जाता था या सदा वनवास भोगता दोनों का फल एक ही था। वरन इस बार वसिष्ठ का पक्ष प्रबल था क्योंकि बेचारे रोहित की दशा सत्यव्रत की दशा से बुरी थी। सत्यव्रत को केवल देश निकाला दिया गया था, रोहित के तो प्राण ही देवता को समर्पित हो चुके थे। छठे या सातवें बरस फिर रोहित वन को चला गया। वहाँ उसने देखा कि अजीगर्त अपनी स्त्री और तीन पुत्रों के साथ भूखों मर रहा है। रोहित ने सौ गायें देकर दूसरे लड़के शुनःशेप को मोल ले लिया और उसको लेकर अयोध्या पहुँचा। राजा हरिश्चंद्र ने तब यह प्रस्ताव किया कि रोहित के बदले शुनःशेप बलिदान कर दिया जाए और वरुण ने मान लिया। इसमें संदेह नहीं कि रोहित को किसी उपाय से अपने प्राण बचाने की चिंता लगी रही और उसने इस आपद्ग्रस्त ब्राह्मणकुल को देखा तो उसे डूबते का सहारा मिल गया। उसे तुरंत यह सूझा कि अपने बदले मरने को एक लड़का मोल ले ले और उन लोगों ने अपनी विपत्ति के मारे उसकी बात मान भी ली। इससे उस कुटुंब का एक मनुष्य मरता था नहीं तो सब भूखों मर जाते। अब रोहित को अपने पिता के पास रहने में कोई बाधा न थी यद्यपि इंद्र के बहकाने का कारण जैसा पहले था उसमें कुछ कमी न हुई थी। वरुणदेव ने रोहित के बदले शुनःशेप की बलि स्वीकार कर ली क्योंकि ब्राह्मण की बलि क्षत्रिय की बलि से श्रेष्ठ ही थी। अब वसिष्ठ का बलिदान से कोई प्रयोजन न रह गया। शनुः शेप के आ जाने से बात ही और हो गई। नरबलि से अब कोई प्रयोजन सिद्ध न होता था। परंतु इस बात को कहता कौन? कहने से भांडा फूट जाता। अब यही हो सकता था कि यज्ञ प्रारंभ कर दिया जाए, सब रीतियाँ की जाएँ और किसी

उपाय से जना दिया जाए कि वरुणदेव बिना बलिदान ही संतुष्ट हो गए और शुनःशेप छोड़ दिया जाए। चाल तो चली नहीं इससे वसिष्ठ ने यही उचित समझा कि यज्ञ में कोई काम न करें। यह भी उचित था कि राजा भी प्रसन्न कर लिया जाए जिसके प्रतिकूल इतने दिनों तक यह चरित्र होता रहा। शुनःशेप ने पुष्कर जाकर अपने मामा विश्वामित्र[17] से अपने को बचाने को कहा और विश्वामित्र उसके साथ अयोध्या चले गए, क्योंकि विश्वामित्र को लोगों ने ब्राह्मण स्वीकार कर लिया था। जब यज्ञ होने लगा तो बलि के लिए शुनःशेप को किसी ने यूप में बाँधना भी स्वीकार न किया। इससे प्रकट है कि यह बलि किसी को अपेक्षित न थी, यहाँ तक कि वे लोग भी न चाहते थे जो रोहित के प्राणों के गाहक थे। विश्वामित्र ने कहा कि सुर मुनि इसकी रक्षा करें। शुनःशेप का बलिदान आदि ही से नाममात्र को था। वह छोड़ दिया गया और विश्वामित्र ने उसे अपना पुत्र मान लिया।

(33) रोहित—कहा जाता है कि इसने रोहित (रोहितास)[18] नगर बसाया था।

(39) बाहु—यह हैहयों[19] और तालजंघों से पराजित होकर स्त्री समेत और्व भार्गव के तपोवन को चला गया और वहीं मर गया। उसकी रानी के उसी बनवास में सगर नामक पुत्र हुआ जिसको और्व ने शिक्षा दी।

(40) सगर—यह बड़ा प्रतापी राजा था। उसने पहले तो हैहयों और तालजंघों को मार भगाया फिर शकों, यवनों, पारदों और पह्लवों को परास्त किया। यह लोग वसिष्ठ की शरण आए। वसिष्ठ ने इनको जीवनमृतप्राय कर दिया और सगर से कहा कि इनका पीछा करना निष्फल है। राजा सगर ने कुलगुरु की आज्ञा से इनके भिन्न वेष कर दिए, यवनों के मुंडित शिर, शकों को, अर्द्धमुंडित पारदों को प्रलंबमान-केशयुक्त और पह्लवों को श्मश्रुधारी बना दिया। ये लोग म्लेच्छ हो गए।

सगर के एक रानी विदर्भराज कुमारी केशिनी और एक कश्यप की बेटी सुमति भी थी। सगर ने विदर्भ पर भी आक्रमण किया, परंतु विदर्भराज ने अपनी बेटी केशिनी उसे देकर संधि कर ली। केशिनी के एक बेटा असमंजस हुआ और सुमति के साठ हजार पुत्र हुए। असमंजस का लड़का अंशुमान था। सगर ने अश्वमेघ यज्ञ के लिए घोड़ा छोड़ दिया। इंद्र ने उसे चुराकर वहाँ बाँध दिया जहाँ कपिल मुनि तपस्या करते थे।[20] सगर के बेटे घोड़े के रक्षक थे; पृथ्वी खोदते वहीं पहुँचे और घोड़ा कपिलमुनि के पास देखकर बोले, 'यही चोर है, इसे मारो।' इस पर कपिलमुनि ने आँख उठाकर ज्योंही उनकी ओर देखा त्योंही सगर के सब लड़के भस्म हो गए। सगर ने यह समाचार सुनकर अपने पोते अंशुमान को घोड़ा छुड़ाने के लिए भेजा। अंशुमान उसी राह से चलकर जो उसके चाचाओं ने बनाई थी कपिलमुनि के पास

गया। उसके स्तव से प्रसन्न होकर कपिल मुनि ने कहा कि "लो यह घोड़ा और अपने पितामह को दो।" और यह वर दिया कि "तुम्हारा पोता स्वर्ग से गंगा लाएगा। उस गंगा-जल के तुम्हारे चाचाओं की हड्डियों में लगते ही सब तर जाएँगे।" घोड़ा पाकर सगर ने अपना यज्ञ पूरा किया और जो गड्ढा उसके बेटों ने खोदा था उसका नाम सागर रख दिया। हम इससे यह अनुमान करते हैं कि सगर के बेटे सबसे पहले बंगाल की खाड़ी तक पहुँचे थे और समुद्र को देखा था।

(44) भगीरथ—यह राजा गंगाजी को पृथ्वी पर लाया था। इसी गंगा जी को भागीरथी कहते हैं। क्या गंगाजी पहले नहर ही के रूप में थीं?

(47) अंबरीष—इनकी कथा श्रीमद्भागवत में दी हुई है और उसी के आधार पर नाभाजी ने भक्तमाल में लिखी है। हम उसे ज्यों का त्यों श्री संतशिरोमणि श्री सीतारामशरण भगवान् प्रसाद उपनाम रूप कला जी के तिलक से उद्धृत करते हैं।

राजा अंबरीष भगवान के बड़े भक्त थे। एक समय द्वादशी के दिन महाराज के यहाँ दुर्वासा जी आए। महाराज ने नमस्कार विनय के अनंतर भोजन के लिए प्रार्थना की। ऋषि जी ने कहा कि स्नान कर आवें तो भोजन करें। इतना कहकर स्नान को गए। परंतु उस दिन द्वादशी दो ही दंड थी। राजा ने विचार किया कि त्रयोदशी में पारण न करने से शास्त्राज्ञा उल्लंघित होगी। तब ब्राह्मणों ने कहा कि किंचित्मात्र जल पी लीजिए। राजा ने ऐसा ही किया। दुर्वासा जी आए और अनुमान से जाना कि इन्होंने जल पिया है। फिर तो अत्यंत क्रोध करके अपनी जटा को भूमि में पटक के महाविकराल 'कालकृत्या' उत्पन्न करके उससे कहा कि 'इस राजा को भस्म कर दें।' इतने पर भी श्री अंबरीष जी हाथ जोड़े, दुर्वासा की प्रसन्नता की अभिलाषा में खड़े ही रहे। 'श्रीसुदर्शनचक्र जी' जो श्री प्रभु की आज्ञानुसार राजा की रक्षार्थ सदा समीप ही रहा करते थे, दुर्वासा के दुःखदाई क्रोध से दुःखित होकर उस कालाग्नि कृत्या को अपने तेज से जला के राख कर दिया और ब्राह्मण की ओर भी चले। यह देख दुर्वासा जी भागे और चक्रतेज से अत्यंत विकल हुए।

महाभारत में लिखा है कि राजा अंबरीष अमित पराक्रमी थे। उन्होंने अकेले दस हजार राजाओं के साथ युद्ध किया था और समस्त पृथ्वी पर अपना आधिपत्य फैलाया था।

लिंग पुराण में लिखा है कि महाराज अंबरीष अत्यंत विष्णुभक्त थे; राज्य भार मंत्रियों को देकर उन्होंने बहुत दिनों तक विष्णु भगवान् की आराधना की! भगवान् विष्णु उनकी भक्ति की परीक्षा और वर देने के लिए इंद्र का रूप धारण कर उनके समीप उपस्थित हुए। परंतु विष्णुभक्त अंबरीष ने इंद्र से कोई भी वर नहीं माँगा और

बोले, मैं न तो आपको प्रसन्न करने के लिए तपस्या करता हूँ और न मैं आप का दिया हुआ वर ही चाहता हूँ आप अपने स्थान को जाइए! मेरे प्रभु नारायण हैं और उन्हीं को मैं नमस्कार करता हूँ।" इससे विष्णु प्रसन्न हुए और अपने वास्तविक रूप में उनके सामने प्रकट हुए।

महाराज अंबरीष की अत्यंत सुंदरी एक कन्या थी, जिसका नाम सुंदरी थी। यह कन्या विवाह के योग्य हो गई थी। एक समय देवर्षि नारद और पर्वत किसी कार्यवश अंबरीष के पास आए थे। उन दोनों ने अंबरीष की कन्या से विवाह करने की अपनी-अपनी अभिलाषा प्रकट की। अंबरीष बोले, आप दोनों महामुनि हैं, कन्या को अर्पण करना हमारे बस की बात नहीं है। अतएव आप लोग और किसी दिन आवें, कन्या जिसके वरमाला डाल दे, वही उससे व्याह कर ले। नारद ने अंबरीष को विष्णुभक्त जानकर और विष्णु के समीप जाकर सब बातें कहीं, और पर्वत का मुख वानर के समान बनाने के लिए भी कहा। विष्णु ने नारद की प्रार्थना स्वीकृत की। परंतु पर्वत से इस विषय में कुछ कहने के लिए मना किया। थोड़ी देर के बाद पर्वत भी विष्णु भगवान् के समीप पहुँचे और उन्होंने भी नारद के समान ही विनती की। विष्णु ने इनकी भी बातें मान लीं; और कह दिया कि इस विषय में नारद से कुछ न कहना। समय आ पहुँचा, दोनों मुनि विवाह की इच्छा से अंबरीष के यहाँ पहुँचे। अंबरीष ने अपनी कन्या से कहा कि तुम जाकर इनमें से पति वरण कर लो। कन्या अंबरीष की आज्ञा से वरमाला लेकर उनके सामने गई। कन्या स्वयं राधा थीं। उन्होंने कृष्ण से ब्याह करने के लिए तपस्या करके अंबरीष के यहाँ जन्म लिया था। श्रीमती मुनियों के पास जाकर अत्यंत डर गईं। अंबरीष के कारण पूछने पर श्रीमती बोली, "यहाँ न तो नारद हैं और न पर्वत ही हैं, दो आदमी देखे तो जाते हैं परंतु उनका मुँह वानरों का सा है।" यह सुनकर राजा को अत्यंत विस्मय हुआ। उन दोनों के बीच एक तीसरा सुंदर पुरुष बैठा था। श्रीमती ने उसी को वरमाला पहना दी। वरमाला पहनाने पर श्रीमती अदृश्य हो गईं। ये तीसरे पुरुष साक्षात् भगवान् थे। भगवान् ने साक्षात श्रीमती को अंतर्धान कर दिया। इससे दोनों मुनियों को बड़ा क्रोध हुआ। वे कहने लगे, "अंबरीष ने माया रचकर हम लोगों को धोखा दिया। अतएव अंबरीष, तुम अंधकार से घिर जाओगे। तुम अपने शरीर को भी नहीं देख सकोगे।" अंबरीष की रक्षा के लिए विष्णु का सुदर्शनचक्र उपस्थित हुआ, विष्णुचक्र अंधकार को दूर कर मुनियों के पीछे दौड़ा। मुनि चारों ओर घूमते फिरे परंतु विष्णुचक्र से रक्षा पाने का कोई उपाय उन्हें नहीं सूझा। अंत में विष्णु के

समीप उपस्थित होकर, उन्होंने क्षमा प्रार्थना की। तब विष्णु ने सुदर्शन को निवृत्त किया। उन दोनों मुनियों ने प्रतिज्ञा की कि हम लोग कभी विवाह न करेंगे।[21]

(50) ऋतुपर्ण—निषध के राजा नल ने बाहुक बनकर इसी के यहाँ रथ हाँकने की नौकरी की थी। ऋतुपर्ण ने जुए का खेलना नल को सिखाया जिससे उसने अपना हारा राज-पाट सब फिर अपने भाई से ले लिया और उससे घोड़ा हाँकना सीखा।

(53) मित्रसह या कल्माषद—इस राजा के इतिहास का कुछ अंश अर्बुद माहात्म्य में दिया हुआ है, जिसका संक्षेप हमने अपने 'हिस्ट्री ऑफ सिरोही राज' (History of Sirohi Raj) में दिया है। यहाँ फिर वसिष्ठ जी आ जाते हैं। कल्माषद एक दिन शिकार खेल रहा था जब उससे वसिष्ठ के बेटे शक्तृ से भेंट हुई। राजा ने शक्तृ से कहा कि तुम हमारे आगे से हट जाओ। शक्तृ ने क्रुद्ध होकर राजा को शाप दिया कि तू राक्षस हो जा।[22] राक्षस होते ही कल्माषद शक्तृ और उसके भाइयों को खा गया। विष्णु पुराण की कथा इसके कुछ भिन्न है। उसमें लिखा है कि राजा ने एक बाघ मारा था जिसने राजा से कहा था कि मैं तुम से बदला लूँगा और राजा के यज्ञ की समाप्ति पर रसोइया बनाकर उसने वसिष्ठ के आगे नरमांस परोस दिया। इस पर वसिष्ठ ने राजा को शाप दिया कि तुम राक्षस हो जाओ। राजा का कुछ दोष न था इसलिए उसने भी वसिष्ठ को शाप देना चाहा परंतु उसकी रानी दमयंती ने उसे मना किया और कहा कि कुलाचार्य को शाप देना अनुचित है और राजा मान गया। पीछे राजा ने ऋतुकाल में दयितासंगत एक ब्राह्मण को देखा और उसको पकड़ लिया। ब्राह्मणी ने विनती करके उसको छुड़ाना चाहा परंतु राजा ने उसे मार डाला।

(54) अश्मक—इसने यौदन्य नामक नगर बसाया था।

(55) मूलक—विष्णु पुराण में लिखा है कि जब परशुराम ने पृथ्वी को निःक्षत्रिया करना चाहा तो स्त्रियों ने इसकी रक्षा की। इसलिए इसका 'नारी-कवच' नाम पड़ा। यह समझ में नहीं आता कि पृथ्वी निःक्षत्रिया कब और कैसे हुई। राम भार्गव और अर्जुन हैहय में लड़ाई अवश्य हुई थी परंतु मूलक से नौ पीढ़ी नीचे इक्ष्वाकु वंशी श्रीरामचंद्र जी ने राम भार्गव का मान मंद किया था।

(59) दिलीप द्वितीय खट्वाँग—यह भगवद्भक्त था। इसने देवासुर संग्राम में असुरों को जीता और जब देखा कि इसकी आयु एक मुहूर्त्त ही और बची है तो फिर अपने देश को लौट आया और विष्णु भगवान् का ध्यान करके उन्हीं में लवलीन हो गया।

हरिवंश में लिखा है कि अयोध्या के इक्ष्वाकु वंशी राजा हर्यश्व ने मधुदैत्य की बेटी मधुमती के साथ अपना विवाह कर लिया। इस पर उसके बड़े भाई ने

उसे निकाल दिया और वह अपने ससुराल चला गया। यहाँ उसके ससुर ने अपने बेटे लवण के लिए मधुवन छोड़कर उसे अपना सारा राज दे दिया। तब हर्यश्व ने गिरिवर में जिसे आजकल गोवर्द्धन कहते हैं, एक महल बनवाया और आनर्त्त राज्य स्थापित करके उसमें अरुप जिसे अनूप भी कहते हैं मिला लिया। हर्यश्व का बेटा यदु था; उसकी तीसरी पीढ़ी में भीम हुआ। भीम के समय में श्रीरामचंद्र ने लवण का वध करके उसके दुर्ग मधुवन को सर करने को शत्रुघ्न को भेजा था। शत्रुघ्न ने यमुना के तट पर मथुरा नगरी बसाई। परंतु शत्रुघ्न के चले जाने पर भीम ने उसे अपने राज्य में मिला लिया जो उसकी संतान में वसुदेन तक के पास रहा। यह हर्यश्व कौन था, हमारी वंशावली में हर्यश्व दो हैं। एक, 15 हर्यश्व 1, और दूसरा 27 हर्यश्व 2, दोनों श्रीरामचंद्र जी से कई पीढ़ी ऊपर हैं। हरिवंश की बात मानी जाए तो हर्यश्व से चौथी पीढ़ी उतर कर भीम श्रीरामचंद्र का समकालीन ठहरता है। हरिवंश का हर्यश्व वंशावली का हर्यश्व 2 माना जाए तो मधु की बेटी की पाँचवीं पीढ़ी और उसका बेटा लवण हर्यश्व 2 से उतर कर सैंतीसवीं पीढ़ी में श्रीरामचंद्र के समकालीन होता है। इससे जान पड़ता है कि हरिवंश का हर्यश्व दिलीप का भाई था जिसने नाम मात्र को राज किया और मधु के साथ संबंध करने के कारण अयोध्या से निकाल दिया गया।[23]

हर्यश्वश्च महातेजा दिव्ये गिरि वरोत्तमे।
निवेशयामासपुरं वासार्थममरोपमः॥
आवर्त्त नाम तद्राष्टं सुराष्ट्रं गोधनायुतम्।
अचिरेणैव कालेन समृद्धम्प्रत्यपथत॥
अनूपविषयश्चैव वेलावनविभूषितम्।

(हरिवंश अध्याय 94)।

(61) रघु—यह बड़ा प्रतापी राजा था और दिग्विजय करके जिसका वर्णन रघुवंश के चौथे सर्ग में है, सह्य, वंग, कलिंग, पांड्य, केरल, अपरांतक, पारसीहूण कंबोज, उत्सव संकेत और प्रागज्योतिष देश जीते। पारसीक ईरानवासी थे, इससे विदित है कि रघु ने भारत के बाहर के भी देश जीत लिए थे। रघु के दिग्विजय की व्याख्या उपसंहार (क) में दी हुई है।

(62) अज—इनका विवाह विदर्भकुल की राजकुमारी इंदुमती के साथ हुआ था। जब ये अयोध्या से विदर्भ को जा रहे थे तो रास्ते में इन्हें एक गंधर्व से जृम्भकास्त्र मिला। यह एक विचित्र हथियार था जिसके चलाने से बैरी की सेना बेसुध हो जाती थी और बिना वध किए ही बैरी जीत लिया जाता था। भारतवर्ष में जीव नष्ट करने

की सामग्री की कमी नहीं है, परंतु बिना जीव मारे कार्य सिद्ध हो जाना भी एक लाभ समझा जाता है। ऐसा ही एक अस्त्र श्रीरामचंद्र को विश्वामित्र ने दिया था।

(63) दशरथ—ये भी बड़े प्रतापी राजा थे। इनके तीन रानियाँ थीं। एक कौशल्या जो संभवत: दक्षिण कोशल की राजकुमारी थीं, दूसरी मगध की राजकुमारी सुमित्रा और तीसरी केकय देश की कैकेयी। कैकेयी के विवाह की कथा कुछ रोचक है इससे यहाँ लिखी जाती है।

"इसी समय केकय देश के राजा अश्वपति परिवार समेत कुरुक्षेत्र की यात्रा को आए थे। वहीं महाराज दशरथ ने उनकी परम सुंदरी कन्या देखी और उनसे यह प्रस्ताव किया कि इसका विवाह हमारे साथ कर दो। कन्या का नाम पुस्तकों में दिया हुआ नहीं है, परंतु केकय राजवंश की होने से वह संसार में कैकेयी नाम से प्रसिद्ध हुई। यद्यपि उस राजवंश की और राजकुमारियाँ भी सूर्यवंशी राजाओं को ब्याही जा चुकी थीं। कैकेयी और अश्वपति दोनों ने उत्तर दिया कि विवाह इस शर्त पर हो सकता है कि इस संबंध से जो लड़का हो वही राज्य का उत्तराधिकारी हो। महाराज दशरथ ने यह शर्त स्वीकार कर ली और विवाह हो गया। यह शर्त नई न थी। महाभारत में लिखा है कि जब राजा शांतनु ने सत्यवती के साथ विवाह करना चाहा तो सत्यवती और उसके पिता दासराज ने भी ऐसी ही शर्त रखी थी और उसी के आग्रह से शांतनु के बेटे देवव्रत ने जो पीछे से भी भीष्म कहलाए राज्य का दावा छोड़ दिया और अपना विवाह तक न किया जिससे कोई और दावेदार न खड़ा हो जाए।

यद्यपि महाकवि कालिदास ने नहीं लिखा परंतु महाभारत में ऐसी ही शर्त शकुंतला ने भी दुष्यंत के साथ की थी।

पीछे देवासुर संग्राम में और राजाओं के साथ महाराज दशरथ इंद्र की सहायता को गए थे और कैकेयी को भी अपने साथ लेते गए थे। यह लड़ाई दंडकवन में शंबरासुर के वैजयंतम नगर में हुई थी। शंबरासुर बड़ा मायावी था। ऐसा भारी संग्राम हुआ कि राक्षसों ने सोते हुए पुरुषों को भी घायल कर दिया और घायलों को मार डाला। महाराज दशरथ भी असुरों के अस्त्रों से घायल होकर मूर्छित हो गए थे। उस समय कैकेयी उनको समर-भूमि से हटा ले गई और उनकी सेवा शुश्रूषा की। एक दूसरी लड़ाई में महाराज दशरथ फिर घायल हो गए थे और शीत से व्याकुल थे वहाँ भी कैकेयी ने उनके प्राण बचाए थे। इन दोनों कार्यों से संतुष्ट होकर राजा ने कैकेयी को दो वर दिए थे। कैकेयी ने उत्तर दिया कि दोनों वर हमारे आप थाती की भाँति रखिए जब प्रयोजन होगा माँग लूँगी।

कौशल्या से श्रीरामचंद्र जी का जन्म हुआ। सुमित्रा के दो बेटे लक्ष्मण और

शत्रुघ्न थे और कैकेयी के एक लड़का भरत हुआ। जब लड़के सयाने हुए और महाराज दशरथ ने सर्वसम्मति से ज्येष्ठ पुत्र श्रीरामचंद्र को युवराज बनाना चाहा तो रानी कैकेयी ने दोनों वरों के आधार पर अपने बेटे भरत के लिए राज तो माँगा ही, श्रीरामचंद्र को चौदह वर्ष का बनवास दिला दिया। उस समय भरत अपने नानिहाल में थे। श्रीरामचंद्रजी का विवाह मिथिला के राजा जनकवंशी सीरध्वज की बेटी श्री सीता जी के साथ हुआ था। उनके भाई लक्ष्मण ने भी कहा कि हम साथ चलेंगे। सब को समझा बुझाकर श्रीरामचंद्र जी, सीताजी और लक्ष्मण के साथ वन को चले गए। राजा दशरथ पुत्र-शोक में मर गए और भरत ने नानिहाल से आकर राज्य करना स्वीकार न किया और श्रीरामचंद्र को फिर अयोध्या लौटा लाने को चित्रकूट गए जहाँ श्रीरामचंद्र जी उन दिनों रहते थे। श्रीरामचंद्र जी ने न माना। तब भरत नगर के बाहर कुटी बनाकर रहे और वहीं से राज-काज देखा।

(64) श्रीरामचंद्र—मर्यादा पुरुषोत्तम भगवान् के सबसे बड़े अवतार, आदर्श राजा माने जाते हैं। इनकी कथा ऐसी प्रसिद्ध है कि उसके यहाँ लिखने का कुछ प्रयोजन नहीं। लड़कपन ही में इन्होंने राजा गाधि के पुत्र विश्वामित्र के यज्ञ की रक्षा की थी। इनका विवाह मिथिलापति जनक की बेटी श्रीसीता जी के साथ हुआ। पीछे पिता का वचन प्रमाण करने को वन को चले गए। वहाँ सीता हर ले जाने के कारण दक्षिण की असभ्य जातियों से मेल करके लंका के राजा रावण को मार कर उसका राज उसके भाई को दे दिया और सीता समेत फिर अयोध्या लौटकर ऐसा अच्छा राज किया जिससे आजकल भी जिस राज में सब तरह का सुख हो, उसे रामराज कहते हैं। कुछ विजय से और कुछ मामा से पाकर श्रीरामचंद्र सारे भारत के सम्राट थे और स्वर्ग जाने से पहले उन्होंने अपना राज अपने दो बेटों और 6 भतीजों में इस तरह बाँट दिया था—

बेटे—1 कुश—विंध्याचल के तट में दक्षिण कोशल, जिसकी राजधानी कुशावती थी। यह राज इन्हें संभवतः नानिहाल से मिला था क्योंकि कौशल्या यहीं की राजकुमारी थीं। कोई-कोई द्वारका को और कुछ पंजाब में कसूर को भी कुशावती मानते हैं।

2—लव—उत्तर कोशल में शरावती। पंजाब के लाहौर को भी लव का बसाया हुआ मानते हैं।

भतीजे—(लक्ष्मण के बेटे)—3 अंगद को हिमालय की तरेटी में अंगदराज।

4 चंद्रकेतु को चंद्रचक्र—हिमालय की तरेटी में।

5 (भरत के बेटे) तक्ष—को तक्षशिला जो संभवतः केकय देश में था जो नाना

से मिला था—तक्षशिला के खंडहर रावलपिंडी जिले में है।

6 पुष्कल—को पुष्करावती, यह भी गांधार देश (केकयदेश) में था।

7 शत्रुघ्न के पुत्र शूरसेन—(बहुश्रुति) को मथुरा।

8 सुवाहु—को विदिशा (आज कल का भिलसा)।

अयोध्या उजाड़ दी गई थी, कदाचित् भाइयों में तकरार के डर से।

(65) कुश—परंतु भाइयों ने सहमत होकर कुश को सम्राट् माना और उन्होंने अयोध्या को फिर से बसाया।

(82) हिरण्यनाभ—यह योग-दर्शन के आचार्य महायोगीश्वर जैमिनी का शिष्य था और इसी से याज्ञवल्क्य ने योग सीखा।[24] यही हिरण्यनाभ सामवेद का भी आचार्य था।

यहाँ उसको कोशल्य लिखा है जिससे स्पष्ट है कि वह कोशला का राजा था।

(94) वृहद्वल—इसको महाभारत में अर्जुन के पुत्र अभिमन्यु ने मार डाला।[25]

महाभारत के पीछे कोशला के राजाओं की नामावली में चार नाम देखकर कुछ आश्चर्य होता है।

(23) शाक्य—यही बुद्धदेव के कुल का भी नाम।

(24) शुद्धोदन—बुद्धदेव के पिता का भी नाम।

(25) सिद्धार्थ—बुद्धदेव के बेटे का नाम।

(26) राहुल—बुद्धदेव के बेटे का नाम।

इसमें संदेह नहीं कि कपिलवस्तु कोशल देश के अंतर्गत था परंतु इस बात का कोई प्रमाण नहीं मिलना कि श्रावस्ती में जहाँ इस समय राजधानी अयोध्या से उठकर चली गई थी, कभी कपिलवस्तु के राजाओं ने राज किया। महावीर तीर्थंकर के पिता इक्ष्वाकुवंशी सिद्धार्थ थे परंतु वे विशाला के रहनेवाले थे। ऐसा अनुमान किया भी जाए तो उसका खंडन यों हो जाता है कि प्रसेनजित जिसने तक्षशिला के विद्यालय में शिक्षा पाई थी, बुद्धदेव के पास गया था और उनसे कहा था कि लिच्छवी राजा और मगध के बिंबिसार दोनों मेरे मित्र हैं। प्रसेनजित का विस्तार सहित वर्णन अध्याय 9 में दिया हुआ है।

उसका बेटा क्षुद्रक (सं. 28) बौद्ध ग्रंथों में विरुधक कहलाता है, कदाचित् इसलिए कि बौद्धों से विरोध रखता था। यह शाक्यों के वध के लिए इतिहास में प्रसिद्ध है।

कुछ विद्वानों का मत है कि अंतिम राजा सुमित्र महापद्मनंद के समय की क्रांति में ई. पू. 422 में मारा गया था। परंतु जिस शिलालेख का वर्णन अध्याय 7

में है उसके अनुसार कम-से-कम 50 बरस पहले सूर्यवंश का अंत हो गया था।

जापान के सुप्रसिद्ध विद्वान् आर. किमोरा कुछ दिन हुए भारत में आए थे। उनका विचार है कि जापानी भारतवासियों की संतान हैं। यह बात बड़ी मनोरंजक है। जापानी मिकाडो को अम्मा की संतान मानते हैं क्योंकि पहले मिकाडो की उत्पत्ति अम्मा में मानी जाती है और अम्मा ईश्वर का अवतार था। क्या इस अनुमान से विशेष आपत्ति हो सकती है कि अम्मा राम ही का अपभ्रंश है ? जापानी मिकाडो को सूर्यवंशी मानते हैं। इससे इस विचार की और भी पुष्टि हो जाती है कि मिकाडो की उत्पत्ति उसी सूर्य वंश से हुई जिसमें श्रीरामचंद्र ने अवतार लिया था।

यह कहना कठिन है कि यहाँ से लोग जापान कब गए। गोआ के प्रोफेसर पांडुरंग पिसुलेंकर ने सिद्ध कर दिया है कि अयोध्या के क्षत्रिय तिब्बत और श्यामदेश गए और वहाँ राजधानियाँ स्थापित कीं। उनके आविष्कार एक फ्रांसीसी पत्र में छपे हैं। इस पत्र में यहाँ तक लिखा है कि भारतवासियों ने अमरीका को भी आबाद किया था।[26]

(ख) शिशुनाक, नंद, मौर्य और शुंगवंशी राजा

शिशुनाक—अयोध्या में शिशुनाक वंशी राजाओं के शासन का प्रमाण बहुत ही सूक्ष्म है परंतु इसको छोड़ना उचित नहीं। अवध गजेटियर जिल्द 1 पृष्ठ 10 में मणिपर्वत के वर्णन में लिखा है—

मगध का राजा नंदवर्द्धन—महाराज मानसिंह ने हमको बार-बार विश्वास दिलाया है कि इसी शताब्दी में इसी टोले में एक शिलालेख गड़ा हुआ मिला था। उसमें लिखा था कि यहाँ किसी समय में राजा नंदवर्द्धन का राज था और उसी ने यह स्तूप बनवाया था। महाराज ने यह भी कहा था कि बादशाह नसीरुद्दीन के समय में यह शिलालेख लखनऊ भेजा गया था और शाहगंज में इसकी एक नकल भी थी परंतु न मूल का पता लगा न नकल का।

उसी की टिप्पणी में यह लिखा है—

इसके पीछे अयोध्या के विद्वान पंडित उमादत्त ने इस कथन का समर्थन किया और यह कहा कि हमने तीस, चालीस वर्ष हुए इस शिलालेख का अनुवाद किया था। उसकी प्रतिलिपि भी खो गई और वे यह नहीं बता सकते कि इसमें क्या लिखा था।

महाराज मानसिंह या पंडित उमादत्त जी (पंडित उमापति त्रिपाठी) की बातों का विश्वास न करने का कोई कारण नहीं है। हमारे लड़कपन में पंडित जी श्री अवध के एक प्रसिद्ध महात्मा थे और न महाराज को और न उनको झूठी बात

कहने का कोई प्रयोजन हो सकता है, विशेष करके जब नंदवर्द्धन के विषय में यह बात प्रसिद्ध है कि उसने अयोध्या में सनातन धर्म को नष्ट करके एक वर्णहीन धर्म स्थापित किया जिसे जनता ने ग्रहण कर लिया, मणिपर्वत के विषय में पौराणिक जनश्रुति का समूलोच्छेदन करता है।

इतिहास में नंदवर्द्धन (नंदिवर्द्धन) दो हैं, पहला प्रद्योत कुल का पाँचवाँ राजा जो ई. पू. 782 में मरा और दूसरा शिशुनाक वंश का नवाँ राजा जो ई. पू. 465 में मरा। हमारे मत में मणि-पर्वत का बनानेवाला शिशुनाक वंशी नंदिवर्द्धन है। अजात-शत्रु ने भगवान् बुद्धदेव से दीक्षा ली थी इससे उसके उत्तरधिकारी भी बौद्धधर्मावलंबी रहे होंगे और इनमें एक में न केवल सनातन धर्म को दबाया वरन् एक बड़ा स्तूप भी बनवाया जो अबतक विद्यमान है।

नंद—नंदिवर्द्धन के उत्तराधिकारी को महापद्मनंद ने मार डाला और ई. पू. 422 से नंदवंश चला। कोशल देश भी इन्हीं के अधिकार में चला गया। महापद्मनंद ने 88 वर्ष राज किया। जब पिता का शासन-काल बहुत बड़ा होता है तो बेटे बहुत दिन तक राज नहीं कर सकते। महापद्मनंद के आठ बेटों ने केवल 12 वर्ष राज किया। आठवें बेटे को ई. पू. 322 में चाणक्य ने मार डाला और चंद्रगुप्त मौर्य को सिंहासन पर बैठा दिया।

मौर्य—पहले तीन मौर्य सारे भारतवर्ष के सम्राट् थे और आजकल का अफगानिस्तान भी उन्हीं के शासन में था। अशोक के पीछे चौथा राजा शालिसूक था। गर्गसंहिता में लिखा है कि इसके शासनकाल में दुष्ट यवन साकेत, पांचाल और मथुरा जीतकर पट्टन तक पहुँचे थे। यह आक्रमण केवल लूट-पाट के अभिप्राय से था और देश पर आँधी की भाँति उड़ गया।

मौर्य वंश ने ई. पू. 322 से ई. पू. 185 तक 137 वर्ष राज किया। उन्हीं की सेना का सेनापति पुष्पति पुष्पमित्र अपने स्वामी को मारकर आप राजा बन बैठा।

शुंग—पुष्पमित्र शुंगवंशी था और उससे शुंग राज की नींव पड़ी। वह सनातन धर्म का कट्टर पक्षपाती था और इसी से उसने बौद्धों को सताया। प्रसिद्ध है कि उसने पूर्व मगध से पश्चिम के जालंधर (पंजाब) तक मठ जला दिए और बौद्ध भिक्षु मार डाले। उसने कई अश्वमेध यज्ञ किए जिसमें एक का उल्लेख मालविकाग्निमित्र नाटक में है। इस नाटक का नायक पुष्पमित्र का बेटा अग्निमित्र है जो अपने पिता के जीवन काल में विदिशा का राजा था। प्रसिद्ध भाष्यकार, पातंजलि इसी के एक अश्वमेध यज्ञ में पुरोहित था।[27]

अयोध्या का शासन सुदूर पाटलिपुत्र से होता था तो भी वह उस समय बड़ा

समृद्ध नगर था और इसी कारण ई. पू. 154 में यूनानी राजा को अपने देश लौट जाना पड़ा। इसका भी उल्लेख पातंजलि ने किया है।[28]

पुष्पमित्र के पीछे अग्निमित्र ने आठ वर्ष राज किया और उसके पीछे आठ और राजा हुए जिन्होंने सब मिला कर 58 वर्ष पृथ्वी भोगी।

थोड़े दिन हुए अयोध्या में एक शिलालेख श्रीमती महारानी साहिबा के प्राइवेट सेक्रेट्री और भाषा के सुप्रसिद्ध कवि बाबू जगन्नाथदास रत्नाकर को मिला था।[29] उसमें जो लिखा हे उसका अनुवाद यह है।

दो-दो अश्वमेध करनेवाले सेनापति पुष्पमित्र के छटे।

(1) कोशलाधिप धन (देव) ने अपने पिता फल्गुदेव के लिए यह महल बनवाया।

धनदेव का नाम पाटलिपुत्र के दस शुंगवंशी राजाओं में नहीं है। कोशलाधिप उपाधि से विदित होता है कि धन (देव) केवल कोशल का राजा था और उसकी राजधानी अयोध्या थी न कि श्रावस्ती।

संदर्भ—

1. विष्णुपुराण के अनुसार मान्धातृ का बेटा अंबरीष था। उसका पुत्र हारीत हुआ जिससे हारीतआँ गिरस् नाम क्षत्रियकुल चला।
2. इसे अभिमन्यु ने मारा था (महाभारत द्रोणपर्व)
3. अंतिम राजा महानंद की राजक्रांति में मारा गया।
   Sacred Books of the Hindus, Matsya Purana.
4. प्रलय की कथा हिंदू, मुसलमान, ईसाई सबके धर्मग्रंथों में है। हमने इसे इस कारण यहाँ लिखा है कि श्री अवध की झाँकी में वह स्थान बताया जाएगा जहाँ मनु ने मत्स्य भगवान् के दर्शन पाए थे।
5. यह गंगा रामगंगा (सरयू) है क्योंकि गंगा राजा भगीरथ की लाई हुई हैं और भगीरथ मनु से चौवालीसवीं पीढ़ी में थे।
6. यह अंश मजीदी प्रेस कानपुर की छपी रौजतुल् असफ्रिया के आधार पर लिखा गया है।
7. श्रीमद्‌भागवत में इस देश का नाम अजनाभवर्ष है।
8. Vayu-Purana, edited by Rajendralal Mitra and published by the Asiatia Society of Bengal, Page 347.
9. वाह्लीक आजकल वलख के नाम से प्रसिद्ध है।
10. वा. रा. 7, 80 81 इस कथा को निर्मूल न समझना चाहिए। गोंडे के जिले में राजा सुहेलदेब बड़े प्रसिद्ध वीर थे जिन्होंने सैयद सालार (गाजीमियाँ) को परास्त

किया था। उनके राज्य का एक अंश सुहेलवा का वन कहलाता है और उनके विनाश की भी कथा कुछ ऐसी ही है।

11. यह पौराणिक कथा है। पहाड़ पर अब तक मनुष्य के कंधे पर सवार होकर शिकार खेलते हैं। किसी कारण से इंद्र के कंधे पर सवार होकर बैरी को मारने की घात लगी हो तो पीछे इंद्र का बैल बन जाना कोई बढ़ी बात नहीं है।

काशीनागरी प्रचारिणी पत्रिका भाग 10 अंक 1 व 2 में राय कृष्णदास जी ने ककुत्स्थ शब्द की व्याख्या यों की है—

'वेदों में इंद्र को राष्ट्र का अधिष्ठात्री देवता माना है।'

वैदिक साहित्य के उन मंत्रों अथवा स्थलों में जिनका संबंध राजशास्त्र से है इस बात का चार बार संकेत है। इसी से राजा के अभिषेक को ऐंद्र महाभिषेक कहते थे। (ऐतरेय 8,15)।

पुराणों में भी राज्य ऐंद्रपद कहा जाता है और राज्य करने के लिए जब राजा का वरण किया जाता था तो यह मंत्र पढ़ा जाता था,

स्वाविशो पृणतां राज्याय त्वामिमाः प्रदिशः पंच देवी।
वर्ष्मन् राष्ट्रस्य ककृदि श्रमस्व ततो न उग्रो विभजा वसिन॥

(अथर्ववेद 3,4,2)

अर्थात्—तुम्हें विश् (=जनता राष्ट्र) राज्य करने के लिए वरण करें (चुनें)। ये पाँच देदीप्यमान दिशाएँ तुम्हें राज्य के लिए वरण करें। राष्ट्र के ककुद (डील पर) (अर्थात् ऊँचे स्थान पर, 'आला मुकाम' पर) बैठो और ऊर्जास्वितापूर्वक विभव का वितरण करो।

ककुदं सर्व भूतानां धनस्थो नात्र संशयः।

महाभारत, शान्तिपर्व 89,30।

इक्ष्वाकु वैश्यः ककुंद नृपाणाम्,

(रघुवंश 6,7,1।)

अस्तु यह 'राष्ट्रस्य ककुदि' पद हमारे बड़े काम का है क्योंकि इससे ककुत्स्थ शब्द का प्राकृत अर्थ लगाया जाता है। ऐक्षवाकों का जब से राष्ट्र (=उसके अधिष्ठातृ देवता इंद्र) का अधिपति होने के लिए राज्य पर बैठने के लिए उसके ककुद पर सवार होने के लिए (मिलाइए हिंदी मुहावरा 'सिर पर सवार होना') वरण हुआ तब से वे ककुत्स्थ पद से अभिहित हुए। और उन्हीं के वंशधर काकुत्स्थ कहे जाने लगे।

13. शशविंदु का वंश उपसंहार में लिखा है।

14. वा. रा. 70 19 ऐतिहासिक दृष्टि से यह बात असंभव है कि एक ही रावण अनरण्य का मारनेवाला भी हो और चालीस पीढ़ी पीछे श्रीरामचंद्र के हाथ से

मारा जाए। मिस्टर पार्जिटर ने रायल एशियाटिक सोसाइटी के 1914 के जर्नल पृष्ठ 285 में यह लिखा है कि रावण तामिल शब्द इरैवण का संस्कृत रूप है जिसका अर्थ है राजा, स्वामी, ईश्वर। मलयालम में राजा को इड़ान कहकर संबोधन करते हैं। कन्नड़ में ऐड़े स्वामी का बोध है। इससे प्रगट है कि इरैवण के संस्कृत रूप रावण का अर्थ केवल राजा है और लंका के राजा इसी नाम से संस्कृत ग्रंथों में लिखे जाते थे।

15. जैन शिला लेखों में रौनाही रत्नपुर कहलाता है। संभव है कि रौनाही इसी का बिगड़ा रूप हो। रत्नपुर प्राकृत रअणउर—रौनाही।
16. वसिष्ठ और विश्वामित्र के झगड़े का एक स्थान इसी के पास है इसका वर्णन उपसंहार (घ) में है।
17. रामायण में लिखा है कि विश्वामित्र पुष्कर ही में मेनका के साथ बारह बरस रहे थे।
18. यह नगर बिहार प्रांत में है। इसका किला बहुत प्रसिद्ध है।
19. यदुवंशी क्षत्रिय हैहय वंशियों की राजधानी माहिष्मती थी। इस कुल का सबसे प्रसिद्ध राजा कार्तवीर्य अर्जुन हुआ था जिसे परशुराम ने मारा था।
20. कपिल की तपस्या की जगह बंगाल की खाड़ी में उसी स्थान पर है जहाँ गंगा समुद्र में गिरती है।
21. यही कथा गोस्वामी तुलसीदास जी ने बालकांड में विश्वमोहिनी स्वयंवर के रूप से वर्णन की है।
22. महाभारत में यह कथा बड़े विस्तार के साथ लिखी है पर वा.रा. में कुछ भेद करके दी हुई है। (आदि पर्व 176)।
23. Growe's Mathura District Memoir, Page 287.
24. विष्णु पुराण अंश 4 अध्याय 4।
25. महाभारत की लड़ाई में कोशलराज के कुछ लोग पांडवों की ओर से लड़े कुछ कौरवों की ओर से। इससे यह अनुमान किया जाता है कि उस समय कोशलराज के दो खंड हो गए थे। एक पूर्वी दूसरा पश्चिमी। पूर्वी कोशल के राजा जरासंध के डर से भागकर दक्षिण को चले गए और पश्चिमी कोशल का राजा बृहद्वल था।
26. Hindustan Review, Vol. XXV, Page 6 i. स्थान देश में राजधानी का नाम अयोध्यापुर था।
27. पुष्पमित्रं याजयामः।
28. अरुणद् यवनः साकेतम्।
29. इसका वर्णन काशी नागरीप्रचारिणी पत्रिका में दिया हुआ है।

□

अयोध्या और जैन-धर्म

आदि पुराण जैन-धर्म का बड़ा प्रामाणिक ग्रंथ है।[1] इसमें लिखा है कि विश्व की कर्मभूमि में अयोध्या पहला नगर है। इसके सूत्रधार इंद्रदेव थे और इसे देवताओं ने बनाया था। पहले मनुष्य की जितनी आवश्यकताएँ थीं उन्हें कल्पवृक्ष पूरी किया करता था। परंतु जब कल्प-वृक्ष लुप्त हो गया तो देवपुरी के टक्कर की अयोध्या पुरी पृथ्वी पर बनाई गई।

अध्याय 1 में हमने दो और जैन-ग्रंथों से अयोध्या की महिमा का उल्लेख किया है और मूल संस्कृत वर्णन पूरा-पूरा-उपसंहार में दिया हुआ है। इतनी बड़ाई तो महर्षि वाल्मीकि ने भी नहीं की।

आदि पुराण के अनुसार अयोध्या के पहले राजा ऋषभदेव थे जिनको आदिनाथ भी कहते हैं। यही पहले तीर्थंकर भी थे। ऋषभदेव जी के पुत्र भरत चक्रवर्ती हुए जिनसे यह देश भारतवर्ष या भरतखंड कहलाता है। इस पर हमने अपने विचार अध्याय 7 में लिखे हैं।

आदिनाथ को लेकर 24 तीर्थंकर हुए। जैन-लोगों का विश्वास है कि सब तीर्थंकर काल-क्रम से अयोध्या में जन्म लेते और यहीं राज्य करते हैं, केवल पाँच ही तीर्थों का यहाँ अंतिम कल्प में जन्म लेना एक अनोखी बात हुई है।

ऋषभदेव जी के निर्वाण का समय जैन-ग्रंथों के अनुसार आज से 413452, 630, 308, 203, 177749512, 1999999999999999999999999999999 999 9999999999960473 (76 अंक) वर्ष पर्व माना गया है। पंचागों में सृष्टि की आदि से सं. 1987 के आरंभ तक 1955885028 वर्ष बीते हैं। इन दोनों में आकाश-पाताल का अंतर है। इससे प्रकट है कि ऋषभदेव जी का जन्म किसी पहले के कल्प में हुआ था।

24 तीर्थंकरों के नाम निम्नलिखित हैं—

1. आदिनाथ—इन्हें ऋषभदेव भी कहते हैं। राजा नाभि और रानी मेरु देवी के पुत्र, इक्ष्वाकु-वंशी।
2. अजितनाथ—राजा जिनशत्रु और रानी विजय के पुत्र इक्ष्वाकु-वंशी।
3. संभवनाथ—राजा जितारि और रानी सेना के पुत्र, इक्ष्वाकु-वंशी।
4. अभिनंदन नाथ—राजा संबर और रानी सिद्धार्था के पुत्र, इक्ष्वाकु-वंशी।
5. सुमतिनाथ—राजा मेद्य और रानी मंगला के पुत्र, इक्ष्वाकु-वंशी।
6. पद्मप्रभ—राजा श्रीधर और रानी सुषीमा के पुत्र, इक्ष्वाकु-वंशी।
7. सुपार्श्वनाथ—राजा प्रतिष्ठ और रानी पृथ्वी के पुत्र, इक्ष्वाकु-वंशी।
8. चंद्रप्रभ—राजा महासेन और रानी लक्ष्मणा के पुत्र, इक्ष्वाकु-वंशी।
9. सुविधनाथ—राजा सुग्रीव और रानी रमा के पुत्र, इक्ष्वाकुवंशी।
10. शीतलनाथ—राजा दृढ़रथ और रानी सुस्नंदा के पुत्र, इक्ष्वाकु-वंशी।
11. श्रीअंशनाथ—राजा विष्णु और रानी विष्णा के पुत्र, इक्ष्वाकु-वंशी।
12. वसुपूज्य—राजा वसुपूज्य और रानी जया के पुत्र, इक्ष्वाकु-वंशी।
13. विमलनाथ—राजा कृत वर्मा और रानी श्यामा के पुत्र, इक्ष्वाकु-वंशी।
14. अनंतनाथ—राजा सिंहसेन और रानी सुयना के पुत्र, इक्ष्वाकु-वंशी।
15. धर्मनाथ—राजा भानु और रानी सुहृता के पुत्र, इक्ष्वाकु-वंशी।
16. शांतिनाथ—राजा विश्वसेन और रानी अचिरा के पुत्र, इक्ष्वाकु-वंशी।
17. कुंतनाथ—राजा सूर और रानी श्री के पुत्र, इक्ष्वाकु-वंशी।
18. अरनाथ—राजा सुदर्शन और रानी देवी के पुत्र, इक्ष्वाकु-वंशी।
19. मल्लिनाथ—राजा कुँभ और रानी पार्वती के पुत्र, इक्ष्वाकु-वंशी।
20. मुनिसुव्रत—राजा सुमित्र और रानी पद्मावती के पुत्र इक्ष्वाकु-वंशी।
21. नमिनाथ—राजा विजय और रानी प्रिया के पुत्र, इक्ष्वाकु-वंशी।
22. नमिनाथ—राजा समुद्रविजय और रानी शिवा के पुत्र, इक्ष्वाकु-वंशी।
23. पार्श्वनाथ—राजा अश्वसेन और रानी वामादेवी के पुत्र, इक्ष्वाकु-वंशी।
24. महावीर या वर्द्धमान—राजा सिद्धार्थ और रानी त्रिशला के पुत्र, इक्ष्वाकु-वंशी।

इनमें से पाँच तीर्थंकरों की जन्म-भूमि अयोध्या मानी जाती है। और उन्हीं के नाम के पाँच मंदिर अब तक अयोध्या में विद्यमान हैं।

1. आदिनाथ का मंदिर[2]—यह मंदिर स्वर्गद्वार के पास मुराई टोले में एक ऊँचे टीले पर है जो शाहजूरन के टीले के नाम से प्रसिद्ध है।

2. अजितनाथ का मंदिर—यह मंदिर इटौआ (सप्तसागर) के पश्चिम में है। इसमें एक मूर्ति और शिलालेख है। यह मंदिर सं. 1781 में नवाब शुजाउद्दौला के खजानची केसरीसिंह ने नवाब की आज्ञा से बनवाया था।
3. अभिनंदननाथ का मंदिर—यह मंदिर सराय के पास है। यह भी उसी समय का बना है।
4. सुमंतनाथ का मंदिर—यह रामकोट के भीतर है। इसमें अवध गजेटियर के अनुसार पार्श्वनाथ की दो और नेमिनाथ की तीन मूर्तियाँ हैं।
5. अनंतनाथ का मंदिर—यह मंदिर गोलाघाट नाले के पास एक ऊँचे टीले पर है और इसका दृश्य बड़ा मनोहर है।

इन मंदिरों में तीर्थंकरों के चरण-चिह्न बने हैं और इनके दर्शन को दूर-दूर के जैन आया करते हैं। नवंबर से मार्च तक यात्री कुछ अधिक आते हैं।

वाल्मीकीय रामायण और पुराणों के अनुसार जो वंशावली हमने अध्याय 7 में दी है उसमें किसी तीर्थंकर के पिता का नाम नहीं है। भागवत पुराण, चतुर्थ स्कंद में लिखा है कि स्वायंभू मनु और शतरूपा के दो पुत्र थे, प्रियव्रत और उत्तानपाद। उत्तानपाद का लड़का ध्रुव था जिसकी कथा संसार में प्रसिद्ध है। उसकी राजधानी विठूर के पास थी।

प्रियव्रत के रथ-चक्र से सात लीकें बनीं जो सात समुद्र हुए और उन्हीं समुद्रों के बीच में जंबू लक्ष, कुश, शाल्मलि, क्रौंच, शाक और पुष्कर द्वीप उत्पन्न हुए। राजा प्रियव्रत के सात बेटे थे[3] अग्नींध्र, उध्मजिह्व, यज्ञवाहु, हिरण्यरेता, पृतपृष्ठ, मेधातिथि और वीतिहोत्र और कन्या ऊर्जस्वती थी जो शुक्राचार्य को ब्याही थी। वही ऊर्जस्वती राजा ययाति की रानी देवयानी की माँ थी।

प्रियव्रत के पीछे उनका बड़ा बेटा अग्नींध्र जंबूद्वीप का राजा हुआ। उसने एक अप्सरा के साथ विवाह किया जिससे नौ बेटे हुए—नाभि[4] किंपुरुष, हरिवर्ष, इलावृत, रम्यक, हिरण्यमय, कुरुभद्राश्व और केतुमाल। नवों भाई पृथ्वी के भिन्न-भिन्न भागों के राजा हुए जो उन्हीं के नाम से कहलाए। अग्नींध्र के परलोक जाने पर नवों भाइयों ने मेरु की नौ कन्याओं से विवाह किया। बड़ी मेरुदेवी नाभि को ब्याही गई। मेरुदेवी के बहुत दिनों तक कोई लड़का न हुआ। तब नाभि भक्ति पूर्वक यज्ञ करने लगे। उनकी भक्ति से प्रसन्न होकर भगवान् ने उन्हें दर्शन दिया और नाभि ने उनसे उन्हीं के समान पुत्र माँगा। भगवान् ने प्रसन्न होकर कहा कि "हमारे समान तो हमीं हैं; तो हमीं तुम्हारे घर में अवतार लेंगे।" और कुछ दिन में मेरुदेवी के गर्भ से शुद्ध सत्वमूर्त्ति धारण करके प्रकट हुए। यही ऋषभदेव जी थे।

जब ऋषभदेव जी सयाने हुए तो राजा नाभि उनको राज सौंपकर मेरुदेवी के साथ तपस्या करने बदरिकाश्रम को चले गए।

ऋषभदेव भगवान् शांत, दांत, सब प्राणियों के मित्र और परम कारुणीक थे और धर्म से प्रजापालन करते हुए गृहस्थी में रहे। ऋषभदेव जी अपने बड़े बेटे भरत को राज्य देकर संयस्त हो गए।

दूसरे तीर्थंकर महावीर हैं जिनका चरित हमें मिला है। ये सात धनुष लंबे थे और 72 वर्ष तक जिए। इनके पिता राजा सिद्धार्थ कुंदग्राम के सरदार थे और इनकी माता वैशाली के राजा केतक की बहन थीं। इनका जन्म ईसा से 600 वर्ष पहले बतलाया जाता है। 29 वर्ष की अवस्था में इन्होंने दरिद्रों को बहुत-सा दान देकर घर छोड़ दिया और 12 वर्ष वनवास करके तीर्थंकर हुए।

अयोध्या के इतिहास में किसी जैन-वंशी राजा का नाम नहीं है। अवध गजेटियर[5] में लिखा है कि घाघरापार के श्रीवास्तव जिन्होंने अयोध्या में बहुत दिनों राज किया और जिन्हें कन्नौज के गहरवारों ने परास्त किया था, जैनधर्मी थे। इलाहाबाद जिले के गढ़वा का शिलालेख सं. 1199 का है और मेवहड़ का सं. 1245 का। गढ़वा में श्री ठाकुर कुंदपाल श्रीवास्तव ने नवग्रह का मंदिर बनवाया और मेवहड़ में एक-दूसरे श्रीवास्तव ठक्कुर ने सिद्धेश्वर का। दोनों से सिद्ध होता है कि ईस्वी सन् की बारहवीं शताब्दी में श्रीवास्तव बड़े प्रतिष्ठित थे और ठाकुर कहलाते थे और जैन न थे। अयोध्या के श्रीवास्तव और कायस्थों के संसर्ग से बचे रहें तो मद्य नहीं पीते और बहुत कम मांसाहारी हैं। इसी से अनुमान किया जा सकता है कि यह लोग पहले जैन ही थे।

अध्याय 12 में लिखा जाएगा कि राजा सुहेलदेव ने सैयद सालार मसऊद गाजी को परास्त किया था। जनश्रुति यह है कि सुहेलदेव श्रावस्ती का राजा था। सुहेलदेव के विनाश की विचित्र कथा अवध गजेटियर ने लिखी है, उसका सारांश यह है—

'सुहेलदेव के कुल में सूर्यास्त हो जाने पर कोई भोजन नहीं करता था। एक दिन आखेट से बड़ी देर में लौटा। सूर्य अस्त हो रहा था। सुहेलदेव की भ्रातृवधू परम सुंदरी थी। सुहेलदेव ने उसे कोठे पर भेज दिया कि सूर्य देव उसकी शोभा पर मोहित होकर ठहर जाएँ। सूर्यदेव स्त्री की शोभा पर मुग्ध हो गए और स्तंभित रह गए। राजा ने भोजन कर लिया। हमारे देश में छोटे भाई की स्त्री को देखना महापाप है। राजा को इस घटना पर बड़ा आश्चर्य हुआ और कौतुक देखने को वह भी कोठे पर चढ़ गया। वधू को देखते ही राजा के मन में पाप समा गया परंतु स्त्री सती थी उसने न माना। राजा ने उसे बंदीघर में डाल दिया। स्त्री राजकुमारी थी। उसके पिता

राजा ने श्रावस्ती पर चढ़ाई कर दी और सुरंग लगाकर अपनी बेटी को निकाल ले गया। उसके जाते ही राजप्रासाद भी गिर पड़ा और सुहेलदेव उसी में दबकर मर गया। उसके कोई उत्तराधिकारी न था और बिना राजा के राजधानी भी उजड़ गई।'

इस कथा से हमको इतना ही प्रयोजन है कि जैन ही सूर्यास्त होने पर भोजन नहीं करते। इससे यह अनुमान किया जा सकता है कि श्रावस्ती का अंतिम राजा जैन था।

संदर्भ—

1. यह ग्रंथ विक्रम संवत की आठवीं शताब्दी में लिखा गया था और सं. 1973 में छपा। इसके रचयिता जिनसेनाचार्य थे। थोड़े दिन हुए प्रसिद्ध विद्वान् मि. चंपत राय जैन ने इसका अंग्रेजी अनुवाद भी छपवाया है। उसका नाम Founder of Jainism है।
2. इस मंदिर के नष्ट होने का इतिहास अध्याय 12 में है।
3. विष्णु पुराण में इनके दस पुत्र लिखे हैं, इनमें तीन योगपरायण हुए।
4. विष्णु पुराण के अनुसार नाभि को दक्षिण भारत का राज मिला था।
5. Oudh Gazetteer, Vol. I, Page 607.

□

अयोध्या और बौद्धमत

"अवध के एक दूसरे महापुरुष का भी अयोध्या से घनिष्ठ संबंध है और संसार के इतिहास पर विशेष रूप से अंकित होने से किसी की तुलना हो तो यह पुरुष श्रीराम से भी बड़ा है। शाक्य बुद्ध कपिलवस्तु के राजकुमार थे जो आजकल के गोरखपुर के पास एक नगर था। और उनका कुल कोशल के सूर्यवंश की एक शाखा थी। अयोध्या में उन्होंने अपने धर्म के सिद्धांत बनाए और अयोध्या ही में बरसात के दिनों में रहा करते थे।"

"किसी धर्म की जाँच उच्चतम धर्मनीति की शिक्षा से अथवा अंतःकरण के अत्यंत शुद्ध उद्‌गार से की जाए तो इस बात के मानने में संदेह हो जाएगा कि अबतक किसी मनुष्य के हृदय में इससे उच्चतम विचार उत्पन्न हुए हैं जैसे कि पीछे से एक बौद्ध महात्मा के थे; हम अपने व्यक्तित्व के लिए निर्वाण पाने का न प्रयत्न करेंगे न उसे ग्रहण करेंगे और न अकेले उस शांति को प्राप्त करेंगे वरन् हम सर्वदा और सर्वत्र सारे संसार के प्रत्येक जीव के शांति पाने का उद्योग करेंगे। जब तक सबका उद्धार न हो जाएगा हम इस पाप और दुःख भरे संसार को न छोड़ेंगे और यहीं रहेंगे।"

बौद्ध ग्रंथों में अयोध्या को साकेत और विशाखा कहते हैं। दिव्यावदान में साकेत की व्याख्या यों की गई है।

'स्वयमागतं स्वयमागतं साकेत साकेतमिति संज्ञा संवृत्ता।'

'यह आप ही आया, आप ही आया इसलिए साकेत नाम पड़ गया।'

संस्कृत में केत का अर्थ है बुलाना; आ उपसर्ग लगाने से अर्थ उलट जाता है[2] इसलिए आकेत का अर्थ हुआ, आप से आप आना और से लगा देने से अर्थ हुआ, 'किसी के साथ आप से आप आना।'

विशाखा नाम पड़ने का कारण यह है।

प्रारंभिक बौद्धकालीन इतिहास में विशाखा देवी का नाम बहुत प्रसिद्ध है। विशाखा राजगृह के एक धनी व्यापारी धनंजय की बेटी थी। धनंजय राजगृह से साकेत में आकर बसा था और उसने विशाखा का विवाह श्रावस्ती नगर के रहनेवाले मृगर के पुत्र पूर्णवर्धन के साथ कर दिया था। विशाखा उन लोगों में से थी जिन्होंने सबसे पहले बौद्धधर्म ग्रहण किया और उसने श्रावस्ती में बुद्धदेव के लिए एक मठ बनवाया था जिसका पूरा नाम प्राकृत में पुब्बाराम-मृगर-मातु-प्रासाद अर्थात् 'पूर्वाराम, मृगर की माता का महल था।' मृगर विशाखा का ससुर था परंतु जब उसकी पुत्रवधू ने उसे बौद्धधर्मावलंबी बना दिया और वह बुद्ध-भक्त हो गया तब से उसे अपनी माता कहता था। विशाखा ने अयोध्या में भी एक पूर्वाराम बनाया था। इसी के नाम पर कुछ दिन पीछे नगर भी विशाखा कहलाने लगा, जिसे चीनी यात्री हुआंगच्वांग पिसोकिया कहता है। अयोध्या के पूर्वाराम में बुद्ध 16 वर्ष रहे थे।

जब बुद्धदेव अयोध्या में रहते थे, उन्हीं दिनों एक बार उन्होंने अपनी दतून फेंक दी थी जो जम गई और उस पेड़ को एक हजार वर्ष पीछे चीनी यात्री फाइहान और उसके भी ढ़ाई सौ वर्ष पीछे हुआंगच्वांग ने देखा था। इस दतून से उगे पेड़ का स्थान उस भ्रम का समूलोच्छेदन करता है जो कुछ पाश्चात्य विद्वानों ने साकेत और अयोध्या के एक होने में किया है।

साकेत के विषय में फाहियान लिखता है[3] कि दक्षिण के फाटक से निकलकर सड़क के पूर्व ओर वह स्थान है, जहाँ बुद्धदेव ने अपनी दतून गाड़ दी थी। इस दतून से सात-आठ फुट ऊँचा पेड़ उगा जो न घटा न बढ़ा। पिसोकिया के विषय में यही कथा हुआंगच्वांग ने लिखी है। वह कहता है कि राजधानी के दक्षिण और सड़क की बाईं ओर (अर्थात् पूर्व जैसा कि फाहियान कहता है) कुछ पूजा के योग्य वस्तुओं में एक विचित्र पेड़ छः सात फुट ऊँचा था जो न घटता था न बढ़ता था। यही बुद्धदेव की दतून का प्रसिद्ध वृक्ष था।

आजकल भी अयोध्या से फैजाबाद को चलें तो हनुमानगढ़ी से कुछ आगे चलकर सड़क की बाईं ओर एक तालाब है जिसे दतून कुंड कहते हैं। जनता का विश्वास है और अयोध्या माहात्म्य में भी लिखा है कि इसी कुंड के किनारे बैठकर श्रीरामचंद्र जी दतून कुल्ला किया करते थे। पर विचारने से यह अनुमान किया जाता है कि यह कुंड या तो उस स्थान पर है जहाँ पर बुद्धदेव की दतून गाड़ी गई थी, या उसी के पास एक तालाब बनाया गया था जिसके विषय में भक्तों की यह भावना थी कि गौतम जी जब अयोध्या में रहते थे तो इसी कुंड के जल से आचमन करते थे। पेड़ सूख गया परंतु तालाब बुद्धदेव के निवास का स्मारक अब तक विद्यमान

है। दक्षिण का फाटक हनुमान गढ़ी के निकट होगा और गढ़ी कदाचित् दक्षिण का बुर्ज हो तो आश्चर्य नहीं। हनुमानगढ़ी से सरयू तट एक मील से कुछ अधिक है। परंतु नदी की धारा बहुत बदला करती है। और संभव है कि जब चीनी यात्री यहाँ आया था तो नदी और उत्तर बहती रही हो। हमारी याद में नदी ने बस्ती और गोंडा जिलों की हजारों बीघा धरती काट दी है और कई मील दरिया बराबर अयोध्या में मिल गया है। हुआंगच्वांग ने पिसोकिया राजधानी की परिधि 16 ली मानी है। इसके भीतर बड़ी राजधानी नहीं समा सकती। हम समझते हैं कि यह रामकोट की परिधि है जो श्री रघुनाथजी का किला माना जाता है और जिसका जीर्णोद्धार गुप्त-वंशी राजाओं ने किया था। डॉक्टर फूरर का मत है कि गोंडावाले इस पेड़ को चिलविल का पेड़ मानते हैं जो छ—या सात फुट से अधिक ऊँचा नहीं जाता। यह पेड़ करौंदा भी हो सकता है जिसकी दतूनें अब भी अवध में विशेषकर लखनऊ में की जाती हैं। दतून का जमना कोई अनोखी बात नहीं है। कानपुर जिले के घाटमपुर नगर में तहसील से एक मील की दूरी पर एक महंत का पक्का मकान है जिसके दूसरे खंड पर एक नीम का पेड़ बीच से फटा हुआ है। यह पेड़ दो सौ वर्ष हुए दतून गाड़ देने से उगा था।

इन बातों से मेरा अभिप्राय यह नहीं है कि मैं जनता के विश्वास पर आक्षेप करूँ। भक्तजन को इस विचार से संतोष हो सकता है कि बुद्धदेव भी विष्णु भगवान् के वैसे ही अवतार थे जैसे श्री रघुनाथजी। यह भी संभव है, कि बुद्ध भगवान् ने पहले अवतार का स्मरण करके अपनी दतून वहीं गाड़ दी, जहाँ रामावतार में दतून किया करते थे।

बौद्ध-कालीन अयोध्या का वर्णन लिखने से पहले बौद्ध-ग्रंथों के अनुसार बौद्धावतार से पहले अयोध्या और उसके राजाओं का कुछ वर्णन करना अनावश्यक न होगा। बौद्ध-ग्रंथों का वर्णन ईसा मसीह के प्रादुर्भाव से सात सौ वर्ष पहले के आगे नहीं बढ़ता। इन ग्रंथों से विदित है कि कोशल देश में सरयू तट पर एक नगर अजोझा (अयोध्या का प्राकृत रूपांतर) बसा हुआ था। यही साकेत भी था। मध्यकालीन संस्कृत साहित्य से साकेत और अयोध्या पर्यायवाची हैं। महाकवि कालिदास रघुवंश सर्ग 9 में राजधानी को अयोध्या[4] और सर्ग 16 में साकेत[5] लिखता है, और यह कौन कहेगा कि श्री रघुनाथ जी के विवाह के समय का नगर उनके वनवास से लौटते समय के नगर से भिन्न था। बुद्धदेव के समय में दोनों नगर विद्यमान थे। संभव है कि दोनों पास-पास हों जैसे इंगलिस्तान (इंग्लैंड) में लंदन और वैस्टमिंस्टर हैं। हम यह भी अनुमान करते हैं कि बुद्धदेव के निवास स्थान के आस-पास जो बस्ती

बसी वह साकेत कहलाई और पुराना नगर ब्राह्मण धर्मानुसारी बना रहा। यही बात विशाखा जी के मठ के पास की बस्ती के विषय में कही जा सकती है।

बौद्धग्रंथों से यह भी विदित है कि बुद्ध भगवान ने अपने सूत्र अंजन बाग में सुनाए थे और यह बाग अयोध्या ही में था। सूर्यवंश के इतिहास में यह लिखा जा चुका है कि कोशलराज की राजधानी अयोध्या से उठकर श्रावस्ती को चली गई थी। बौद्ध ग्रंथों में श्रावस्ती के राजा कोशल कहलाते थे। इसमें कोई विचित्रता नहीं। महाभारत के पीछे जो सूर्यवंशी राजा हुए उसमें हिरण्यनार्भ को विष्णुपुराण में कौशल्य लिखा है। उनका राज्य उत्तर की पहाड़ी से लेकर दक्षिण गंगा तट तक और पूर्व गंडक नदी तक फैला हुआ था और बनारस भी इसी के अंतर्गत था। सच तो यह है कि कोशलराज और मगधराज दोनों बनारस के लिए सदा लड़ा करते थे। बुद्धदेव से पहले कोशल राजा कंक, देवसेन और कंस ने कई बार बनारस पर आक्रमण किया। अंत को कंस ने उसे जीत लिया और इसी से वाराणसीविजेता उसका एक विरुद है। ई. पू. सातवीं शताब्दी में शाक्यों ने भी कोशल की अधीनता स्वीकार कर ली थी।

बौद्धमत के प्रचार से पहले कोशलराज के अंतर्गत आजकल का सारा संयुक्त प्रांत ही नहीं वरन् इससे कुछ अधिक था। इस बड़े राज्य की समृद्धि से व्यापारी सुरक्षित होकर इसकी एक ओर से दूसरी ओर तक जाते और राज-कर्मचारी इधर-उधर फिरा करते थे। इन्हीं राष्ट्रीय प्रबंधों से परिव्राजकों की संस्था की उन्नति हुई। कोशल राज से पहले परिव्राजकों का होना पाया नहीं जाता और इसमें संदेह नहीं कि इन्हीं परिव्राजकों ने सारे देश में एक राष्ट्र-भाषा के साहित्य का प्रचार किया जो कोशलराज की छत्रछाया में उत्तरोत्तर उन्नति पाता रहा।

यह साधारण भाषा एक बातचीत की भाषा थी। इसका आधार राजधानी श्रावस्ती के आस-पास की बोली था। इसी को कोशलराज के कर्मचारी बोलते थे। व्यापारी और पढ़े-लिखे सभ्य लोग केवल कोशलराज ही में नहीं वरन् पूर्व से पश्चिम और पटना से दिल्ली तक और उत्तर दक्षिण श्रावस्ती से उज्जैन तक सब की यही बोली थी। परंतु यह भी स्मरण रखना चाहिए कि राजधानी श्रावस्ती उठ जाने पर भी साकेत उत्तर भारत के बड़े पाँच नगरों में गिना जाता था। शेष चार, काशी, श्रावस्ती, कौशांबी और चंपा थे।

बुद्धदेव ने अयोध्या में रहकर क्या-क्या काम किए इसका पूरा ब्यौरा हमको नहीं मिला परंतु इतना तो निश्चित है कि अंजन बाग में बौद्धमत के बहुत से सूत्र बतलाए गए थे। बुद्धिष्ट इंडिया (Buddhist India) में अवदान का प्रमाण देकर

यह लिखा है कि अंजन बुद्धदेव के नाना थे। इनके नाम का बाग अयोध्या में कैसे बना यह जानना कठिन है।

अब हम प्रसेनजित के पूर्व पुरुषों पर विचार करेंगे। महाभारत के पीछे जो सूर्यवंशी राजा हुए उनमें प्रसेनजित सत्ताईसवाँ है। बौद्धमत के ग्रंथों में प्रसेनजित के पिता का नाम महाकोशल है। परंतु महाकोशल का अर्थ है बड़ा कोशल। इससे हमें कोई विशेष लाभ नहीं होता। प्रसेनजित बहुत अच्छा राजा था और उसके राज में जितने धर्मावलंबी थे सब पर बराबर अनुग्रह करता था। और जब इन नए धर्म के प्रचार के आरंभ ही में उसने विशेष रूप से अपने को बौद्धधर्म का अनुयायी बताया तो उसके ऐसे भाव और भी पुष्ट हो गए। यह भी जानने योग्य है कि जब सम्राट् अशोक ने अपनी प्रजा को यह आज्ञा दी थी कि अपने पड़ोसी के धर्म को बुरा न कहें तो उसने भारतीय आर्यों की इस सहनशीलता को और भी बढ़ा कर दिखा दिया। यही कारण है जो अयोध्या में ब्राह्मणधर्म और बौद्धधर्म दोनों साथ-साथ निभते रहे। पर कोशल ही को यह श्रेय प्राप्त हुआ कि इसका पहला राजा था जिसने भगवान् बुद्ध ही से उनके धर्म की दीक्षा ली। यह राजा प्रसेनजित था। हम राकहिल के बुद्धदेव के जीवन-चरित से[6] प्रसेनजित का जीवनचरित उद्धृत करते हैं। प्रसेनजित श्रावस्ती का राजा अरनेमि ब्रह्मदत्त का बेटा था और उसका जन्म उसी समय हुआ था जब बुद्धदेव ने अवतार लिया था। वह बड़ा शक्तिशाली राजा था और उसके पास बहुत बड़ी सेना थी। उसके दो रानियाँ थीं। एक वार्षिका जो मगधराज बिंबिसार की बहन थी और दूसरी कपिलवस्तु के शाक्य महानामा की बेटी मल्लिका थी, जो अपनी चतुराई और अद्‌भुत स्पर्श के लिए प्रसिद्ध थी। दोनों के एक-एक पुत्र हुआ। वार्षिका का बेटा जेत और मल्लिका का विरूधक था। श्रावस्ती का एक धनी व्यापारी सुदत्त राजगृह में जाकर एक ऐसे सज्जन के यहाँ ठहरा जिसने बुद्धदेव को भोजन के लिए नेवता दिया था। सुदत्त बुद्ध जी का नाम सुनकर उनसे मिलने के लिए जिस आम के बाग में उनका डेरा था वहाँ गया और उनका चेला हो गया। उसने बुद्धदेव से श्रावस्ती आने के लिए कहा। श्रावस्ती में कोई बिहार न था। इसलिए बुद्ध जी के लिए उसने एक विहार बनाने का निश्चय किया। विहार बनाने के लिए जेत के बाग में एक जगह ठीक हुई। जेत ने इसका बहुत मूल्य माँगा। उसने इतनी मोहरें माँगीं जितनी उस धरती पर बिछ सकें। सुदत्त मान गया और मोहरें बिछने लगीं। परंतु मोहरें सारी जगह बिछ न सकी थीं कि जेत ने सोचा जो जगह बची है, वह बुद्धजी को भेंट कर दी जाए और उसने उस जगह पर एक दालान बनवाकर संघ को दे दिया। तब से उस जगह का नाम जेतवन पड़

गया। प्रसेनजित यहीं पर बुद्धदेव के दर्शन को आया था और कुमारदृष्टांत-सूत्र नामक उनका व्याख्यान सुनकर बौद्ध हो गया। उसके थोड़े दिनों के पीछे उसने कपिलवस्तु के शाक्य राजा शुद्धोधन के पास कहला भेजा, "हे राजा, बधाई है तुम्हारे पुत्र ने अमृत प्राप्त कर लिया है, और उससे मनुष्य मात्र को तृप्त कर रहा है।" शुद्धोधन ने बुद्धजी को कई बार बुलावा भेजा। जब न्यग्रोद्धाराम बन चुका तो बुद्धजी वहाँ गए और केवल राजा ही को नहीं वरन अपने पुत्र और स्त्री को भी बौद्ध-धर्म की दीक्षा दी।

इसी बीच में मगध के राजा बिंबिसार ने भी दीक्षा ले ली। उनकी रानी वासवी विदेह घराने की कन्या थी। उसका एक पुत्र अजातशत्रु था। ऐसा जान पड़ता था कि बुद्ध के विरोधी देवदत्त ने जिसने अपना एक नया अलग पंथ निकाला था अजातशत्रु को जब वह सयाना हुआ तो यह पट्टी पढ़ाई कि अपने बाप को मार कर राज्य ले लो। उसके पिता बिंबिसार ने उसको संतुष्ट करने के लिए उसको बहुत-सा राज्य दिया पर उसका जी न भरा। तब राजा ने राजगृह भी दे डाला केवल कोश अपने अधीन रखा। किंतु देवदत्त ने अजातशत्रु से कहा कि राजा वही है जिसके पास कोश हो। तब अजातशत्रु की बातों पर राजा ने कोश भी दे दिया। केवल इतनी प्रार्थना की कि इस दुष्ट देवदत्त का साथ छोड़ दो। इस पर क्रुद्ध होकर अजातशत्रु ने अपने पिता को बंदी-गृह में डाल दिया जिससे वह भूखों मर जाए। पर वैदेही रानी को वहाँ जाने की आज्ञा थी और वह वहाँ एक कटोरे में खाना ले जाती थी। जब कारागार के नौकरों से राजा को यह मालूम हुआ तो उसने हुक्म दिया कि यदि रानी भोजन ले जाएगी तो उसको प्राणदंड दिया जाएगा। तब रानी ने एक चाल चली। अपने शरीर पर वह खाने की चीजों का एक लेप लगाकर और अपने पोले कड़ों में पानी भरकर वहाँ जाने लगी। और इस तरह राजा को उसने जीवित रखा। यह चाल भी खुल गई और उसको फिर राजा के पास जाने की आज्ञा न रही। तब बुद्धदेव गिद्ध टीले पर जाकर राजा को दूर से देखने लगे और उनको देखकर राजा कुछ दिनों तक जीवित रहे। अजातशत्रु को जब यह बात मालूम हुई तब उसने खिड़की चुनवा दी और पिता के तलवों को दगवा दिया।

इसके पीछे अजातशत्रु गद्दी पर बैठा। इस पाप के कारण उसका प्रसेनजित से बिगाड़ हो गया। लड़ाई में विजय कभी एक ओर होती थी कभी दूसरी ओर। कहा जाता है कि एक बार अजातशत्रु पकड़ा गया और हथकड़ी बेड़ी पहना कर शत्रु की राजधानी में भेज दिया गया। अंत में संधि हो गई और कोशल-राजघराने की एक लड़की का विवाह मगध के राजा से हो गया।

एक बार बुद्ध जी जब राजगृह गए तब अजातशत्रु ने अपने पिता के मरने का पश्चात्ताप किया और उनका चेला हो गया। बिंबिसार की भाँति प्रसेनजित की मृत्यु भी शोचनीय रही। प्रसेनजित बुड्ढा हो गया था और कोशलराज पाने के लिए विरूधक की उत्कंठा बढ़ती जाती थी। विरूधक एक दिन शिकार खेलता कपिलवस्तु के निकट शाक्यों के एक बाग में घुस गया। इससे शाक्य बहुत बिगड़े और उसके वध का प्रयत्न करने लगे। परंतु वह निकल भागा और शाक्यों से बदला लेने को बहुत से सिपाही लेकर उसी बाग में फिर घुस गया। शाक्यों को उनके बड़े बूढ़ों ने बहुत समझाया परंतु उन्होंने न माना और विरूधक को मारने पर उतारू हो गए। जब विरूधक ने सुना कि कपिलवस्तु के शाक्य उसको मारने को आ रहे हैं तो उसने अपने एक सिपाही से कहा, "हम सेना समेत छिप जाते हैं। तुमसे शाक्य लोग कुछ पूछें तो कहना कि चले गए।" जब शाक्य लोग बाग में पहुँचे और विरूधक को न पाया तो उस सिपाही से बोले, "यह लौंडी-बच्चा कहाँ गया?" सिपाही ने कहा, "भाग गए।"

कुछ शाक्य कहने लगे, "हम उसे पकड़ पाते तो उसके दोनों हाथ काट डालते।" किसी ने कहा "हम उसके पाँव काट डालते।" कोई बोला, "हम उसे जीता न छोड़ते, अब वह भाग गया तो क्या करें।" इस पर उन्होंने कहा, "यह बाग अशुद्ध हो गया, इसको शुद्ध करना चाहिए। जहाँ-जहाँ उस नीच के पाँव पड़े हैं वहाँ मिट्टी डाल दो। जिस दीवार को उसने छुआ है उसे फिर से अस्तर करके नई कर दो। बाग भर में दूध और पानी छिड़क दो, सुगंधित जल डाल दो, सुगंध फैला दो और अच्छे-से-अच्छे फूल बिछा दो।"

विरूधक के सेवकों ने शाक्यों की सारी बातें उससे कहीं। इस पर विरूधक आग-बबूला हो गया और बोल उठा, "पिता के मरने पर हम राजा होंगे तो हमार पहला काम यह होगा कि हम शाक्यों को मार डालेंगे। तुम सब हमारे इस संकल्प में सहायता करने की प्रतिज्ञा करो।"

इसके पीछे वह अपने पिता के विरुद्ध षड्यंत्र रचने लगा। उसने प्रसेनजित से पाँच सौ सभासदों को मिला लिया, अकेले दीर्घाचार्य ने न माना। कुछ दिन पीछे दीर्घाचार्य भी उसके पक्ष में आ गया, और अपने स्वामी से अपने मन का भाव छिपाए रहा। एक दिन प्रसेनजित एक रथ में बैठकर जिसका सारथी वहाँ दीर्घाचार्य था, बुद्धदेव के दर्शन को एक शाक्य नगर में चला गया। जब वह नगर के पास पहुँचा तो उसने राजचिह्न छत्र-चमर आदि दीर्घाचार्य को इस विचार से दे दिए कि गुरु के सामने विनीत भाव से जाना चाहिए। वह वंचक दीर्घाचार्य तुरंत श्रावस्ती लौट गया और उसने

राजचिह्न विरूधक को दे दिए और विरूधक कोशलराज के सिंहासन पर बैठ गया। राजा प्रसेनजित बुद्धदेव के दर्शन करके लौटे तो उनको विदित हुआ कि दीर्घाचार्य ने धोखा दिया और वह पैदल राजगृह की ओर चले। यहाँ उनकी दोनों रानियाँ, वार्षिका और मल्लिका मिलीं। जान पड़ता है कि विरूधक ने उनको निकाल दिया था और दोनों अपने पति की विपत्ति बँटाने राजगृह जा रही थीं। उन्हीं से प्रसेनजित ने जाना कि विरूधक राजा बन बैठा है। प्रसेनजित ने मल्लिका से कहा कि तुम अपने बेटे के साथ राज का सुख भोग करो और उसे समझा-बुझाकर श्रावस्ती लौटा दिया। वार्षिका के साथ प्रसेनजित राजगृह की ओर गया और दोनों राजा अजातशत्रु के एक बाग में ठहरे। प्रसेनजित का राजगृह आने का समाचार देने वार्षिका अजातशत्रु के पास चली गई। पहले तो अजातशत्रु कुछ डरा परंतु जब उसे यह विदित हुआ कि प्रसेनजित राज्यच्युत होकर अकेला अपनी रानियों के साथ राजगृह आया है तो उसके उचित अतिथि सत्कार का प्रबंध करने लगा। इसमें देर हुई और भूखा प्यासा प्रसेनजित एक शलजम के खेत में चला गया जहाँ किसान ने उसे कुछ शलजम उखाड़कर दिए। भूख का मारा प्रसेनजित उन्हें जड़ पत्ते समेत चबा गया और पानी पीने एक तालाब पर पहुँचा। पानी पीते ही उसके पेट में पीड़ा उठी और उसके हाथ-पाँव ऐंठने लगे। वह सड़क की पटरी पर गिर पड़ा जहाँ गाड़ियों की धूल इतनी उड़ रही थी कि वह दम घुटकर मर गया।

राजा अजातशत्रु को प्रसेनजित की लाश सड़क पर मिली और उसकी अंत्येष्टि क्रिया उसने योग्यतानुसार कराई। रानी वार्षिका ने राजगृह ही में अपने दिन काटे। विचित्र बात यह है कि बुद्धदेव के पहले दो बड़े शिष्यों को उनके बेटों ही ने मार डाला। हमारी समझ में यह आता है कि दोनों धर्मभ्रष्ट और ब्राह्मणों के पक्षपाती थे। ब्राह्मण उन दिनों प्रबल थे और अपनी प्रभुता पर जिस बात से किसी प्रकार का धक्का लगने की संभावना जानी उसको समूल नष्ट करने में कुछ उठ न रखा।

बौद्धग्रंथों में यह भी लिखा है कि प्रसेनजित का एक बेटा तिब्बत पहुँचा और उस देश का पहला राजा हुआ। यह राजा सनंग सेतसेन के अनुसार ई. पू. 313 में सिंहासन पर बैठा। अब्न था-सेल-की-मी लाँग इसका राजत्व काल ई. पू. 416 के पीछे लिखता है। हम इसको ठीक मानते हैं यद्यपि इसमें भी बाप-बेटे के समय में डेढ़ सौ बरस का अंतर पड़ता है। हम समझते हैं कि तिब्बत का पहला राजा प्रसेनजित का कोई वंशज था। उसके बेटे विरूधक ने शाक्यों का वध किया था वह बौद्धों का आश्रयदाता कैसे हो सकता है? और न इस बात का प्रमाण मिलता है कि सूर्यवंश में उसका कोई उत्तराधिकारी इस नए धर्म का पक्षपाती था। सूर्यवंश के

पीछे शिशुनाक वंश के राजा नंदिवर्द्धन के विषय में कहा जाता है कि उसने अयोध्या में एक स्तूप बनवाया जो अब मणिपर्वत के नाम से प्रसिद्ध है। सम्राट् अशोक ने विस्तृत राज्य में तीन बरस के भीतर 84000 स्तूप बनवाए थे। उनसे अयोध्या कैसे वंचित रह सकती थी ? पुरातत्वज्ञान ही की खोज से खुदाई की जाए तो यह निश्चय हो सकता है कि शाहजूग्न का टीला और सुग्रीव पर्वत आदि टीले जो अयोध्या में फैले हुए हैं अशोक के बनाए स्तूपों के भग्नावशेष हैं। अयोध्या में पत्थर नहीं हैं और ईंट चूने का काम कानपुर के भीतरी गाँव के मंदिर की भाँति राह से हटा हुआ न हो तो सुगमता से खुद कर नए मकानों के बनाने में काम आ जाता है।

पुष्यमित्रवंशी बौद्ध धर्म के बैरी थे। इनके पीछे गुप्तों के राज्य में हम सुनते हैं कि महायान संप्रदाय का गुरु वसुबंधु पुस अयोध्या में रहता था। वसुबंधु कौशिक ब्राह्मण पुरुषपुर (पेशावर) का रहनेवाला था। उसने अयोध्या में आकर विक्रमादित्य को अपना चेला बनाया। विक्रमादित्य के मरने पर युवराज बालादित्य और उसकी माता दोनों ने जो वसुबंधु के चेले थे, उसे अयोध्या बुलाया और यहीं वह अस्सी बरस की अवस्था में मर गया।

जापान के सुप्रसिद्ध विद्वान् तकाक्सू निश्चित रूप से कहते हैं कि यह विक्रमादित्य, स्कंधगुप्त था जिसने ई. 452 से ई. 480 तक राज किया और उसका उत्तराधिकारी बालादित्य ई. 481 में सिंहासन पर बैठा था। डाक्टर विंसेंट स्मिथ ने भी इस पर विचार किया है। उनका यह मत है कि समुद्रगुप्त ने वसुबंधु को या तो अपना मंत्री बनाया या अंतरंग सभासद किया। इसमें उसका पिता प्रथम चंद्रगुप्त भी सहमत था। स्मिथ साहब का यह भी मत है कि चंद्रगुप्त ने अपनी किशोरावस्था में बौद्धधर्म सीखा था और उसका पक्षपाती था यद्यपि ऊपर से ब्राह्मण धर्मानुयायी बना हुआ था।

चंद्रगुप्त द्वितीय के समय में पहला चीनी यात्री फाहियान अयोध्या में आया था। वह अयोध्या को शाची कहता है जो चीनी भाषा में साकेत का रूपांतर है। उसकी यात्रा का निम्नलिखित वर्णन जेम्स लेग (James Legge) के फाहियान्स ट्रेवल्स (Fahian's Travels) में दिया हुआ है जिसका अनुवाद यह है—

'यहाँ से तीन योजन दक्षिण पूर्व चलने पर शाची का विशाल राज्य मिला। शाची नगर के दक्षिण फाटक से निकलकर सड़क के पूर्व वह स्थान है जहाँ बुद्धदेव ने अपनी दतून गाड़ दी थी। वह जम गई और सात हाथ ऊँचा पेड़ होकर रुक गया, न घटा न बढ़ा। विरोधी ब्राह्मण बहुत बिगड़े।'

दूसरा चीनो यात्री ह्वानच्वांग है जो बैस राजा हर्षवर्द्धन के समय में भारतवर्ष की

यात्रा को आया था और उसी के सामने प्रयागराज में हर्षवर्द्धन ने बड़ा मेला कराया जिसमें सब बड़े-बड़े धार्मिक संप्रदायों के विद्वान् उपस्थित थे। उसकी यात्रा का वर्णन उपसंहार द और ध में दिया हुआ है। ह्वानच्वांग ने दो नगर लिखे हैं पिसोकिया जो विशाखा का चीनी रूप है और अद्धूटो (अयोध्या)। दोनों नगर मिले हुए थे परंतु भिन्न थे। संभव है कि यात्री पहले एक नगर में आया फिर घूमता फिरता दूसरे नगर में पहुँचा। उसने भी दतून के विषय में वही बात लिखी है जिसका उल्लेख ऊपर हो चुका। उसके वर्णन से यह विदित है कि ह्वानच्वांग की यात्रा के समय अयोध्या में बौद्धमत फैला हुआ था। इस यात्री के प्रभाव से हर्षवर्धन बौद्ध हो गया था, परंतु गुप्तों के जाने पर अयोध्या में जो परिवर्तन हुआ, वह चटपट नष्ट कैसे हो सकता था। हमारा अनुमान यह है कि गुप्तवंश के अंतिम राजा पर वसुबंधु का जो प्रभाव पड़ा वह डेढ़ सौ बरस तक स्थिर रहा।

इसके पीछे ईसवी सन् की दसवीं शताब्दी के अंत और ग्यारहवीं शताब्दी के आदि में फिर सुना जाता है कि अयोध्या में बौद्धधर्मावलंबी शासक था। बंगाल, बिहार और अवध पाल-साम्राज्य के अंतर्गत थे और पाल राजा बौद्ध थे। अंतिम राजा का नाम महीपाल था। ग्यारहवीं शताब्दी के आदि में एक बड़ी राज्यक्रांति हुई। बिहार महीपाल के उत्तराधिकारियों के अधिकार में बौद्धधर्मावलंबी रह गया और महीपाल के पुत्र चंद्रदेव के शासन में अवध में ब्राह्मण धर्म स्थापित हो गया जैसा कि आजतक है।

संदर्भ—

1. Garden of India pp. 64, 65.
2. जैसे गम्=जाना; आ+गम्=आना।
3. उपसंहार
4. पुरमविशदयोध्याम्।
5. साकेतनार्योऽञ्जिलिभिः प्रणेमुः
6. Rockhill's life of Buddha.

□

अयोध्या के गुप्तवंशी राजा

ईस्वी सन् की तीसरी और चौथी शताब्दी में अयोध्या उजड़ी पड़ी थी। इस राजधानी का पता लगाना कठिन था; और जब विक्रमादित्य ने इसका जीर्णोद्धार करना चाहा तो उसकी सीमा निश्चित करना दुस्तर हो गया। लोग इतना ही जानते थे कि यह नगर कहीं सरयूतट पर बसा हुआ था और उसका स्थान निश्चय करने में विक्रमादित्य का मुख्य सूचक नागेश्वरनाथ का मंदिर था जिसका उल्लेख प्राचीन पुस्तकों में मिला। इन्हीं पुस्तकों में और भी स्थानों का पता मिला जिनके दर्शनों को आज तक हजारों यात्री दूर-दूर से आते हैं।

यह विक्रमादित्य गुप्तवंश का चंद्रगुप्त द्वितीय ही हो सकता है। डॉक्टर विंसेंट स्मिथ कहते हैं कि भारत की जनश्रुतियों और कहानियों में जिस विक्रमादित्य का नाम बहुत आता है वह यही हो सकता है, दूसरा नहीं। चंद्रगुप्त पहले शैव था पीछे से भागवत हो गया और अपने शिला-लेखों में अपने को परम भागवत कहने में अपना गौरव समझता है। इसमें संदेह नहीं कि मौर्य सम्राट गुप्तों से भी बड़े साम्राज्य पर पुरानी राजधानी पाटलिपुत्र से शासन करते थे, परंतु इसके सुदूर पूर्व से होने से कुछ-न-कुछ असुविधा होती ही थी। कुछ मध्य में होने से और कुछ इस कारण से कि चंद्रगुप्त भागवत हो गया था, राजधानी अयोध्या को उठाकर लाई गई। आजकल अयोध्या में गुप्त-राज्य का स्मारक केवल जन्म स्थान की मसजिद के कुछ खंभे हैं।

गुप्त पाटलिपुत्र से आए थे। प्राच्य-विद्या-विशारद लोग इस बात को भूल जाते हैं कि भारत के सम्राट अपने प्रतिनिधि-भोगपतियों पर इतना विश्वास नहीं करते थे जितना अंग्रेजी सरकार करती है। मुगल सम्राटों के अविकृत पश्चिम के प्रांतों पर लाहौर से शासन किया जाता था और अकबर और जहाँगीर दोनों वहाँ साल में कई महीने रहते थे। पठान सम्राटों के इतिहास से उन्हें विदित हो गया था कि भोगपति अपनी मनमानी करने पाते तो स्वतंत्र राजा बन बैठते। अशोक ने

राजूकों[1] को पूरे अधिकार दे दिए थे। राजूक अंग्रेजी राज के कमिश्नर के पद के रहे हों या गवर्नर के अशोक को अनुभव से यह विदित हो गया था कि अपनी प्रजा राजूकों को सौंपकर वह ऐसा निश्चिंत रहता था जैसे कोई अपना बच्चा चतुर धाय को सौंपकर सुचित्त हो जाता है। समुद्रगुप्त की एक राजधानी झूँसी में थी जो इलाहाबाद के सामने गंगा के उस पार अब एक छोटा सा गाँव है और उसके बनाए हुए दुर्ग के पत्थर कुछ तो अकबर के किले में लग गए और कुछ अब तक गाँव में इधर-उधर पड़े हैं। झूँसी का प्रसिद्ध कुआँ समुद्रकूप दुर्ग के भीतर रहा होगा। बी.एन. डबल्यू. रेलवे लाइन के पास हँसतीर्थ से छतनगा तक गंगा के उत्तर तट पर पैदल चलने का कष्ट उठाया जाए और आँखें खुली रहें तो अब तक खंड मिलते हैं जिनमें पक्की नेवे दिखाई पड़ती हैं। जिस स्तंभ के ऊपर हरिषेण की प्रशस्ति खुदी है वह पहले कौशांबी में रहा हो परंतु जब यह प्रशस्ति खोदी गई तो प्रयाग ही में था। चंद्रगुप्त द्वितीय विक्रमादित्य ई. 375 में सिंहासन पर बैठा और ई. 315 में उसने मालवा जीता जिसकी राजधानी उज्जयिनी थी। मालवा अत्यंत समृद्ध प्रांत था और उस देश की, वहाँ के रहनेवाले और वहाँ के शासन की बड़ाई चीनी यात्री फाहियान करता है, जो इसी विक्रमादित्य के शासन काल में भारत-यात्रा को आया था। डॉक्टर विंसेंट स्मिथ का कथन है कि सौराष्ट्र और मालवा प्रांतों को जीतने से सम्राट् को बड़े धनी और उपजाऊ सूबे तो मिल ही गए, पश्चिमी समुद्र तट पर बंदरगाहों की भी राह खुल गई और जल-मार्ग द्वारा मिश्र की राह से यूरोप के साथ व्यापार होने लगा और उसकी सभा और उसकी प्रजा दोनों को पाश्चात्य यूरोपीय विचारों का ज्ञान हो गया जिसे सिकंदरिया के व्यापारी अपने माल के साथ लाते थे।

इससे हमारे इस अनुमान की पुष्टि होती है कि चंद्रगुप्त द्वितीय की राजधानी उज्जैन में भी थी और उज्जैन ही से वह अयोध्या आया था जिसका वर्णन उसकी सभा के महाकवि ने अपने रघुवंश काव्य के सर्ग 16 में किया है। इस यात्रा में उसने विंध्याचल को पार किया[2] और हाथियों का पुल बनाकर गंगा उतरा।[3]

अवध गजेटियर में विक्रमादित्य के राज-काल की एक और जन-श्रुति लिखी है। वह यह है कि राजा विक्रमादित्य ने अयोध्या में अस्सी वर्ष राज किया। यह मान लिया जाए कि राजधानी अयोध्या में ई. 400 में आई तो अस्सी वर्ष ई. 480 में बीत गये होंगे, जब कि प्रोफेसर तकाक्सू के अनुसार गुप्तराज का अंत हो गया।

परंतु प्रोफेसर तकाक्सू के अनुमान से एक और बात सिद्ध होती है। बालादित्य बसुबंधु का चेला था और उसे अयोध्या से कोई अनुराग न था जैसा कि चंद्रगुप्त विक्रमादित्य को था। कुछ हूणों के आक्रमण से कुछ कुमारगुप्त के उत्तराधिकारियों

की निर्बलता से गुप्त राजा फिर पुरानी राजधानी को लौट गया, और अयोध्या पर जोगियों अर्थात् ब्राह्मण साधुओं का अधिकार हो गया और इन लोगों ने बल पाकर अयोध्या में निर्बल बौद्ध साम्राज्य का रहना कठिन कर दिया। हम यहाँ एक बात और कहना चाहते हैं जो इन लोगों के ध्यान में नहीं आ सकती जो अयोध्या के रहनेवाले नहीं हैं। जिस टीले पर जन्म स्थान की मसजिद बनी है उसे यज्ञ-वेदी कहते हैं। ई. 1877 में गोविंद द्वादशी के पहले जब कि मसजिद के भीतर बहुतेरे कुचलकर मर गए थे और गली चौड़ी की गई और टीले पर अस्तर करा दिया गया, इस टीले में से जले-जले काले-काले चावल खोदकर निकाले जाते थे और कहा जाता था कि ये चावल दशरथ के पुत्रेष्टि यज्ञ के हैं। हम इनको उस यज्ञ के चावल समझते हैं जो चंद्रगुप्त विक्रमादित्य ने राजधानी के जीर्णोद्धार के समय किया था। प्रसिद्ध है कि विक्रमादित्य ने अयोध्या में 360 मंदिर बनवाए थे। अब उनमें से एक जन्म स्थान का मंदिर मसजिद के रूप में वर्तमान है।

अवध में गुप्तराज का दूसरा चिह्न गोंडे के जिले में देवीपाटन का टूटा मंडप है।

अयोध्या के इतिहास को कवि कालिदास के जीवन-काल पर विचार से कोई विशेष लगाव नहीं है। परंतु यह मान लिया जाए कि वह महाकवि विक्रमादित्य चंद्रगुप्त की सभा का एक रत्न था तो वह अपने आश्रयदाता के साथ अवश्य अयोध्या आया होगा। हम कुछ अपने विचार इस विषय में यहाँ लिख देते हैं। परंतु हमें कोई विशेष आग्रह इनके ठीक होने का नहीं है। इसकी विवेचना फिर कभी की जाएगी।

महाकवि कालिदास के लेखों से विदित होता है कि वे किसी सूखे पहाड़ी और रेतीले देश के रहनेवाले थे। यही हमारे गुरुवर महामहोपाध्याय पंडित हरप्रसाद शास्त्री, एम.ए., सी.आई.ई. का मत है। उनकी जन्मभूमि होने का गौरव मंदसोर को प्राप्त हुआ और वह सबसे पहले उज्जयिनी में विक्रमादित्य के दरबार में आए। उनकी प्रतिभा ने उन्हें तुरंत राजकवि के पद पर पहुँचा दिया। हिंदुस्तानी दरबार के कविलोग सदा राजा के साथ रहते हैं और आज-कल भी जब राजा विनोद चाहता है तो उसे समयानुकूल कविता सुनाते हैं। ऐसे अवसरों के लिए ऋतुसंहार के भिन्न-भिन्न खंड रचे गए थे। यहीं उस ज्येष्ठ महाराजकुमार का जन्म हुआ था जो पीछे कुमारगुप्त महेंद्रादित्य के नाम से सम्राट् हुआ और उसी अवसर के स्मरणार्थ सात सर्गों में कुमारसंभव (कुमार का जन्म) काव्य रचा गया। चंद्रगुप्त झूँसी में ठहरा हुआ था; तब कालिदास को पुरूरवस और उर्वशी की कथा की सुध आई और विक्रमोर्वशी नाटक रच डाला गया। नाटक के नाम के आदि में विक्रम शब्द अपने आश्रयदाता के नाम को अमर करने के लिए जोड़ा गया।

और आर्य राजाओं की भाँति, गुप्तराजा भी मृगया के बड़े व्यसनी थे। चंद्रगुप्त विक्रमादित्य के एक सिक्के में राजा बाण से एक सिंह मार रहा है। अभिज्ञानशाकुंतल का नायक दुष्यंत जिस वन में शिकार खेलने जाता है उसमें बनैले सूअर (वराह), अरने (महिष) और जंगली हाथी भी हैं। यह स्थान आजकल के बिजनौर प्रांत के उत्तर का हिस्सा है। यहीं मालिनी (आजकल की मालिन) गढ़वाल की पहाड़ियों से निकल कर घूमती हुई गंगा में गिरती है। बूढ़ी गंगा के तट पर हस्तिनापुर यहाँ से 50 मील है। जब हस्तिनापुर जाने लगता है तो राजा दुष्यंत शकुंतला को एक अँगूठी देता है जिसके नगीने पर उसका नाम खुदा हुआ है। गुप्तकाल में जो देव नागरी लिपि प्रचलित थी उसमें दुष्यंत में पाँच अक्षर होते हैं, द ष य न त। विदा होते समय नायक शकुंतला से कहता है कि प्रतिदिन एक-एक अक्षर गिनना और पाँचवें दिन जब पाँचवाँ अक्षर गिनोगी तो तुमको हस्तिनापुर ले जाने के लिए सवारी आएगी। कालिदास का भौगोलिक ज्ञान बहुत ठीक रहता है और राजा का कहना तभी ठीक उतरेगा जब कण्व का आश्रम बिजनौर की पहाड़ियों में माना जाएगा। इसी आश्रम के पास चंद्रगुप्त-द्वितीय अपने राजकवि के साथ अहेर को गया था। राजा धन्वी तो था ही, बड़ा बलवान भी था। वह हाथी की भाँति पहाड़ पर चढ़ता उतरता है।* बनरखों को आधी राज के पीछे हँकवा कहने की आज्ञा थी। दिन के अहेर के पीछे जो जंतु मारे जाते थे उन्हें भून कर राजा के साथ सभासद भी दिन में समय कुसमय खाते थे। यह सब चंद्रगुप्त को अच्छा लगता रहा हो परंतु महाकवि की रुचि के प्रतिकूल था। उसको हँकवे के कारण सोते से जागना बुरा लगता था। कहाँ राज-सदन का स्वादिष्ट भोजन और कहाँ बन का खाना; कहाँ कोमल गद्दे पर सोना और कहाँ वन में पयाल पर पड़ना, सो भी नींद भर सोने न पाना। यही बातें उसने नाटक में विदूषक के मुँह से कहलाई हैं।

यह भी विचित्र बात है कि कृष्ण रुक्मिणी के नाम पहले नाटक मालविकाग्नि में हैं परंतु दो बड़े नाटकों (अभिज्ञानशाकुंतल और विक्रमोर्वशी) में विष्णु के अवतारों का कहीं नाम नहीं। इससे यह अनुमान किया जाता है कि यह दोनों चंद्रगुप्त के भागवत होने से पहले लिखे गए थे और इसमें भी संदेह नहीं कि चंद्रगुप्त उज्जयिनी ही में भागवत हो गया था।

राजा के धर्म बदलने के पीछे संस्कृत साहित्य का दूसरा रत्न मेघदूत रचा गया। मेघ की यात्रा रामगिरि से आरंभ होती है जिसको वनवास में श्रीराम जानकी के निवास का श्रेय है। चित्रकूट पर्वत में उनके जगवंद्य चारण चिह्न हैं। दूत मेघ को हनुमान की उपमा दी गई है और यज्ञ की स्त्री को सीता की* कालिदास को उज

जयिनी से प्रेम था, उसका आश्रयदाता भी उसे चाहता था इसलिए वह उज्जयिनी को कैसे छोड़ सकता था। उज्जयिनी मेघ की उस राह में नहीं है जो प्रकृति के अचल नियमों ने उसके लिए बना रखी है, परंतु मेघ को अपनी राह से भटककर उज्जयिनी जाने को कह रहा है[4] और उसे यह सूचना दे रहा है कि न जाओ तो तुम्हारा जीना अकारथ है।[5]

इसके पीछे अयोध्या में दरबार उठ आया और कालिदास हमारी पावन पुरी में पहुँचा। यहाँ उसने संस्कृत भाषा का सर्वोत्तम महाकाव्य रघुवंश रचना आरंभ किया और इसमें उस प्रसिद्ध तेजस्वी राजवंश की मुख्य बातें लिखीं जो सूर्य भगवान से निकला और जिसमें साठ प्रतापी और अनिंद्य राजाओं के पीछे मर्यादापुरुषोत्तम श्रीरामचंद्र ने अवतार लिया। इनके पीछे इसमें अग्निवर्ण तक सूर्यवंशी राजाओं का संक्षिप्त वर्णन है।

कालिदास अपने स्वामी के साथ हिमालय की तरेटी में देवीपाटन गया था और उसने पहले और दूसरे सर्गों में पर्वत का दृश्य लिखा है। उसे चंद्रगुप्त द्वितीय के दिग्विजय का पूरा ज्ञान था जिसका उसने सर्ग 4 में वर्णन किया। उसने झूँसी के किले से गंगा और यमुना का संगम देखा था (जहाँ से अब भी संगम का दृश्य सबसे अच्छा दिखाई पड़ता है) और सर्ग 13 में उसकी छटा दिखाई। वह अपने स्वामी के साथ उज्जैन से अयोध्या आया था, अयोध्या की उजड़ी दशा उसने अपनी आँखों से देखी थी, वह अयोध्या में राजधानी स्थापन करते समय भी उपस्थित था जिसका विवरण सर्ग 16 में है।

दुर्भाग्यवश रघुवंश समाप्त न हो सका। महाकवि के पास जगन्नियंता का बुलावा आ गया और उसने अपनी अमर आत्मा को अपने इष्टदेव युगल सरकार को सौंपकर सरयू वास लिया और अपनी अमूल्य रचना को केवल भारतवासियों के लिए नहीं वरन् सारे सभ्य संसार के लिए उत्तम साहित्य का अक्षय धन छोड़ गया।

संदर्भ—

1. पाश्चात्य विद्वानों का यह मत है कि राजूक कुछ दिन बीते दिविर कहलाए पीछे इनका नाम कायस्थ पड़ गया।
2. व्यजंघयद् विन्ध्यमुपायनानि पश्य पुलिन्दै रुपपादितानि।
3. तीथे तदीये गजसेसुतबन्धात् प्रतीपंगामुप्तरतोऽय गङ्गाम्।
4. वक्र: पंधा यदपि भवतो प्रस्थितस्योत्तराशाम्।
5. वंचितोऽसि।

□

अयोध्या के जोगी, बैस, श्रीवास्तव्य, परिहार और गहरवार वंशी राजा

जोगी—'जनश्रुति यह है कि राजा विक्रमादित्य ने अयोध्या में 80 बरस राज किया; उसके पीछे समुद्रपाल योगी ने जादू से राजा के जीव को उड़ा दिया और आप उसके शरीर में प्रविष्ट होकर राजा बन बैठा। जोगियों का राज 17 पीढ़ी तक रहा। उन्होंने 643 बरस राज किया। इसमें एक-एक राजा का शासन काल बहुत बड़ा होता है।'[1]

हमारा मत यह है कि अयोध्या में सनातन धर्म का प्रभाव मौर्यों के समय में भी नहीं घटा था। गुप्तों के चले जाने पर यहाँ साधुओं का राज स्थापित हो गया। राजा के शरीर में योगी के घुसने का तात्पर्य यही है कि उसने अपना अधिकार जमा लिया। गुप्तों के राज के अंत से 643 बरस 480+643=1123 में समाप्त होते हैं और यह असंभव है।

बैस—हर्षवर्द्धन के राज में जो ई. 601 से 647 तक रहा, अयोध्या कन्नौज राज के अधीन रही। फैजाबाद जिले के भिटौरा गाँव में प्रतापशील और शीलादित्य के सिक्के मिले हैं। इन दोनों को मुद्राविज्ञान के प्रसिद्ध विद्वान् सर रिचर्ड बर्न प्रभाकरवर्द्धन और हर्षवर्द्धन के उपनाम बताते हैं। चीनी यात्री ने जो इस नगर का वर्णन लिखा है वह उपसंहार में दे दिया गया है।

श्रीवास्तव—(श्रीवास्तव्य)—ई. 647 में हर्षवर्द्धन के मरने पर उसका राज छिन्न-भिन्न हो गया और घाघरा पार के श्रीवास्तव्यों ने राजधानी और उसके आसपास के प्रांत पर अपना अधिकार जमा लिया। यह स्मरण रखने की बात है कि गुप्तों के चले जाने पर अयोध्या का शासन सुदूर की राजधानी से होता था और श्रीवास्तव्य, कभी पूरी और कभी अधूरी स्वतंत्रता से ईस्वी सन् की ग्यारहवीं शताब्दी के अंत तक अयोध्या का शासन करते रहे।[2]

परिहार—आठवीं शताब्दी में अयोध्या कन्नौज के परिहारों के शासन में चली गई। परिहारों का राज कन्नौज से 160 मील उत्तर श्रावस्ती से काठियावाड़ तक और कुरुक्षेत्र से बनारस तक फैला हुआ था। इस वंश का सबसे प्रसिद्ध राजा भोजदेव हुआ जिसे आदिवराह भी कहते हैं। यह परमारवंशी राजा भोज से भिन्न था और इसने ई. 840 से 890 तक पचास बरस राज किया। सुलतान महमूद गजनवी की चढ़ाई के समय कन्नौज में परिहार राजा राज्यपाल राज करता था।[3] ई. 1015 में चंद्रदेव गहरवार ने परिहारों को परास्त कर दिया। परिहार वंश के पतन पर गड़बड़ मच गई। उन्हीं दिनों सैयद सालार मसऊद गाजी ने अवध पर आक्रमण किया और बहराइच में अपनी हड्डियाँ सड़ने को छोड़ गया। उस समय अवध अनेक छोटे-छोटे राज्यों में बँटा हुआ था परंतु अवध गजेटियर के अनुसार उसका मुख्य सामना करनेवाले श्रीवास्तव्य थे यद्यपि लोग यही कहते हैं कि राजा सुहेलदेव ने जय पाई थी।

चंद्र के विषय में एक शिलालेख लिखा है कि उसने अनेक शत्रु राजाओं को जीतकर कान्यकुब्ज को अपनी राजधानी बनाया। मिस्टर सी.वी. वैद्य लिखते हैं कि "हर्ष के समय से कन्नौज, भारतवर्ष का रोम अथवा कुस्तुंतुनिया हो रहा है। जो राजा उसे स्वाधिकृत करता वह भारतवर्ष का सम्राट माना जाता।" इस लिए चंद्र ने यद्यपि कन्नौज के प्रतीहारों के आखिरी राजा को आसानी से जीत लिया तथापि अन्य राजाओं ने उसका विरोध किया होगा। चंद्र के दो लेखों में पाँचाल के राजा के लिए 'चपल' विशेषण प्रयोग किया गया है। इससे यह अनुमान किया जाता है कि प्रतीहार राजा दूसरे बाजीराव के समान भागता फिरता था। और चंद्र उसका पीछा करता था। "चंद्र ने कन्नौज का राज लेकर देश को तुर्कों के त्रास से मुक्त किया। ऊपर लिखा जा चुका है कि कन्नौज के प्रतीहार राजा गजनी के सुलतान को कर दिया करते थे। चंद्र ने कर वसूल करनेवालों को मार भगाया। उसने काशी चुशिक (कन्नौज ?) उत्तर-कोशल भी अपने अधीन कर लिया था।

गहरवार वंश का सबसे प्रसिद्ध राजा गोविंद चंद्र था।

गोविंद चंद्र बड़ा प्रतापी राजा था। उसी ने सबसे पहले नरपति, हयपति, गजपति, राज्य विजेता का विरुद ग्रहण किया। इसकी दूसरी राजधानी बनारस थी। उसके युद्ध मंत्री लक्ष्मीधर कायस्थ श्रीवास्तव्य ने व्यवहार कल्पद्रुम नाम का धर्मशास्त्र का ग्रंथ रचा।[4] यह बड़ा दानी राजा था। इसके अब तक 40 दानपत्र मिले हैं।

इस वंश का अंतिम राजा जयचंद भी बड़ा प्रतापी राजा था। उसके नाम

के दो शिलालेख मिले हैं, एक फैजाबाद में मिला था जिसमें सं. 1244 में उसने कुमाली गाँव भारद्वाज गोत्र के ब्राह्मण अलंग को दिया था। इस दानपत्र में विष्णु और लक्ष्मी देवता हैं। दूसरा दानपत्र इलाहाबाद में थोड़े दिन हुए मिला है। इसमें जयचंद, परमभट्टारक इत्यादि राजावली पंचतयोपेत, अश्वपति, गजपति, नरपति, राजत्रपाधिपति, विविध-विद्या-विचार-वाचस्पति कहा गया है।

सन् 1195 में जयचंद मुहम्मद गोरी से लड़ा। उसका हाथी उसे रणभूमि से लेकर भागा और गंगा में डूब गया। जयचंद के मरते ही हिंदू साम्राज्य का सूर्य अस्त हो गया।

संदर्भ—

1. Oudh Gazetteer, Vol. I, Page 3.
2. जान पड़ता है कि ईस्वी सन् की बारहवीं शताब्दी में अयोध्या से श्रीवास्तव्यों के पाँव उखड़े और देश में मुसलमानों का अधिकार हो गया। हम अपनी कायस्थ वर्ण मीमांसा की अंग्रेजी भूमिका में लिख चुके हैं कि हमारे मुसलमान शासकों का भी माल के काम में बिना कायस्थों के काम न चला और मिस्टर पन्नालाल जी, आई.सी.एस., जो श्रीवास्तव्य ही हैं, लिखते हैं कि ईस्वी सन् की तेरहवीं शताब्दी में अयोध्या का एक श्रीवास्तव्य उन्नाव जिले के असोहा परगने का कानूनगो मुकर्रर किया गया था। उन दिनों कानूनगो का वही काम था जो आज-कल डिप्टी कमिश्नर और मुहतमिम बंदोबस्त करता है। इसके पीछे सुना जाता है कि सरयूपार अमोढ़े में श्रीवास्तव्य राजा रहे। चौदहवीं शताब्दी में राजा जगतसिंह सुलतानपुर के सूबेदार थे। ई. 1376 में गोरखपुर के पास राप्ती के तट पर डोमनगढ़ के डोम राजा ने अमोढ़ा परगने के कुरघंड गाँव में एक-पांडे ब्राह्मण से कहा कि हमें अपनी बेटी दे दो। ब्राह्मण ने न माना और डोम ने उसके परिवार को कारागार में बंद कर दिया। लड़की अयोध्या की यात्रा के बहाने राजा जगतसिंह के पास पहुँची और उनसे शरण माँगी। राजा जगतसिंह ने डोम पर चढ़ाई कर दी और उसको मारकर लड़की उसके बाप को सौंप दी। ब्राह्मण लड़की पाकर कृतार्थ हो गया और उसने कहा, 'मैं आप को क्या दूँ, मेरे पास सबसे महँगी वस्तु मेरा यज्ञोपवीत है' और उसने अपना जनेऊ उतारकर राजा के गले में डाल दिया। राजा ने ब्राह्मण का प्रतिग्रह स्वीकार कर लिया और उनके वंशज अब तक अमोढ़ा के पांड़े कहलाते हैं। दिल्ली के सम्राट ने जगतसिंह को अमोढ़ा का राज दे दिया। कुछ दिन पीछे सूर्यवंशियों ने उनकी रियासत बँटा ली तो भी श्रीवास्तव्य बहुत दिनों तक अमोढ़ा के राजा रहे। अयोध्या के निकले हुए और श्रीवास्तव्यों का हाल उपसंहार में है।

   फैजाबाद और उसके पास के जिलों के कायस्थ अब भी ब्राह्मणों और ठाकुरों

के बाद हिंदू समाज के प्रतिष्ठित अंग माने जाते हैं; और पिछले सौ बरस के भीतर उस वंश में प्रसिद्ध पुरुष नवाब आसफद्दौला के मंत्री महाराज टिकैतराय, बलरामपुर के जनरल रामशंकर, फैजाबाद के राय रामशरणदास बहादुर और अयोध्या के आनरेवुज राय श्रीराम बहादुर सी.आई. थे। अयोध्या छोड़ने के पीछे श्रीवास्तव्य इलाहाबाद जिले के कड़े में आकर बसे और दूर-दूर तक फैले। कड़े को पहले कट कहते थे। यह नगर बहुत बड़ा था। यहाँ से पाँच मील उत्तर पश्चिम पारस गाँव में सं. 1197 का एक शिलालेख मिला है उसमें कड़े को श्रीमान् लिखा है। गढ़वा का शिलालेख सं. 1199 का है। इसमें से जैसा ऊपर लिखा जा चुका है श्रीवास्तव्य ठाकुर कहलाते हैं। हम यह भी लिख चुके हैं कि गढ़वा में श्रीवास्तव्य ठाकुर ने नवग्रह का मंदिर बनाया था और मेवहड़ में सिद्धेश्वर का। इससे विदित है कि सात सौ बरस पहले इलाहाबाद प्रांत के श्रीवास्तव्य बड़े प्रतिष्ठित सनातनधर्मी थे।

3. इसी राजा ने हार मानकर महमूद को कर (ख़िराज) देना स्वीकार किया जो शिलालेखों में तुरुष्कदंड कहलाता है।
4. Colebrooke's Digest of Hindu Law.

□

भारत में मुसलिम राज्य स्थापन से पहले अयोध्या पर मुसलिमों के आक्रमण

मुसलमान कहते हैं कि सृष्टि के आरंभ ही से अयोध्या मुसलमानों के अधिकार में रही। अल्लाहताला ने पहले आदम को बनाया और जब उन्होंने शैतान के बहकाने से गेहूँ खा लिया और फिरदोस (स्वर्ग) से गिरा दिए गए तो लंकाद्वीप में गिरे जहाँ पर्वत पर उनका तीन गज लंबा चरण चिह्न अब तक दिखाया जाता है। इससे अनुमान किया जा सकता है कि आदम किस डील-डौल के थे। आदम हज करने मक्के को जाया करते थे। उनके दो बेटों अयूब (Job) और शीस (Seth) की कब्रें अयोध्या में बताई जाती हैं परंतु सम्राट् अकबर के सुप्रसिद्ध मंत्री अबुल फजल ने इसके विषय में जो कुछ लिखा उसका सारांश यह है—

"इस नगर में दो बड़ी कब्रें हैं, एक 6 गज लंबी, दूसरी सात गज की। साधारण लोग कहते हैं कि अयूब और शीश की कब्रें हैं और उनके विषय में विचित्र बातें कहते हैं।

इससे प्रकट है कि अबुल फजल को भी इन कब्रों के दावे पर संदेह था।

अयोध्या में एक स्थान खुर्द (छोटा) मक्का भी है।

थाने के पीछे तूफान वाले नूह की कब्र नौ गज लंबी बताई जाती है।

इतिहासज्ञ इन्हें गंजे शहीदां मानते हैं। वास्तव में यहाँ मुसलिम पदार्पण, विक्रम संवत् की ग्यारहवीं शताब्दी में हुआ।

अलप्तगीन जो पहले खुरासान और बुखारा के सामानी बादशाहों का गुलाम था काबुल और कंदहार के बीच के प्रांत का राजा बन बैठा। गजनी उसकी राजधानी थी। उसके मरने पर उसका बेटा इसहाक राज का अधिकारी हुआ परंतु थोड़े ही दिन पीछे वि. 1034 में सुबुक्तगीन नाम के गुलाम ने गजनी को अपने अधिकार में कर लिया। सुबुक्तगीन के विषय में कहा जाता है कि उसने सबसे पहले पंजाब के

राजा जयपाल पर आक्रमण किया। परंतु इतिहास के प्रसिद्ध लेखक श्रीयुत चिंतामणि विनायक वैद्य का यह मत है कि इतिहास में इस नाम के पंजाब के किसी राजा का पता नहीं लगता। उस समय कन्नौज में परिहार वंश का राजा राज्यपाल राज करता था, उसी से लड़ाई हुई। राज्यपाल का फारसी लिपि में राजा जयपाल बन जाना सुगम है। जयपाल हार गया और उसने सुबुक्तगीन को कर देना स्वीकार कर लिया जो शिलालेखों में तुरुष्क-दंड कहलाता है। हिंदुओं की हार का कारण डॉक्टर विंसेंट स्मिथ ने यह लिखा है कि आक्रमणकारी मांसाहारी, धर्मांध लड़ाके थे।

सुबुक्तगीन के पीछे उसका बेटा महमूद गजनी का बादशाह हुआ। उसने भारतवर्ष पर कई बार आक्रमण किए। उसका भांजा सैयद सालार मसऊद गाजी जो गाजीमियाँ और बालेमियाँ के नाम से प्रसिद्ध हैं, भारतवर्ष में आया और मारता-काटता सत्रिख पहुँचा जो आजकल बाराबंकी जिले में एक छोटा सा नगर है परंतु उस समय बड़ा समृद्ध था। यहाँ उसने डेरा डाला और देश जीतकर हिंदुओं को मुसलमान करने के अभिप्राय से उसने अपने सेनानायक सैफउद्दीन और मियाँ रज्जब को बहराइच की ओर भेजा। मलिक फजल को बनारस और अजीजउद्दीन को गोपामऊ रवाना किया। मसऊद की सेना ईस्वी सन् 1032 (वि. 1079) में बहराइच पहुँची जहाँ वालार्क (सूर्य नारायण) का बड़ा विशाल मंदिर और एक तालाब था। कौशल्या नदी (कौड़ियाला) के किनारे युद्ध हुआ और ईस्वी 1033 में मसऊद मारा गया और उसकी सारी सेना काट डाली गई। मुसलमानों में यह कथा प्रसिद्ध है कि मसऊद ने वालार्क का मंदिर देखकर कहा था कि हमारी जय हुई तो हम यहीं गड़ेंगे। दो सौ वर्ष पीछे जब मुसलिम राज स्थिर हो गया तब मंदिर तोड़कर मसऊद की समाधि बना दी गई। और अवध गजेटियर में यह लिखा है कि कब्र में मसऊद का सिर सूर्यनारायण की मूर्ति पर रखा हुआ है।

हमने तारीख सैयद-सालार मसऊद गाजी देखी है। उसमें कहीं गाजी मियाँ के अयोध्या आने की चर्चा नहीं है।[1] गजेटियरकार[2] ने यहाँ तक लिखा है कि अयोध्या में उस समय श्रीवास्तव्य राजा प्रवल थे और मसऊद के हारने का कारण श्रीवास्तव्य ही हुए, यद्यपि इतिहास में मसऊद को परास्त करनेवाला राजा सुहेलदेव कहलाता है। संभव है कि इन्हीं श्रीवास्तव्यों के शक्ति को देखकर गाजी ने अयोध्या की ओर बढ़ने का साहस न किया हो, यद्यपि सत्रिख से बहराइच की अपेक्षा अयोध्या सन्निकट थी। अयोध्या जैसे प्रसिद्ध स्थान में गाजी मियाँ या उनके सैनिकों ने पदार्पण किया होता तो उक्त तारीख में उसका अवश्य वर्णन होता।

अयोध्या के कनक-भवन के अधिकारियों ने एक पत्र छापा है, जिसमें लिखा

है कि कनक-भवन को गाजी मियाँ ने नष्ट किया था। परंतु गाजी मियाँ के अयोध्या आने का प्रमाण संदिग्ध है।

महमूद के मरने पर गजनी का राज्य नष्ट हो गया। यहाँ तक कि वि. 1207 में अलाउद्दीन हुसैन ने सात दिन रात गजनी को लूटा और कुछ कब्रें छोड़कर सारा नगर नष्ट कर दिया। अलाउद्दीन के मरने पर उसका बेटा राज्य का उत्तराधिकारी हुआ परंतु वह भी साल ही भर पीछे मार डाला गया और मुहम्मद बिन साम गोर का शासक बना। मुहम्मद बिन साम और पृथ्वीराज की लड़ाइयों की हार से अयोध्या के इतिहास का इतना ही संबंध है कि उस समय अयोध्या कन्नौज के गहरवारों के अधीन थी और गहरवारों के परास्त होने पर अयोध्या मुसलमानों के अधिकार में आ गई। इसी समय मखदूम शाह जूरन गोरी जो अपने भाई सुल्तान मुहम्मद गौरी के साथ भारतवर्ष में आया था, एक छोटी सी सेना लेकर अयोध्या पहुँचा। सनातनधर्मियों की तो उसने कोई हानि नहीं की परंतु आदिनाथ के मंदिर को नष्ट कर दिया। इसका कारण यही हो सकता है कि जैन लोगों को सनातन धर्मियों से कुछ सहायता न मिली और हिंदू जो जैन मंदिरों का घंटा सुनना पातक समझते हैं, जैन मंदिर नष्ट होने पर प्रसन्न ही हुए होंगे। कहा जाता है कि अयोध्या के बकसरिया टोले में अब भी जूरन के वंशज रहते हैं। मंदिर फिर से बन गया है परंतु मंदिर की चढ़ौती मुसलमान ही लेते हैं।

संदर्भ—

1. केवल एक ग्रंथ दरबिहिश्त में गाजी मियाँ का अयोध्या आना लिखा है परंतु उसका समर्थन नहीं है।
2. Oudh Gazetteer, Vol I. Page 3.

□

दिल्ली के बादशाहों के राज्य में अयोध्या

कन्नौज के परास्त होने पर शहाबुद्दीन गोरी ने ई. 1194 में अवध पर आक्रमण किया और मखदूम शाह जूरन गोरी अयोध्या में मारा गया और वहीं उसकी समाधि बनी। परंतु बख्तियार खिलजी ने सबसे पहले अवध में राज्य प्रबंध किया और उसे सेना का एक केंद्र बनाया। इसमें उसको बड़ी सफलता मिली, और उसने ब्रह्मपुत्र तक अपने अधीन कर लिया। उसकी शक्ति इतनी बढ़ी कि दिल्ली के सुलतान कुतुबुद्दीन के मरने पर उसने अल्तमश को दास समझकर उसकी अधीनता स्वीकार न की। उसके बेटे गयासुद्दीन ने बंगाल में स्वाधीन राज्य स्थापित कर दिया, परंतु थोड़े ही दिनों में अयोध्या उसके वंश से छिन गई और बहराइच और मानिकपुर के बीच का प्रांत दिल्ली के अधीन कर दिया गया। इसके पीछे हिंदू बिगड़े और बहुत से मुसलमान मार डाले गए। हिंदुओं को दमन करने का लिए शाहजादा नसीरुद्दीन दिल्ली से भेजा गया।

ई. 1236 और ई. 1242 में नसीरुद्दीन तबाशी और कम्रउद्दीन कैरान अयोध्या के हाकिम रहे। ई. 1255 में बादशाह की माँ मलकाजहाँ ने कतलग खाँ के साथ विवाह कर लिया और अपने बेटे से लड़ बैठी, इस पर बादशाह ने उसे अयोध्या भेज दिया। यहाँ कतलग खाँ ने विद्रोह किया और बादशाह के वजीर बलबन ने उसे निकाल दिया और अर्सलाँ खाँ संजर को हाकिम बनाया। परंतु ई. 1259 में वह भी बिगड़ बैठा और निकाल दिया गया। अमीर खाँ या अलप्तगीन उसके बाद हाकिम बनाया गया और उसने 20 वर्ष तक शासन किया। बादशाह ने उसे बागी तुगरल को परास्त करने की आज्ञा दी। परंतु अलप्तगीन हार गया और बलबन की आज्ञा से उसका सिर काटकर अयोध्या के फाटक पर रख दिया। यह फाटक कहाँ था, इसका पता अभी तक नहीं लगा। तुगरल को भी उसी के लश्कर में कुछ लोगों ने छापा मारकर मार डाला। इसके थोड़े ही दिन पीछे अयोध्या के एक-दूसरे हाकिम

फरहत खाँ ने शराब के नशे में एक नीच को मार डाला। उसकी विधवा ने बलबन से फरियाद की। बलबन पहले आप ही दास था, उसने फरहत खाँ के 500 कोड़े लगवाए और उसे विधवा को सौंप दिया।

बादशाह कैकुबाद और उसके बाप बुगरा खाँ में भी यहीं मेल-मिलाप हुआ था। एक की सेना घाघरा के इस पार पड़ी थी और दूसरे की उस पार पड़ी थी। फरहत के निकाले जाने पर खान जहाँ अवध का हाकिम बना। उसी के शासन-काल में हिंदी, फारसी का सुप्रसिद्ध कवि अमीर खुसरो दो वर्ष तक अयोध्या में रहा। यहीं की बोली में[1] इसने फारसी-हिंदी का कोश खालिकबारी रचा। उसके अनंतर खिलजी वंश के संस्थापक जलालुद्दीन का भतीजा अलाउद्दीन अयोध्या का शासक रहा। परंतु वह इलाहाबाद जिले के कड़ा नगर में रहता था और वहीं उसने अपने चचा का सिर कटवाकर उसके धड़ को गंगा के रेते में फेंकवा दिया था। इन्हीं दिनों मुसलमानों के अत्याचार से पीड़ित होकर कुछ क्षत्रिय स्याम देश को चले गए और वहाँ अयोध्या नगर बसाया जो आजकल के नक्शों में जूथिया कहलाता है। इस नगर में एक बड़ा साम्राज्य स्थापित किया गया जिसका लोहा चीन वाले भी मानते थे। यह राज्य ई. 1350 से 1757 तक रहा। इस्वी सन् की चौदहवीं शताब्दी में अयोध्यापुर[2] का आश्रित राजा संकोशी (श्री भोज) इतना प्रबल हो गया था कि उसने चीन के राजदूत को मार डाला। इस पर चीन के सम्राट मिंग ने अयोध्यापुर के राजा से विनती की कि अपने आश्रित को समझाकर शांत कर दो।[3]

इन्हीं दिनों स्वामी रामानंद प्रकट हुए। भविष्य पुराण में लिखा है—

रामानन्द शिष्यो ....अयोध्यायामुपागतः
गले च तुलसीमाला जिह्वा राममयी कृता।

अनुवाद—"स्वामी रामानंद का चेला अयोध्या गया। वहाँ उसने बहुत से मुसलमानों को वैष्णव बनाया। उन्हें तुलसी की माला पहनाई और राम-राम जपना सिखाया।"

खिलजी के पीछे तुगलक वंश दिल्ली के सिंहासन पर बैठा। तुगलकों के समय में अयोध्या पर विशेष कृपा दृष्टिरही। तारीख फीरोजशाही में लिखा है कि मुहम्मद बिन तुगलक ने गंगा तट पर एक नगर बसाना चाहा था जिसका नाम उसने स्वर्गद्वारी (स्वर्गद्वार) रखा। मुसलमान बादशाह को हिंदी नाम क्यों पसंद आया इसका कारण हमारी समझ में यही आता है कि उस समय अयोध्या का वह भाग जिसे आज-कल स्वर्गद्वारी कहते हैं, अत्यंत सुंदर और समृद्ध था। फीरोज तुगलक पहली बार ई. 1324 में और दूसरी बार ई. 1348 में अयोध्या आया। उसके समय

में मलिक सिगीन और आयीनुलमुल्क अयोध्या के शासक रहे। अकबरपुर में एक छोटे मकबरे में एक शिलालेख है जिससे प्रकट होता है कि उस समय मुसलिम राज स्थिर हो गया था और धर्मार्थ जागीरें लगाई जाती थीं।

थोड़े दिन पीछे अयोध्या जौनपुर की शरकी बादशाही में मिल गया।

बादशाह बाबर ई. सन् 1528 में दल बल समेत अयोध्या की ओर बढ़ा और सेरवा और घाघरा के संगम पर उसने डेरा डाला। यह संगम अयोध्या से तीन कोस पूर्व था। यहाँ वह एक सप्ताह तक आस-पास के देश से कर लेने का प्रबंध करता रहा। एक दिन वह अयोध्या के सुप्रसिद्ध मुसलमान फकीर फजल कलंदर के दर्शन को आया। उस समय बाबर के साथ उसका सेनापति मीर बाकी ताशकंदी भी था। बाबर ने फकीर को बड़े महँगे कपड़े और रत्न भेंट किए परंतु फकीर ने उन्हें स्वीकार न किया। बाबर सब वहीं छोड़कर अपने पड़ाव पर लौट गया। वहाँ पहुँचने पर उसने देखा कि सारी भेंट उसके आगे पहुँच गईं। बाबर चकित हो गया और नित्य फकीर के दर्शन को जाने लगा। एक दिन फकीर ने कहा कि जन्म स्थान का मंदिर तुड़वाकर मेरी नमाज के लिए एक मसजिद बनवा दो। बाबर ने कहा कि मैं आपके लिए इसी मंदिर के पास ही मसजिद बनवाए देता हूँ। मंदिर तोड़ना मेरे 'उसूल के खिलाफ है।' इस पर आग्रही फकीर बोल उठाए 'मैं इस मंदिर को तुड़वाकर उसी जगह मसजिद बनवाना चाहता हूँ। तू न मानेगा तो तुझे बद दुआ दूँगा।' बाबर काँप उठा और उसे अगत्या फकीर की बात माननी पड़ी और मीर बाकी को आज्ञा देकर लौट गया।

मसजिद बनवाने का एक दूसरा कारण 'तारीख पारीना मदीनतुल औलिया' में दिया हुआ है। और वह यह है—

''बाबर अपनी किशोरावस्था में एक बार हिंदुस्तान आया था और अयोध्या के दो मुसलमान फकीरों से मिला। एक वही था जिसका नाम ऊपर लिख आए हैं और दूसरे का नाम था मूसा अशिकान। बाबर ने दोनों से यह प्रार्थना की कि मुझे ऐसा आशीर्वाद दीजिए जिससे मैं हिंदुस्तान का बादशाह हो जाऊँ। फकीरों ने उत्तर दिया कि तुम जन्मस्थान के मंदिर को तोड़कर मसजिद बनवाने की प्रतिज्ञा करो तो हम तुम्हारे लिए हुआ करें। बाबर ने फकीरों की बात मान ली और अपने देश को लौट गया।''

इसके आगे मसजिद बनाने का ब्यौरा महात्मा बालकराम विनायक कृत कनकभवन-रहस्य से उद्धृत किया जाता है।

'मीर बाकी ने सेना लेकर मंदिर पर चढ़ाई की। सत्तरह दिनों तक हिंदुओं से लड़ाई होती रही। अंत में हिंदुओं की हार हुई। बाकी ने मंदिर के भीतर प्रवेश

करना चाहा। पुजारी चौखट पर खड़ा होकर बोला, 'मेरे जीते जी तुम भीतर नहीं जा सकते।' इस पर बाकी झल्लाया और तलवार खींचकर उसे कत्ल कर दिया। जब भीतर गया तो देखा कि मूर्तियाँ नहीं हैं, वे अदृश्य हो गई हैं। वह पछताकर रह गया। कालांतर लक्ष्मणघाट पर सरयू जी में स्नान करते हुए एक दक्षिणी ब्राह्मण को मूर्तियाँ मिलीं। वह बहुत प्रसन्न हुआ। कहते हैं कि उसकी इच्छा भी यही थी कि कोई सुंदर भगवनमूर्ति रखकर पूजा करे। अस्तु, पुजारी के वंशधरों ने जब सुना, तब तत्काल नवाब के यहाँ अपना दावा पेश किया। नवाब ने निर्णय किया कि जिसे मूर्तियाँ मिली हैं वही सेवा पूजा का अधिकारी है। निदान स्वर्ग द्वार पर मंदिर बना, उसमें उन मूर्तियों की स्थापना हुई। उनकी सेवा-अर्चा अब तक उस ब्राह्मण के वंशधर करते हैं। ठाकुर जी काले राम जी के नाम से प्रसिद्ध हैं। इसमें एक बड़े काले पत्थर पर राम पंचायतन की पाँच मूर्तियाँ खुदी हैं।

बाकी बेग ने मंदिर की ही सामग्री से मसजिद बनवाई थी। मसजिद के भीतर बारह और बाहर फाटक पर दो काले, कसौटी के पत्थर के स्तंभ लगे हुए हैं। केवल वे स्तंभ ही अब प्राचीन मंदिर के स्मारक रह गए हैं। ऐसे ही दो स्तंभ उक्त शाह जी की कब्र पर थे, जो अब फैजाबाद के अजायबघर में रखे हुए हैं। इन स्तंभों को देखकर प्राचीन मंदिर की सुंदरता का कुछ-कुछ अनुमान किया जा सकता है। इनकी लंबाई सात से आठ फीट तक है। किनारों पर और बीच में चौखूँटे हैं और शेष भाग गोल अष्टपहल है। इन पर सुंदर नक्काशी का काम किया हुआ है। मसजिद के भीतर एवं फाटक पर दो लेख खुदे हुए हैं उनसे मसजिद से संबंध रखनेवाली बातें मालूम होती हैं। मसजिद के भीतर वाला लेख इस प्रकार है—

(1) बफरमूद-ए-शाह बाबर कि अदलश;
बनाईस्त ता काखे गरदूँ मुलाकी॥
(2) बिना कर्दे ईं महबते कुदसियां;
अमीरे सआदत निशां मीर बाकी॥
(3) बुअद खैर बाकी चूँ साले बिनायश;
अयां शुद की गुफतम बुअद खैर बाकी॥

(अनुवाद)

(1) बाबर बादशाह की आज्ञा से, जिसके न्याय की ध्वजा आकाश तक पहुँची है।

(2) नेकदिल मीर बाकी ने फरिश्तों के उतरने के लिए यह स्थान बनवाया है।

(3) उसकी कृपा सदा बनी रहे। बुअद खैर बाकी—इसी के टुकड़ों से इसी इमारत के बनने का वर्ष 735 हिजरी भी निकल आता है।

मसजिद के फाटक पर का लेख

(1) बनामे आंकि दाना हस्त अकबर;
कि खालिक जुमला आलम ला-मकानी।
(2) दरूदे मुस्तफा बादज सतायश;
कि सरवर अंबियाए दो जहानी।
(3) फिसाना दर जहाँ बाबर कलंदर;
कि शुद दर दौरे गेती कामरानी।

(अनुवाद)

(1) उस परमात्मा के नाम से जो महान् और बुद्धिमान है, जो संपूर्ण जगत का सृष्टिकर्त्ता तथा स्वयं निवासरहित है।

(2) उसकी स्तुति के बाद मुस्तफा की तारीफ है। जो दोनों जहान तथा पैगंबरों के सरदार हैं।

(3) संसार में बाबर और कलंदर की कथा प्रसिद्ध है जिससे उसे संसार चक्र में सफलता प्राप्त हुई है।

यहाँ हम इतना और लिखना चाहते हैं कि बहुत थोड़ी ही तोड़-फोड़ से मंदिर की मसजिद बन गई है। पुराने रावटी के खंभे अब मसजिद की शोभा बढ़ा रहे हैं। मूसा आशिकान की कब्र कटरे की सड़क पर वसिष्ठ कुंड के पास अब भी बताई जाती है परंतु कब्र का निशान नहीं है और वह जगह बहुत ही गंदी है। एक जगह जन्म-स्थान के दो खंभे गड़े हैं। कहा जाता है कि जब मूसा आशिकान मरने लगे तो उन्होंने अपने शिष्यों से कहा कि जन्म-स्थान का मंदिर हमारे ही कहने से तोड़ा गया है इससे इसके दो खंभे बिछाकर हमारी लाश रखी जाए और दो हमारे सिरहाने गाड़ दिए जाएँ।

मुगल साम्राज्य में अयोध्या की महिमा घट गई। इतना पता लगता है कि अकबर ने यहाँ ताँबे के सिक्कों की एक टकसाल स्थापित की थी।

संदर्भ—

1. खालिकबारी की हिंदी आदि से अंत तक अयोध्या में अब तक बोली जाती है। यथा—

इमूशब आज रात जो भई।
दी शब काल रात जो गई॥
बिया बिरादर आउ रे भाई।
बिनशीं मादर बैठ रे (री नहीं) माई॥

2. जिस गाँव के पास जलालुद्दीन खिलजी का सिर काटा गया था वह अब तक गुमसिरा कहलाता है।
3. J. R. A. S., 1905, P. 485 et. seq.

□

नवाब वजीरों के शासन में अयोध्या

ई. 1731 (वि. 1788) में सआदत खाँ जिसका नाम मुहम्मद अमीन बुरहानुल् मुल्क था, अवध का सूबेदार बनाया गया। सआदत खाँ पहले दिल्ली के बादशाह मुहम्मद शाह का वजीर था। इसी से उसके वंशज स्वतंत्र हो जाने पर भी नवाब वजीर कहलाते थे। वह बादशाही के लड़ाई-झगड़ों में फँसा रहा और अवध में बहुत कम आया। उसका प्रबल सामना करनेवाला अवध में अमेठी का राजा गुरुदत्त सिंह था जिसकी वीरता का बखान उसके दरबार के कवि कवींद्र ने यों किया है—

समर अमेठी के सरोप गुरुदत्त सिंह,
सादत की सेना समसेरन ते भानी है।
भनत कविंद काली तुलसी असीसन को,
सीसन को ईस की जमाति सरसानी है॥
तहाँ एक जोगिनी सुभट खोपरी लै तामें,
सोनित पियत ताकी उपमा बखानी है।
प्यालो लै चिनी को छकी जोबन तरंग मानो,
रंग हेतु पीवति मजीठ मुगलानी है॥[1]

प्रचलित इतिहास में इस लड़ाई का उल्लेख नहीं है। केवल इतना ही मिलता है कि सआदत खाँ के उत्तराधिकारी नवाब सफदरजंग ने राजा गुरुदत्त सिंह पर चढ़ाई की और अठारह दिन तक रायपुर के गढ़ को घेरे पड़ा था। पीछे गढ़ छोड़कर राजा रामनगर के वन को भाग गया। परंतु हम उस घटना के झूठ होने का कोई कारण नहीं देखते जिसका उल्लेख ऊपर की धनाक्षरी में है।

सआदत की दूसरी लड़ाई गंगा के दक्षिण असोथर के राजा भगवंत राय खीचर के साथ हुई जिसमें खीचर राजा मारा गया।

सआदत खाँ का प्रधान मंत्री दीवान दयाशंकर था।

सआदत खाँ के पीछे उसका दामाद मंसूर अली उपनाम सफदरजंग अवध का शासक हुआ। वह भी दिल्ली के बादशाह ही के झगड़ों में फँसा रहा। ऐसे एक झगड़े का वर्णन सूदन कवि ने अपने सुजान चरित में किया है। यह अंश हमारे सिलेकशन्स फ्राम हिंदी लिटरेचर की जिल्द 1 में उद्धृत है।[2] इसमें मंसूर ने सूरजमल जाट को बुलाकर दिल्ली शहर लुटवाया और बादशाही सेना को परास्त किया था।

सफदरजंग के समय से अयोध्या के दिन फिरे। उसका प्रधान मंत्री और सेना नायक इटावे का रहनेवाला सक्सेना कायस्थ नवल राय था। नवल राय ने रुहेलों को अवध से मार भगाया और अंत में फर्रुखाबाद के नवाब बंगश की लड़ाई में धोखे से मार डाला गया।

नवल राय वीर तो था ही बड़ा धर्मात्मा भी था और नवाब वजीरों में बड़ा प्रशंसनीय गुण यह था कि वे अपने सेवकों और अपनी प्रजा को पूरी धार्मिक स्वतंत्रता दिए हुए थे। पंडित माधवप्रसाद ने सुदर्शन पत्र में लिखा है कि मुसलमान राज में अयोध्या मुसलमान मुरदों के लिए 'करबला' हुई। मंदिरों की जगह पर मसजिदों और मकबरों का अधिकार हुआ। 'अयोध्या का बिलकुल स्वरूप ही बदल दिया।' ऐसी आख्यायिका और मस्नवी गढ़ी गईं जिनसे यह सिद्ध हो कि मुसलमान औलिये फकीरों का यहाँ 'कदीमी अधिकार है⋯।' इसी समय नवाब सफदरजंग के कृपा पात्र सुचतुर दीवान नवल राय ने अयोध्या में नागेश्वर नाथ महादेव का वर्तमान मंदिर बनवाया। लक्ष्मण जी के मंदिर के विषय में ऐसी कथा प्रसिद्ध है कि उन्हीं दिनों किसी कायस्थ ने बनवाया था। हमने जहाँ तक जाँच की है इसका भी बनवाने वाला नवल राय ही था। नवल राय का मकान नवल राय के छत्ते के नाम से अब तक सरयू-तट पर विद्यमान है। प्रयागराज में जहाँ अब तक दारागंज में उनके वंशज रहते हैं, नवल राय का तालाब है जिसमें आज-कल स्थानिक म्युनिसिपलिटी गंदा पानी भर रही है।

सफदरजंग के पीछे उसका बेटा शुजाउद्दौला बादशाह हुआ। उसने आजकल की अयोध्या से तीन मील पश्चिम में फैजाबाद नगर बसाया और उसे इतना सजाया कि उसकी शोभा देखकर अंग्रेज यात्री चकित हो जाते थे। उसी ने घाघरा के तट पर ऊँचा कोट बनवाया। शुजाउद्दौला ने अंग्रेजों से संधि कर ली। रुहेलखंड जीत लिया गया और इलाहाबाद और अवध के सूबों में मिला दिया गया।

उसी शुजाउद्दौला के समय में फैजाबाद में तिरपौलिया आदि इमारतें बनीं और अनेक बाग बने जैसे, लाल बाग, ऐश बाग, बुलदे बाग, राजा साऊलाल का बाग और अँगूरी बाग। जवाहिर बाग में शुजाउद्दौला की मलका बहू बेगम का

मकबरा है। हयात बख्श और फरहत बख्श दो बाग अयोध्या में थे। इनमें से हयात बख्श बादशाह के मंत्री महाराज बालकृष्ण ने अयोध्या के सुप्रसिद्ध पंडित उमापति त्रिपाठी को दिला दिया। फरहत बख्श का एक भाग राजडुमराव के पास है और दूसरा भाग दिगंबरी अखाड़ेवालों को गुप्तार पार्क के बदले दे दिया गया।

शुजाउद्दौला के समय में अयोध्या में खत्री आकर बस गए। ये सब अधिकांश 'सूरत सिंह' के हाते में रहते थे परंतु काल ने सब को नष्ट कर दिया। शुजाउद्दौला के शासन की एक घटना यहाँ पर दिखाने के लिए लिखी जाती है कि मुसलमान राजा स्वतंत्र होने पर भी प्रजा को सताते तो प्रजा उसका प्रतीकार भी कर सकती थी।

शुजाउद्दौला[3] एक दिन हवा खाने निकले तो उनकी आँख एक जवान खत्री स्त्री पर पड़ी। उसको देखते ही नवाब साहेब उस पर लट्टू हो गए। महल में लौटने पर रात बड़ी बेचैनी से कटी। दूसरे दिन राजा हिम्मत बहादुर गोशाईं ने दो हिंदू कुटनियाँ नवाब से मिलाईं। नवाब ने उन्हें इनाम देने का वादा करके उस स्त्री का पता लगाने भेजा। उन्होंने उसका पता लगाकर नवाब को सूचित किया। तीन दिन बीते राजा गोशाईं ने अपने साथ के कुछ नागे उस स्त्री के घर आधी रात को भेज दिए और वे स्त्री का पलंग उठाकर नवाब साहेब के पास लाए। नवाब ने अपना मनोरथ पूरा करके स्त्री को फिर उसके घर भेजवा दिया। स्त्री ने अपने घर के पुरुषों से अपनी दुर्गति की कहानी कही। घरवालों ने समझ लिया कि शुजाउद्दौला की अनुमति से नागे आए थे। उनमें कुछ लोग राजा रामनारायण दीवान के पास पहुँचे और अपनी पगड़ियाँ धरती पर डालकर बोले, "प्रजा पालन इसी का नाम है ? हम लोग अब यहाँ नहीं रह सकते; देश छोड़कर चले जाएँगे।" इतना सुनते ही राजा रामनारायण अपने भतीजे राजा जगत नारायण और कई हजार खत्री नंगे सिर और नंगे पाँव इसमाइल खाँ काबुली के पास गए और कहा कि "बादशाह ने प्रजा पीड़न पर कमर बाँधी है। आप हमें आज्ञा दें तो यहाँ से निकल कर और किसी देश को चले जाएँ।" इसमाइल खाँ बहुत बिगड़ा और कई मुगल सरदारों को बुलाकर सारा ब्यौरा कह सुनाया और यह निश्चित हुआ कि हिम्मत बहादुर और उसके भाई को नवाब से लेकर दंड देना चाहिए। नवाब न माने तो मुहम्मद कुली खाँ को बुलाकर सिंहासन पर बैठा देना चाहिए और नवाब को जागीर दे दी जाए। नवाब ने उत्तर दिया कि "हिम्मत बहादुर ने जो कुछ किया हमारी आज्ञा से किया। जब तक हम जीते हैं तब तक किसी की सामर्थ्य नहीं है कि हिम्मत बहादुर को दुख दे। हमें ऐसे राज का लोभ नहीं है। तुम अपनी भीड़-भाड़ के घमंड में हो, हम भी तुम्हारा सामना करने को तैयार हैं।" इस पर मुगल सरदारों ने दरबार में आना-जाना बंद कर दिया

और मुहम्मद कुली खाँ को इलाहाबाद से बुलवाया। शुजाउद्दौला की माता ने यह समाचार सुना तो राजा रामनारायण को अपनी ड्योढ़ी पर बुलाकर परदे की ओट में बैठकर उससे बोलीं कि अपने स्वामी के बेटे के साथ तुमको ऐसा बरताव करना उचित नहीं है। तुमने उसके बाप से लाखों रुपए पाए। एक छोटी-सी बात के लिए इतना दंगा करना उचित नहीं है। मैं मानती हूँ कि मुहम्मद कुली खाँ सफदरजंग का भतीजा है परंतु बाप का नाम बेटे से चलता है, भतीजे से नहीं।" रामनारायण ने उत्तर दिया कि "आपके बेटे मेरी जान चाहें तो हाजिर है। परंतु उनकी चाल से देश उजड़ा जाता है और हित बैरी बने जाते हैं। यह सारा टंटा बखेड़ा इस प्रयोजन से किया गया कि फिर ऐसा काम न करें। इससे सारे हिंदुस्तान में उनकी बदनामी होगी।" और राजा रामनारायण ने मुगल सरदारों को बुलाकर ऐसी बातें कहीं कि सब राजी हो गए और खत्रियों को समझा बुझाकर घर भेज दिया।

हम अवध के बादशाहों के समय की एक दूसरी घटना लिखते हैं जिससे विदित होगा कि उस समय में पुलिस का प्रबंध कैसा था। बादशाह गाजीउद्दीन हैदर के राज में बालगोविंद महाजन के घर पर संध्या समय डाका पड़ा। उसका अपराध धूमीवेग कोतवाल के सिर मढ़ा गया। उसने यह विनय किया कि ये डाकू बाहर के न थे। रोशन अली के घर में बहुत से बदमाश रहते हैं और रोशन अली का नाम डर के मारे कोई नहीं लेता। परंतु कोतवाल की बात सुनी न गई और कोतवाल अपनी अप्रतिष्ठा से बचने के लिए विष खाकर मर गया।

शुजाउद्दौला के मरने पर फैजाबाद उनकी विधवा बहू बेगम की जागीर में रहा और उनके बेटे आसफउद्दौला ने लखनऊ को अपनी राजधानी बनाया। बहू बेगम का नगर में बड़ा आतंक था। जब उसकी सवारी निकलती थी तो अयोध्या और फैजाबाद में घरों के किवाड़ बंद हो जाते थे और जो तिलक लगाए हुए निकलता था उसको दंड दिया जाता था। इसी से उस समय का एक दोहा प्रसिद्ध है—

अवध बसन को मन चहै, पै बसिए केहि ओर।
तीन दुष्ट एहि में रहैं, बानर, बेगम, चोर॥

इसी समय वारन हेस्टिंग्स गवर्नर जनरल के शासन में बहू बेगम और उनकी सास को नाना प्रकार के दुख देकर एक करोड़ बीस लाख रुपया ले लिया गया। यह घटना ईस्ट इंडिया कंपनी के शासन पर काला धब्बा है।

आसफुद्दौला के मंत्री महाराजा टिकैतराय श्रीवास्तव कायस्थ थे। पहले टिकैतराय बहुत छोटे पदों पर रहे। पीछे अपनी नीति-निपुणता से दीवान और राजा का पद पाया। दान पुण्य में बहुत प्रसिद्ध थे। बादशाही खजाने से हजारों रुपए

ब्राह्मणों को दिए जाते थे। धर्मात्मा राजा साहेब ने कई बाग लगवाए और अनेक पुल, मंदिर और धर्मशालाएँ बनवाईं। अयोध्या की हनुमानगढ़ी इन्हीं की धर्म–कीर्ति के प्रमाणस्वरूप अब तक वर्तमान है। इनके दान से अब तक हजारों ब्राह्मण जी रहे हैं। लखनऊ का राजा का बाजार इन्हीं का बसाया हुआ है। प्रयागराज में मोती महल जिसमें आजकल दारागंज़ हाईस्कूल है इन्हीं की बनवाई धर्मशाला थी। इस महापुरुष के विषय में 'तारीखे अवध' में लिखा है कि राजकाज से छुट्टी पाने पर इसके यहाँ मसनवी मौलाना रूम और शेख सादी और हाफिज का चर्चा रहा करता था। 'ज्ञान प्रकाश' में लिखा है कि राजा टिकैतराय ने एक मसजिद और एक इमाम बाड़ा भी बनवाया था।

आसिफुद्दौला के सेनापति राजा झाऊलाल सक्सेन कायस्थ थे जिनके नाम का मुहल्ला लखनऊ में अबतक झाऊलाल का बाजार कहलाता है। उसी मुहल्ले में ग्रंथकर्ता का मकान है। झाऊलाल के बाग का नाम फैजाबाद के वर्णन में ऊपर आ चुका है।

बहू बेगम फैजाबाद में ई. 1816 में मरी और जिस मकबरे में वह दफनाई गई है वह अवध में अद्वितीय है। उसके चारों ओर सुंदर बाग है और उसके खर्च के लिए माफी लगी हुई है।

शाही दरबार लखनऊ में उठ जाने पर अयोध्या में कोई विशेष घटना नहीं हुई। बादशाहों की छत्रछाया में महाराजा दर्शन सिंह और उनके दरबारी कायस्थों ने अनेक मंदिर बनवाए जो अब तक विद्यमान हैं।

अंतिम बादशाह वाजिदअली के समय में एक दुर्घटना हुई जिसका वर्णन बहू बेगम के विश्वास–पात्र दराबअली खाँ के कुल के एक सज्जन ने भेजा है।

'गुलाम हुसैन नाम का एक सुन्नी फकीर हनुमानगढ़ी के महंतों के यहाँ से पलता था। वह एक दिन बिगड़ बैठा और सुन्नियों को यह कहकर भड़काया कि औरंगजेब ने गढ़ी में एक मसजिद बनवा दी थी, उसे बैरागियों ने गिरा दिया। इस पर मुसलमानों ने जिहाद की घोषणा कर दी और गढ़ी पर धावा बोल दिया। परंतु हिंदुओं ने उन्हें मार भगाया और वे जन्मस्थान की मसजिद में छिप गए। कप्तान आर, मिस्टर हरसे और कोतवाल मिरजा मुनीम बेग ने झगड़ा निपटाने का बड़ा उद्योग किया बादशाही सेना खड़ी थी परंतु उसको आज्ञा थी कि बीच में न पड़े। हिंदुओं ने फाटक रेल दिया और युद्ध में 11 हिंदू और 75 मुसलमान मारे गए। दूसरे दिन नासिर हुसैन नायब कोतवाल ने मुसलमानों को एक बड़ी कबर में गाड़ दिया जिसे गंजशहीदाँ कहते हैं।

इसके पीछे मुसलमानों ने वाजिदअली शाह को अर्जी दी कि हिंदुओं ने मसजिद गिरा दी। इसके प्रतिकूल भी कुछ मुसलमानों ने अर्जी भेजी। बादशाह ने एक अर्जी पर यह लिखा—

हम इश्क के बंदे हैं मजहब से नहीं वाकिफ।
गर काबा हुआ तो क्या, बुतखाना हुआ तो क्या?

बादशाह ने एक कमीशन बैठाया जिसने महंतों को जिता दिया। इस न्याय से संतुष्ट होकर लार्ड डलहौजी ने बादशाह को मुबारकबाद दी।

परंतु मुसलमान संतुष्ट न हुए और लखनऊ जिले की अमेठी के मौलवी अमीरअली ने हनुमान गढ़ी पर दूसरा धावा मारने का प्रबंध किया। बादशाह ने मना किया परंतु उसने न माना और रुदोली के पास शुजागुंज में मारा गया। इसके पीछे बादशाह तख्त से उतार दिए गए और नवाबी का अंत हो गया।

संदर्भ—

1. महाराजा प्रताप नरायण सिंह के रसकुसुमाकर पृ. 187 से उद्धृत।
2. Selections From Hindi Literature Published by the Calcutta University, book I.
3. नज्मुल्गनी खाँ कृत तारीखे अवध हिस्सा 1 पृ. 282।

□

अयोध्या के शाकद्वीपी राजा[1]

अयोध्या का इतिहास बिना शाकद्वीपी राजाओं के वर्णन के अपूर्ण रहेगा। तीस वर्ष हुए श्रीमान् महाराजा प्रतापनारायण सिंह बहादुर के.से.आई.ई. अयोध्यानरेश ने हमसे अपने वंश का इतिहास लिखने के लिए कहा था और उसके लिए कुछ सामग्री भी दी थी। फैजाबाद के भूतपूर्व कमिश्नर कोरनेगी साहेब ने अंग्रेजी में एक हिस्ट्री ऑफ अयोध्या एंड फैजाबाद (History of Ayodhya and Fyzabad) लिखी थी जिसके एक अंश की नकल हमारे पास है। उन्हीं के आधार पर यह संक्षिप्त इतिहास लिखा जाता है।

शाकद्वीपियों की उत्पत्ति

शाम्ब-पुराण अध्याय 38 में लिखा है—

शाकद्वीपाधिपः पूर्वमासीद्राजा प्रतर्द्दनः।
स सदेहो रविं गन्तुञ्चक्रमे भूरिदक्षिणः॥
विप्रास्तम् प्राहुरीशानन्न सदेहो गमिष्यसि।
सौरयज्ञं वयं कर्त्तुन्नक्षमाः सर्वकामिकम्॥
तपस्तेपे नृपस्तीव्रं वर्षाणाञ्च शतत्रयम्।
ततः प्रसन्नो भगवानाह भूपं वरार्थिनम्।
वरं वरय भूपाल, किंतेऽभीष्टं ददामि तत्।
सौरयज्ञं करिष्यामि याजकाः संति नैव मे॥
यस्मिन् कृते मखे यामि सदेहस्त्वां दिवस्पते।
ततः स भगवान् दध्यौ क्षणम्मीलितलोचनः॥
सूर्यप्रभा मंडलतो ब्राह्मणाः सप्त तत्क्षणात्।
आविरासन् ब्रह्मविदो वेदवेदांगपारगाः॥
ततस्तानाह भगवान् विप्रान्यज्ञान्तकर्मणि।
युष्माकं सन्ततिर्भूमौ यथा स्यादनपायिनी॥

पावनार्थञ्चलोकानान्तथा नीतिर्विधीयताम्।
ततस्ते जनयामासु र्मनसा तनयाञ्छुभान्॥
द्वे द्वे कन्ये सुतौ द्वौ द्वौ तेषां वृद्धिः क्रमादभूत्।

'पूर्वकाल में प्रतद्दर्न शाकद्वीप का राजा था, उसकी यह कामना हुई कि हम सदेह सूर्य-लोक को चले जाएँ। ब्राह्मणों ने उससे कहा कि हम लोग सारी कामनाओं का पूरा करनेवाला सौरयज्ञ नहीं करा सकते। इससे तुम सूर्य-लोक में सदेह न जाओगे। ब्राह्मणों के वचन सुनकर राजा ने 300 वर्ष तक कड़ी तपस्या की। तब सूर्य भगवान् प्रसन्न होकर प्रकट हुए और उनसे बोले हे राजा! जो चाहते हो, माँग लो, हम वही कर देंगे। राजा ने उत्तर दिया कि हम सौरयज्ञ करना चाहते हैं परंतु हमको कोई यज्ञ करानेवाले नहीं मिलते। सौरयज्ञ कराने का हमारा प्रयोजन यह है कि हम सदेह आप के पास पहुँच जाएँ। इस पर सूर्य भगवान् ने आँखें बंद कर, एक क्षण ध्यान किया और उनके प्रभा-मंडल से उसी क्षण सात ब्राह्मण प्रकट हुए। सातों ब्रह्म-ज्ञानी और वेद-वेदांग के पारंगत थे। उनको सूर्य भगवान् ने यज्ञ का संपूर्ण कर्म बताया और कहने लगे कि तुम लोगों को ऐसा आचरण करना चाहिए जिससे लोकों को पवित्र करने के लिए पृथ्वी तल पर तुम्हारी संतान सदा बनी रहे। इस पर उन ब्राह्मणों ने मानस-संतान उत्पन्न की। प्रत्येक के दो-दो पुत्र और दो-दो पुत्रियाँ हुईं और क्रम से उनकी संसार में वृद्धि होती रही।'

शाकद्वीपियों के इस देश में आकर बसने का कारण

श्रीकृष्ण और जाम्बवती के पुत्र शाम्ब अपने पिता के शाप से कोढ़ी हो गए थे। इस रोग से मुक्त होने का उपाय उनको यही सूझा कि सूर्य नारायण की उपासना करें। इस विचार से उन्होंने देवर्षि नारद से सूर्य नारायण की उपासना की विधि पूछी और उत्तर को चले गए। वहाँ उन्होंने कड़ी तपस्या की और रोग से मुक्त हुए। इधर अयोध्या के राजा बृहद्बल[2] ने देवताओं की आराधना की विधि कुल-गुरु वसिष्ठ से पूछी। वसिष्ठ जी ने उनको सारी विधि बतलाई और नारद के उपदेश से शाम्ब के कुष्ठ रोग से मुक्त होने का वृत्तांत कहा। इन घटनाओं को लेकर वेदव्यास ने शाम्ब पुराण रचा और यह पुराण सौनकादि की प्रार्थना से सूत ने नैमिषारण्य में सुनाया। शाम्ब पुराण में लिखा है कि कुष्ठ रोग से मुक्त होने पर शाम्ब चंद्र-भागा नदी में स्नान करने के लिए गए। यहाँ उनको सूर्य नारायण की एक प्रतिमा दिखाई पड़ी। शाम्ब सूर्य-देव के भक्त थे ही, उन्होंने यह संकल्प किया कि एक मंदिर बनवा कर मूर्ति की उसमें स्थापना करा दें और एक योग्य ब्राह्मण को पूजा-अर्चना के लिए नियत कर

दें। ऐसे ब्राह्मण के लिए उन्होंने देवर्षि नारद से पूछा तो नारद नारद ने उत्तर दिया कि इस विषय में तुम्हें सूर्य नारायण की आज्ञा लेनी चाहिए। इस पर शाम्ब फिर सूर्यदेव की तपस्या करने लगे। उनकी तपस्या से प्रसन्न होकर सूर्यनारायण ने उनको दर्शन दिए और बोले कि इस देश में काल पड़ा हुआ है। शाकद्वीप में ऐसा ब्राह्मण मिल जाएगा। तुम शाकद्वीप चले जाओ और वहाँ से द्वारका में उस ब्राह्मण को ले आओ। शाम्ब ने द्वारका जाकर श्रीकृष्ण जी से सारा वृत्तांत कहा और उनकी आज्ञा से गरुड़ पर सवार होकर शाकद्वीप को गए और वहाँ से अट्ठारह ब्राह्मण लाए, जिनके नाम ये हैं:- 1. मिहिरांशु, 2. शुभांशु, 3. सुधर्मा, 4. सुमति, 5. बसु; 6. श्रुतिकीर्त्ति, 7. श्रुतायु, 8. भरद्वाज, 9. पराशर, 10. कौण्डिन्य, 11. कश्यप, 12. गर्ग, 13. भृगु, 14. भव्यमति, 15. नल, 16. सूर्यदत्त, 17. अर्कदत्त, 18. कौशिक।

फिर मंदिर बनवाकर उस मूर्ति की प्रतिष्ठा की। जब ब्राह्मण लोग प्रतिष्ठा से निवृत्त हुए तो अपने देश को चले। श्रीकृष्ण जी ने उनसे कहा कि कुछ दिन यहाँ और ठहरो। इसके पीछे गरुड़ को आज्ञा दी गई इन ब्राह्मणों को शाकद्वीप पहुँचा दो। गरुड़ ने उन लोगों से यह प्रतिज्ञा करा ली कि जब शाकद्वीप को प्रस्थान करें तो बीच में कहीं न ठहरें। ब्राह्मण लोग 30 वर्ष तक द्वारका में रहे।

मगध में शाकद्वीपियों का निवास

इसी बीच में श्रीकृष्ण जी ने लीला सँवरण किया। तब उन ब्राह्मणों को द्वारका में रहना अच्छा न लगा और गरुड़ पर सवार होकर शाकद्वीप की ओर चले। जब मगध-देश के ऊपर पहुँचे तो वहाँ रोना-पीटना सुनाई पड़ा। ब्राह्मण लोग बड़े व्यग्र थे। उनके पूछने पर गरुड़ ने कहा कि मगध-देश के राजा धृष्टकेतु को कोढ़ हो गया है, इसी कारण उसने मरने की ठान ली है और चिता के लिए लकड़ियों का ढेर लगा है। राजा बड़ा धर्मात्मा है और उसके राज में सब सुखी हैं। इसी से उसकी सब प्रजा उसके लिए रो रही है। ब्राह्मणों को दया आई और उन्होंने गरुड़ से कहा कि 'क्या इस देश में ऐसा तपस्वी नहीं है जो राजा को इस रोग से मुक्त करें?' गरुड़ ने उत्तर दिया 'यहाँ ऐसा कोई होता तो शाम्ब आप लोगों को क्यों बुलाते।' ब्राह्मणों ने गरुड़ से कहा कि पृथ्वी पर उतरो। राजा उनके दर्शनों से कृतकृत्य हो गया। मिहरांशु ने उसे अपना चरणोदक पिलाया और राजा का कोढ़ अच्छा हो गया। तब ब्राह्मणों ने गरुड़ से कहा कि हमें शाकद्वीप पहुँचा दो। गरुड़ ने कहा कि आपसे प्रतिज्ञा करा चुका हूँ, अब आप यहीं रहिए। कृतज्ञ राजा ने ब्राह्मणों को अपने देश में आदर से रखा और गंगा-तट पर कई गाँव दिए। ब्राह्मणों में से चार अर्थात् श्रुतिकीर्ति, श्रुतायु,

सुधर्मा और सुमति ने संन्यास ले लिया और तपस्या करने को बदरिकाश्रम चले गए। शेष 14 मगध में रहे और वसु ने अपनी बेटियाँ उनको ब्याह दीं। उन्हीं की संतान आजकल मगध देश में बसी है।

गोत्र और शाखा

मिहरांशु, भारद्वाज, कौण्डिन्य, कश्यप, गर्ग की संतान बढ़ी और प्रसिद्ध हुई। इसी कारण शाकद्वीपियों के छः घर बन गए और प्रत्येक घर के मूल-पुरुष का नाम गोत्र कहलाया। आजकल शाकद्वीपियों के 72 घर गिने जाते हैं, अर्थात् उर 24, आदित्य 12, मंडल 12, अर्क 7। शेष इन्हीं की शाखाएँ हैं।

मिहरांशु की संतान ने बड़े-बड़े काम किए थे इसलिए उनकी शाखा अधिक प्रतिष्ठित मानी जाती है। जो शाखा जिस गाँव में बसी उसी गाँव के नाम से प्रसिद्ध हुई। जैसे उर से उर्वार।

हमारा अभिप्राय केवल महाराजा मानसिंह के कुल का वर्णन करना है। इसलिए और कुलों के विस्तार लिखने की आवश्यकता नहीं।

अयोध्या का शाकद्वीपी राजवंश

इस वंश के पहले प्रसिद्ध राजा महाराजा मानसिंह हुए। महाराजा साहेब गर्ग गोत्र के थे और इनके पूर्व पुरुष बिलासू गाँव में रहते थे। यह गाँव गंगा तट पर अब तक बसा हुआ है और राजा धृष्टकेतु से मिला था। यहाँ गर्ग गोत्र के बिलासिया ब्राह्मण रहते हैं और उनसे बिरादरी का आना जाना अब तक चला जाता है। इसी कारण महाराजा साहेब का गर्ग गोत्र बिलासिया पुर और द्वादश आदित्य शाखा है। बिलासी गाँव के एक बड़े प्रसिद्ध पंडित दिल्ली पहुँचे और गुणज्ञ अकबर बादशाह ने उनको मझवारी गाँव की जमींदारी दी। यह गाँव अकबर बादशाह के समय तक उनके पास रहा। अकबर के मरने पर मझवारी के पुराने जमीदारों ने डाका डालकर सारे पाठकों को मार डाला। केवल एक स्त्री भागकर एक चमार के घर में छिपी। वह स्त्री गर्भवती थी। चमार उसे दूलापुर ले गया। दूलापुर के जमींदार की स्त्री का मैका उसी गाँव में था जहाँ की वह ब्राह्मणी थी। इस कारण जमींदार ने उसको मैके पहुँचा दिया। मैके में ब्राह्मणी के जुड़वाँ लड़के पैदा हुए। एक का नाम मधुसूदन और दूसरे का टिकमन पाठक था। जब दोनों भाई सयाने हुए तो अपनी पुरानी जमींदारी लेने की उनको चिंता हुई और दूलापुर आए। दूलापुर के जमींदार ने उनसे सारा ब्यौरा कहा और रात को उन्हें मझवारी ले जाकर सारा गाँव दिखाया। यहाँ उनको वह चमार

भी मिला जिसके घर में उनकी माता ने शरण ली थी। तब दोनों भाई दिल्ली पहुँचे और बादशाह औरंगजेब से फरयाद की। बादशाह ने उन्हें मझवारी गाँव के अतिरिक्त 99 गाँव और दिए और उनको चौधरी की उपाधि देकर अपने देश को लौटा दिया।

महाराजा मानसिंह के पूर्व पुरषों का फैजाबाद के जिले में पलिया गाँव में आना

जब मुर्शिदाबाद के हाकिम नवाब कासिम अली खाँ ने शाहाबाद जिले को अपने शासन में कर लिया उस समय उनके अत्याचार से मझवारी की जमींदारी नष्ट हो गई और महाराजा मानसिंह के प्रपितामह अपना देश छोड़कर गोरखपुर के जिले में बिडहल के पास नरहर गाँव में जाकर बसे। उनके बेटे गोपाल पाठक ने अपने बेटे पुरंदर राम पाठक का विवाह पलिया गाँव के गंगाराम मिश्र की बेटी के साथ कर दिया और पलिया में आकर बस गए।

पुरंदर राम जी के 5 बेटे थे, ओरी, शिवदीन, दर्शन, इन्छा और देवीप्रसाद। ओरी ने 14 वर्ष की अवस्था में ईस्ट इंडिया कंपनी के रिसाले में नौकरी कर ली और लार्ड कार्नवलिस के साथ कई लड़ाइयों में वीरता दिखाई। एक बार छुट्टी लेकर लखनऊ की सैर को आए और बेलीगारद के सामने अपने एक मित्र से बातचीत कर रहे थे कि उधर से अवध के नवाब सआदत अली खाँ की सवारी निकली। ओरी बहुत अच्छे डील-डौल के वीर पुरुष थे। नवाब साहब ने उनको बहुत पसंद किया और चोबदार से बोले कि इस जवान से कहो कि हमारी सरकार में नौकरी करे। ओरी ने उत्तर दिया कि हम आपकी सेवा करने में अपनी प्रतिष्ठा समझते हैं परंतु हम अंग्रेजी सरकार के नौकर हैं। नवाब साहब ने तुरंत लखनऊ के रेजिडेंट डेली साहब को लिखा और ओरी को 8 सवारों का दफादार बनाकर अपनी अर्दली में रखा। एक दिन नवाब साहब हवादार पर बाहर निकले थे। रास्ते में उन पर किसी ने तलवार चलाई। वह हवादार की तान में लगी। दूसरा वार फिर करना चाहता था कि वीर ओरी ने झपटकर उसको एक ऐसा हाथ मारा कि वह वहीं मर गया। इस पर नवाब साहब बहुत प्रसन्न हुए और खिलअत देकर पलिया उनकी जागीर कर दी और जमादारी का ओहदा देकर उनको सौ सवारों का अफसर बनाया। इसके कुछ ही दिन पीछे रिसालदार बना दिए गए और उनका नाम ओरी से बदलकर बख्तावर सिंह कर दिया गया। नवाब सआदत अली खाँ के मरने पर जब गाजीउद्दीन हैदर बादशाह हुए तो उन्हें राजा की उपाधि मिली। उनकी खैरख्वाही के कारण दरबार में उनकी प्रतिष्ठा और उनका अधिकार बढ़ता गया जो किसी दूसरे को प्राप्त न था। कुछ दिन बाद

उन्होंने अपने भाई दर्शन सिंह को चकलेदारी दिलवाई। उन्होंने भी अपने इलाके का बहुत अच्छा प्रबंध किया और राजा की पदवी पाई। उन्हीं दिनों शिवदीन एक बड़ा डाकू था। बादशाह की आज्ञा से उसका दमन किया गया और राजा को बहादुर का पद मिला। इसी तरह दोनों की बादशाह नसीरुद्दीन के समय में उन्नति होती रही। राजा दर्शन सिंह ने शाहगंज में सुदृढ़ कोट, बाजार और महल बनवाए। श्री अयोध्या में दर्शनेश्वरनाथ का पत्थर का शिवाला बनवाया जो अवध प्रांत में अद्वितीय है। सूर्यकुंड का पक्का तालाब और उसी के पास दर्शन नगर बाजार उनके कीर्ति के स्तंभ अब तक विद्यमान हैं। उनकी वीरता, उनका दान, उनका न्याय और राज-विद्रोहियों (सर्कशों) का दमन संसार में प्रसिद्ध है। इस अंतिम काम के लिए उनको बादशाही से सरकोबे सरकशां सलतनत बहादुर की उपाधि मिली थी।

राजा दर्शन सिंह की वीरता बखान में इतिहास का यह अंश बहुत बढ़ जाएगा। राजा दर्शन सिंह 5 वर्ष तक वैसवाड़े के नाजिम रहे। वैसवाड़े के तालुकदार क्या बड़े क्या छोटे सरकारी जमा देना जानते ही न थे। उनका बल बहुत बढ़ा हुआ था और उनकी गढ़ियों पर तोपें चढ़ी रहती थीं। दर्शन सिंह ने कुछ बड़े-बड़े ताल्लुकेदारों के नाम परवाने जारी किए जिनमें यह लिखा था कि अपनी भलाई चाहते हो तो तुरंत उपस्थित होकर सरकारी जमा दाखिल करो। ताल्लुकदारों ने परवाने पाकर युद्ध करने का निश्चय कर दिया। राजा दर्शन सिंह ने पहले धावा मारकर मुरारमऊ की गढ़ी तोड़ी और गढ़ी के रक्षक एक पगडंडी के रास्ते निकल भागे। इस गढ़ी के टूटने से और ताल्लुकदारों के छक्के छूट गए।

बलरामपुर के ताल्लुकेदार राजा दिग्विजय सिंह जी सरकारी जमा नहीं देते थे। राजा दर्शन सिंह ने सेना समेत बलरामपुर की गढ़ी पर चढ़ाई कर दी। राजा गोरखपुर को भाग गए और दूसरे साल नेपाल की तराई होकर अपने देश को लौटना चाहते थे कि राजा दर्शन सिंह ने समाचार पाकर एक लंबी दौड़ लगाई और राजा के डेरे पर धावा मार दिया।* राजा अपने प्राण बचाकर भागे। उस दिन आने जाने में 45 कोस की दौड़ हुई। नेपाल के हाकिम गोसाईं जयकृष्ण पुरी ने सीमा पार करके नेपाल राज में प्रवेश करने के लिए दर्शन सिंह की शिकायत नेपाल-दरबार में की। नेपाल के रेजिडेंट ने लखनऊ के रेजीडेंट को लिख भेजा। बादशाही दरबार से जवाब लिया गया और यह निर्णय हुआ कि लूटपाट में नेपाल की प्रजा की जो हानि हुई है वह राजा दर्शन सिंह से दिलवा दी जाए। राजा साहब ने हानि का 1453) तुरंत दे दिया और फिर अपने काम पर बहाल हुए। बादशाह अमजद अली शाह के समय में जब तक नवाब मुनवरउद्दौला वजीर रहे सारी सलतनत का प्रबंध राजा दर्शन सिंह को सौंपा

गया। राजा साहब ने यहाँ तक इकरार नामा लिख दिया कि सरकारी जमा में जो कुछ बाकी रहेगा उसे हम देंगे। इसी समय में उनको कचहरी करने के लिए लालवारा दिया गया जहाँ अयोध्या-राज का प्रासाद अब तक विद्यमान है। इसी समय बीमार होकर अयोध्या चले आए और श्रावण सुदी 7 मी को अयोध्यावास लिया। राजा दर्शन सिंह के भाई इंच्छासिंह भी सुल्तानपुर, गोंडा और बहराइच के नाजिम रहे। उनके सबसे छोटे बेटे का नाम रघुबर दयाल था। वह भी 1253 फसली में गोंडा और बहराइच के नाजिम हुए और उनको राजा रघुवर सिंह बहादुर की उपाधि मिली।

राजा बख्तावर सिंह और राजा दर्शन सिंह का मिलकर इलाका मोल लेना

जब राजा बख्तावर सिंह ने अपने भाइयों को ऊँचे-ऊँचे पद दिलवा दिए तो उनकी यह इच्छा हुई कि अब जमींदारी लेनी चाहिए और उन्होंने अनुमान 1500 गाँव मोल ले लिए और अपने सुप्रबंध से प्रजा को प्रसन्न रखा। जब मेजर स्लीमन ने सूबे अवध का दौरा किया तो मेहदौना राज्य की प्रजा की स्मृद्धि देखकर बहुत प्रसन्न हुए, जिसका वर्णन उनकी पुस्तक में किया गया है।

जब बादशाह नसीरुद्दीन हैदर का देहांत हुआ और मेजर लो (Low) रेजिडेंट मुहम्मद अली शाह को तख्त पर बैठाने के लिए अपने साथ दरे-दौलत पर लाए, उस समय बादशाह बेगम और मुन्नाजान एक हजार हथियारबंद सिपाहियों को लेकर महल में घुस आए। मुन्नाजान ने कहा कि सल्तनत हमारी है और तख्त पर बैठकर यह हुक्म दिया कि मुहम्मद अली शाह उसका बेटा अजमदअली शाह और उसके पोते वाजिदअली का वध कर दिया जाए। राजा बख्तावर सिंह ने बड़ी बुद्धिमानी से मुहम्मदअली शाह के परिवार को छिपाया। इतने में मड़िआँव की छावनी से सेना आ गई। मुन्नाजान और बादशाह बेगम पकड़ लिए गए और मुहम्मदअली शाह तख्त पर बैठाए गए। मुहम्मदअली शाह ने बड़ी कृतज्ञता प्रकट की और नानकार और गाँव और माफी और जागीर देकर उन्हें मेहदौना के राजा की पदवी दी। इसी समय बख्तावर सिंह को वह तलवार दी गई जिसे कि ईरान के बादशाह नादिरशाह ने दिल्ली के बादशाह मुहम्मदअली शाह को उपहार में दिया था और मुहम्मद शाह से नवाब सफदरजंग ने पाया था।

सर महाराजा मानसिंह बहादुर, के.सी.एस.आई., कायमजंग

राजा दर्शन सिंह के मरने पर सारे राज्य में गड़बड़ मच गई। जिन ताल्लुकेदारों का राज राजा बख्तावर सिंह ने ले लिया था, सब बिगड़ गए और अपनी-अपनी

जमींदारी दबा बैठे। राजा दर्शन सिंह के दो बेटे राजा रामअधीन सिंह, राजा रघुबर सिंह और कुछ और प्रतिष्ठित अधिकारियों ने यह निश्चय किया कि अपना देश छोड़कर अंग्रेजी राज में चले जाएँ। जो धन अपने पास है उससे दिन कट जाएँगे। उस समय महाराजा मानसिंह जिनका पूरा नाम हनुमानसिंह था, केवल 18 वर्ष के थे। उनकी छोटी अवस्था के कारण उनकी कोई सुनता न था। महाराजा मानसिंह में उत्साह भरा हुआ था। उन्होंने यह सोचा कि बादशाही को छोड़कर अंग्रेजी राज में जाकर रहना, खाना और पाँव फैलाकर सोना, बनियों का काम है। हमारे पूर्व-पुरुषों ने बड़ी वीरता दिखाई जिससे उनको इतनी प्रतिष्ठा मिली। हमको भी चाहिए कि ऐसे राज को न छोड़ें जो लाखों रुपए के व्यय से प्राप्त हुआ है। लोग यही कहेंगे कि राजा दर्शन सिंह के मरने पर उनकी संतान में कोई ऐसा न निकला जो राज को सँभालता और अपने घर को देखता-भालता। हम लोग ऐसे उत्साहहीन हुए कि बिना लड़े-भिड़े अपने बाप-दादों की कमाई खो बैठे।

ऐसे विचार करके उन्हों ने अपने भाइयों से कहा कि आप लोग अंग्रेजी राज में जाएँ, मैं यहीं रहूँगा। उनके पास उस समय न कोश था और न सेना थी। किसी बिना पूछे, थोड़े से वीरों के साथ निकल पड़े और कुछ विरोधियों से भिड़ गए। इसमें उनकी जीत हुई। इससे उनके सारे राज में उनकी धाक जम गई। उस समय किसी कारण से राजा बख्तावर सिंह बादशाही में नजरबंद थे। महाजन से 3 लाख रुपए लेकर उन्हें भी छुड़ाया और राजा बख्तावर सिंह फिर दरबार में पहुँच गए। महाराजा मानसिंह के सुप्रबंध का समाचार बादशाह के कानों तक पहुँचा। उस समय सूरजपुर का तालुकदार बड़ा अत्याचारी था। बादशाह को यह समाचार मिला कि उसने अपनी गढ़ी में 400 बंदी बंद रखे हैं जिनको वह लकड़ी इकट्ठा करके जीते जी भस्म करना चाहता है। बादशाह ने राजा बख्तावर सिंह से कहा कि अपने भतीजे को इस दुष्ट को दंड देने के लिए आज्ञा दो। राजा साहब बड़ी चिंता में पड़ गये क्योंकि मानसिंह की उस समय उम्र कम थी परंतु बादशाह की आज्ञा कैसे टल सकती थी। महाराजा मानसिंह ने गुप्तचर भेजे तो विदित हुआ कि सूरजपुर के राजा की गढ़ी में तीन हाते हैं। तीन हजार सिपाही हथियारबंद उपस्थित हैं और ग्यारह तोपें गढ़ी के बुर्जों पर चढ़ी हैं। यह भी निश्चित रूप से विदित हुआ कि परसों सब बंदी भस्म कर दिए जाएँगे। महाराजा साहब ने सोचा कि सेना लेकर चलें तो गढ़ी घिर जाएगी परंतु बंदी न बचेंगे। इस कारण तीन सौ वीर योद्धा लेकर कुछ रात रहे गढ़ी के पास पहुँचे और चर भेजकर यह जान लिया कि गढ़ी के एक कोने के पहरेवाले किसी काम से गए हुए हैं। महाराजा

मानसिंह ने तुरंत सीढ़ियाँ लगाकर बिना लड़े-भिड़े तीन सौ वीरों के साथ गढ़ी में प्रवेश किया और बंदियों को और तोपों को अपने अधिकार में कर लिया। गढ़ी वाले चौंके तो चारों ओर से गोलियाँ चलाने लगे। महाराजा मानसिंह ने उन्हीं की तोपें उन पर दागीं और दो घंटे में गढ़ी टूट गई, और अत्याचारी जिंदा पकड़ लिया गया। गढ़ी के अंदर एक जगह लकड़ी का ढेर लगा हुआ था। उस दिन जय की दुंदभी न बजती तो सारे बंदी भस्म कर दिए जाते। बंदी छोड़ दिए गए। उस राजा की एक गढ़ी और थी जिसमें दो हजार सिपाही थे और बहुत-सा गोला बारूद और खाने-पीने की सामग्री रखी हुई थी। वहाँ ईश्वर की लीला यह हुई कि गढ़ी के रक्षक डर के मारे गढ़ी छोड़कर भाग गए। बादशाह ने मानसिंह की वीरता से प्रसन्न होकर उनको राजा मानसिंह बहादुर की उपाधि दी। दूसरा वीरता का काम जो बादशाह की आज्ञा से किया गया सीहीपुर के राजा का दमन था। इस पर महाराजा मानसिंह को कायमजंग का पद मिला और एक विलायती तलवार जो ईरान के बादशाह ने बादशाह नसीरुद्दीन हैदर को उपहार में भेजी थी, उनको दी गई। उनके पीछे कर्नल स्लीमन साहब के कहने से उन्होंने भूरे खाँ डाकू को पकड़ा जो काले पानी भेजा गया। इसके उपहार में बादशाह ने महाराजा मानसिंह को ग्यारह फैर तोप की सलामी दी। यह पद किसी को प्राप्त न था।

नाजिमों की सलामी हुआ करती थी परंतु महाराजा मानसिंह को इस अधिकार के बिना विचारे सलामी मिली। इसके बाद जब वाजिदअली शाह बादशाह हुए तो अजब सिंह डाकू के मारने पर महाराजा मानसिंह को झालरदार शमला और ताज के आकार की टोपी मिली। जगन्नाथ चपरासी भी बड़ा प्रबल डाकू था। उसके साथ छः-सात सौ डाकू रहा करते थे। वह गाँवों को लूट लेता था और इस पर भी संतोष न करके सैकड़ों स्त्री-पुरुषों को पकड़ ले जाता और बंदूक के गज लाल करा के उनको दगवाता और उनके इष्ट बंधुओं से बहुत-सा धन लेकर उन्हें छोड़ता था। इसी अवसर पर महाराजा साहेब को एक हवादार भी मिला। तब से हवादार पर सवार होकर बादशाही डयोढ़ी तक जाते थे। इस डाकू के पकड़ने में महाराज मानसिंह ने बड़ी वीरता दिखाई थी। अकेले उसको पकड़ने के लिए पहुँचे। उसने कड़ाबीन सर की। वीर महाराजा ने लपककर उसका हाथ उठा दिया। गोलियाँ उनके ऊपर से निकल गईं और डाकू पकड़ लिया गया।

जब राजा बख्तावर सिंह बूढ़े हो गए तो उन्होंने महाराजा मानसिंह को लखनऊ बुलाया और अपना पद, अपना राज, उनके नाम लिखकर बादशाही सरकार में अर्जी दे दी। अर्जी मंजूर हो गई। तब से राज प्रबंध महाराजा मानसिंह करने लगे।

1253 फसली में राजा रामाधीन सिंह के ऊपर 51921=) की बाकी थी उसे भी महाराज मानसिंह ने खजाने में जमा करके रामाधीन सिंह का हिस्सा अपने नाम करा लिया। राजा बख्तावर सिंह का ईस्वी सन् 1846 में स्वर्गवास हो गया।

इसके कई वर्ष पीछे जब हनुमान गढ़ी का झगड़ा उठा तो बादशाह ने महाराजा मानसिंह से कहा कि यहाँ तुम हिंदुओं के सरदार हो। जैसे तुमसे बने, इस झगड़े को निपटा दो। इस झगड़े का विवरण अध्याय 14 में दिया हुआ है। इस मामले की जाँच में मुसलमानों ने एक फरमान पेश किया था जिसमें लिखा था कि हनुमान गढ़ी के भीतर एक मसजिद है। महाराजा साहब को एक चर से यह समाचार मिला कि यह फरमान अवध के काजी का बनाया हुआ है और उसके पास दिल्ली के बादशाह नवाब शुजाउद्दौला आदि की मुहरें हैं। महाराजा साहब ने काजी के घर की तलाशी ली तो दिल्ली के बादशाहों—नवाब शुजाउद्दौला, नवाब आसफउद्दौला, नवाब सआदतअली खाँ और कई नाजिमों की मुहरें निकलीं। उन मुहरों को महाराजा मानसिंह ने आर साहब को सौंप दिया। आर साहब ने उन मुहरों को देखा तो बनावटी फरमान पर उन्हीं में की कुछ मुहरें लगी थीं। आर साहब ने उन मुहरों को बादशाही दरबार में भेज दिया। इस कारगुजारी के बदले बादशाह ने राजा मानसिंह को राजे-राजगान का पद दिया। इसके कुछ दिन पीछे लखनऊ की बादशाही का अंत हो गया और अंग्रेजी राज स्थापित हुआ।

गदर हो जाने पर फैजाबाद में दो पलटनें, एक रिसाला और दो तोपखाने बागियों के हाथ में रहे और सुल्तानपुर की पलटन भी उनसे मिलने आ रही थी। महाराजा मानसिंह के पास कोई सामान न था तो भी उन्होंने अपना धन और अपना प्राण अंग्रेजों को निछावर करके फैजाबाद के तीस अंग्रेजों-मेमों और बच्चों समेत अपने शाहगंज के किले में सुरक्षित रखा और आप विद्रोहियों का सामना करने के लिए डटे रहे। फिर उनको अपने सिपाहियों की रक्षा में गोला गोपालपुर पहुँचा दिया। इसी अवसर में चार मेमें और आठ अंग्रेजी बच्चे घाघरे के मांझा में बिना अन्न-जल मारे-मारे फिरते थे। महाराजा साहब ने सवारियाँ भेजकर उन्हें बुला लिया और पंद्रह दिन तक अपने घर में रखा और फिर उनके कहने पर सौ कहार और 36 पालकी कर के उनको आसबर्न साहब के पास बस्ती भेज दिया। इस पर लारेन्स साहब बहादुर ने उनको दो लाख रुपया और जागीर देकर महाराजा का पद दिया और यह भी कहा कि महाराज के वकील को अवध में जमींदारी दी जाएगी।

इसी समय बागियों ने शाहगंज की गढ़ी घेर ली और महाराजा साहब के लाखों रुपए के मकान खोद डाले और जला दिए और बहुत-सा धन लूट ले गए।

परंतु डेढ़ महीने के घेरे पर बड़ी वीरता से महाराजा साहब ने विद्रोहियों को मार भगाया। इसी अवसर पर राजा रघुवीर सिंह के घर का बहुत-सा सामान जो अयोध्या में लाला ठाकुर प्रसाद[3] के घर पर धनवावाँ से भेज दिया गया था विद्रोही लूट ले गए। इसके कुछ दिन पीछे नानपारे के मैदान में पंद्रह हजार बागी इकट्ठा हुए। महाराजा साहब बरगदिया के मैदान में बड़ी वीरता से उनसे भिड़ गए। उस समय गोरों की पलटन भी आ गई थी परंतु वह हट गई। केवल तीन तोपखाने महाराजा मानसिंह के साथ रहे। एक ही घंटे के युद्ध में बागी भाग गए।

महाराजा मानसिंह को अंग्रेजी सरकार की खैरख्वाही करने पर भी अपने देश की भलाई का विचार रहा जिसका प्रमाण एक परवाना हमारे पास है जो उन्होंने लाला ठाकुर प्रसाद को लिखा था। उसका सारांश यह है—

"मित्रवर लाला ठाकुर प्रसाद जी। प्रकट है कि आजकल लखनऊ खास में सरकारी अमलदारी हो गई है और विद्रोह के कारण हजारों आदमी मारे जा रहे हैं। लखनऊ का झगड़ा हमको विदित है इसलिए तुमको लिखा जाता है कि पत्र के पाते ही हजार काम छोड़कर इस काम को प्रधान मानकर हाकिमों के पास जाकर विनती करके हमको सूचना दो ... सफलता होने पर तुम्हारी संतान का पालन पीढ़ी दर पीढ़ी होगा।"

महाराजा मानसिंह को इन खैरख्वाहियों के बदले गोंडा जिले का तालुका विशंभरपुर उपहार में दिया गया और सात हजार रुपए की खिलत मिली और महाराजा की पदवी दी गई। उस सनद की प्रतिलिपि हमारे पास अब तक रखी है।

महाराजा मानसिंह का 11 अक्तूबर सन् 1870 ई. में स्वर्गवास हो गया। महाराजा साहब वीर होने के अतिरिक्त बड़े राजनीतिज्ञ और बड़े विद्वान और गुणग्राहक थे। उनके दरबार में पंडित प्रवीन आदि अनेक अच्छे कवि थे और आप द्विजदेव उपनाम से कविता करते थे। उनकी रची शृंगारलतिका नायिका भेद का उत्तम ग्रंथ है। स्वर्गवासी महाराज ने एक वसीयतनामा लिखकर एक संदूकचे में बंद कर दिया था। वह संदूकचा फैजाबाद के हाकिमों ने खोला तो उसमें लिखा था कि हमारे मरने पर हमारी विधवा महारानी सुभाव कुँवरि उत्तराधिकारिणी होगी। महारानी साहिबा ने उसी वसीयतनामें के अधिकार से राजा रघुवीरसिंह के कनिष्ठ पुत्र लाल त्रिलोकीनाथ सिंह को गोद ले लिया। महाराजा मानसिंह के केवल एक बेटी श्रीमती व्रजविलास कुँवरि उपनाम बच्ची साहिबा थीं जिनका विवाह आरे के रईस बाबू नरसिंह नारायण जी के साथ हुआ था। उन्हीं के पुत्र लाल प्रताप नारायण सिंह हुए जो ददुआ साहब के नाम से प्रसिद्ध थे।

लाल प्रतापनारायण सिंह ने अदालत में दावा कर दिया कि महाराजा मानसिंह के उत्तराधिकारी हम हैं। इस पर कई वर्ष तक मुकदमा चला। अंत को सन् 1887 में प्रिवी कौंसिल से उनकी डिग्री हो गई और वे मेहदौना राज्य के मालिक हो गए।

महाराजा प्रतापनारायण सिंह ने बीस वर्ष राज किया। इनका समय विद्याव्यसन में बीतता था। इन्हें इमारत बनवाने का बड़ा शौक था। अयोध्या का राजसदन और उसके भीतर कोठी मुक्ताभास उनकी सुरुचि और कारीगरी के अच्छे नमूने हैं। उनके सुप्रबंध से प्रसन्न होकर अंग्रेज़ी सरकार ने उनको महाराज अयोध्या (अयोध्यानरेश) की पदवी दी। विद्वत्ता के कारण उनको महामहोपाध्याय का पद मिला। महाराजा अनेक बार बड़े लाट की कौंसिल के सदस्य हुए और अपना काम बड़ी योग्यता से किया। उनके दरबार में विद्वानों की बड़ी प्रतिष्ठा होती थी। इस इतिहास के लेखक पर उनकी विशेष कृपा थी। उनके नायब राय राघवप्रसाद की भगिनी जिसका परसाल त्रिवेणीवास हो गया इतिहास लेखक को ब्याही थी। इस कारण भी दरबार में विशेष मान था। महाराज प्रतापनारायण सिंह ने राय साहब के देहांत होने पर मुझसे अनेक बार कहा कि अपने घर का काम देखो। परंतु मेरे भाग्य में न था कि उनकी सेवा करता। पेंशन की प्रतीक्षा करता रहा। इतने में गुणग्राही महाराजा साहेब ने अयोध्यावास लिया। महाराजा साहेब का रचा हुआ रसकुसुमाकर ग्रंथ उनके साहित्याज्ञान का नमूना है।

महामहोपाध्याय सर महाराजा प्रतापनारायण बहादुर के.सी. आई ई. के देहावसान पर उनकी दूसरी पत्नी श्रीमती महारानी जगदंबा देवी उनकी उत्तराधिकारिणी हुईं। उन्होंने महाराज के वसियतनामे के 'रू' से राजा इंछासिंह के कुल से लाल जगदंबिका प्रतापसिंह को गोद लिया परंतु महारानी साहेब के जीते जी वे केवल नाममात्र के राजा हैं।

संदर्भ—

1. यह प्रसंग महाराजा त्रिलोकीनाथ सिंह जी के लिखाए इतिहास के आधार पर लिखा गया है जो हमें महाराजा प्रतापनारायण सिंह जी से मिला था।
2. सूर्यवंशी राजाओं की सूची का 94वाँ राजा जो महाभारत में अभिमन्यु के हाथ से मारा गया था।
3. राज्य के वकील और मेरी स्त्री के चाचा।

□

अंग्रेजी राज में अयोध्या

हम ऊपर लिख चुके हैं कि मुसलमान राज में अयोध्या अधिकांश मुसलमानों का निवास हो गया था और सरयूतट पर लक्ष्मण घाट से चक्रतीर्थ तक मुसलमानों के मुहल्ले अब तक विद्यमान हैं। नवाब वजीरों के शासनकाल में केवल राज्य के ऊँचे अधिकारियों को ही नहीं वरन् बाहर के राजा लोगों को भी अयोध्या में मंदिर बनाने का अधिकार मिल गया था। अंग्रेजी राज के आते ही मुसलमानों की प्रतिष्ठा घट गई और यद्यपि आजकल कभी-कभी उनके कारण उपद्रव खड़ा होता है परंतु अब वे अधिकांश दरिद्र हैं और दुकानदारी करके जीविका निर्वाह करते हैं। इसके प्रतिकूल हमारी 60 वर्ष की याद में अयोध्या में बड़ा परिवर्तन हो गया है। इसमें संदेह नहीं कि अत्यंत प्राचीन नगर होने के कारण यहाँ मनुष्य जीवन की प्राकृतिक सामग्री कुछ घट सी गई है और गृहस्थ यहाँ पनपते ही नहीं। कोई उद्योग धंधा न होने से यहाँ के निवासी दूसरे नगरों में जाकर बसे हैं और बड़े-बड़े ऊँचे मकान खुदकर उनकी जगह मंदिर बनते चले आते हैं। अंग्रेजी सरकार के प्रबंध में सकरी गलियाँ चौड़ी कर दी गईं और पक्की सड़कें बनाई गई हैं और यात्रियों के सुख के लिए कोई बात उठा नहीं रखी गई। रेल निकल जाने से यात्रा में बड़ी सुगमता हो गई है और भारतवर्ष के कोने-कोने से लाखों यात्री रामनवमी, झूलन और कतकी के मेलों में आते हैं। भारतवर्ष के और प्रांतों के राजा-महाराजाओं ने बड़े-बड़े मंदिर बनवा दिए और प्रतिवर्ष अनेक मंदिर बनते चले आते हैं। महाराज अयोध्या के प्रासाद दर्शनेश्वर और राजराजेश्वर के मंदिर इस नगर के समुज्जवल रत्न हैं। परंतु केवल धनाढ्य ही नहीं मंदिर, धर्मशाला बनवाने में दत्तचित्त हैं। फैजाबाद के कायस्थों ने धर्महरि के पुराने मंदिर के स्थान पर एक बड़ी धर्मशाला बनवा दी है। गड़रियों और अछूतों ने भी मंदिर और धर्मशाला बनवाई है।

आजकल अयोध्या मंदिरों का नगर है और जब तक हिंदुओं में मर्यादापुरुषोत्तम

श्रीरामचंद्रजी के प्रति श्रद्धा और भक्ति रहेगी, अयोध्या उत्तर भारत की धार्मिक राजधानी रहेगी।

आवश्यकता केवल इस बात की है कि इस स्थान का शासन ऐसे हाकिमों के हाथ में रहे जो पक्षपातरहित होकर सनातनधर्मियों से सहानुभूति रखें।

उपसंहार

(क) अयोध्या के सोलंकी राजा

सोलंकी जिन्हें दक्षिण में चालुक्य और चौलुक्य कहते हैं, साधारणतः अग्निकुल कहलाते हैं जिनकी उत्पत्ति आबू पर्वत पर वसिष्ठ के अग्निकुंड से हुई थी। परंतु रायबहादुर महामहोपाध्याय पंडित गौरीशंकर हीराचंद ओझा ने अपने सिरोहीराज के इतिहास में लिखा है कि सोलंकी अयोध्या से पहले दक्षिण को गए और इसके प्रमाण में हमारा ध्यान एक संस्कृत और पुराने कनाडी दानपत्र ने आकर्षित किया है जो इंडियन ऐंटीक्केरी में छपा है। यह दानपत्र शाका 944 (ई. सन् 1022-23) के पीछे का है। और इसका दाता राज-राज द्वितीय है जिसका उपनाम विष्णुवर्द्धन भी था। राज-राज द्वितीय भाद्र मास की कृष्णा द्वितीया को बृहस्पति के दिन सिंहासन पर बैठा जब कि सूर्य सिंह राशि में था। इस दानपत्र में राजा राजराज ने गुड्डवाड़ी विषय में कोरू मिल्ली गाँव भारद्वाज गोत्र और आपस्तंब सूत्र के ब्राह्मण चीड़मार्य को दान किया था। हम आगे उस दान पत्र के कुछ श्लोक उद्धृत करते हैं।

ॐ श्रीधाम्नः पुरुषोत्तमस्य महतो नारायस्यप्रभो।
र्नाभीपङ्करुहाद्बभूव जगतः स्त्रष्टा स्वयंभूस्ततः॥
जज्ञे मानस सूनु रत्रिरिति यः तस्मान्मुने रत्रितः।
सोमो वंशकरस् सुधांशुरुदितः श्रीकंठ चूड़ामणिः॥
तस्मादासीत् सुधासूते र्बुधो बुधनुतस्ततः।
जातः पुरूरवा नाम चक्रवर्ती सविक्रमः॥
तस्मादायुरयुषो महुषः ततो य (या) तिश्चक्रवर्ती
वंशकर्त्ता ततः पूरुरिति चक्रवर्त्ती।
ततो जन्मेजयोऽश्वमेध[1] त्रितयस्य कर्त्ता,
ततः प्राचिश[2] स्तस्मात् सैन्ययातिः[3] ततो।
हयपति (:) ततस्सार्वभो (भौ) मस्ततो,
जयसेनः ततो महाभौमः तस्माद्देशानकः।
ततः क्रोधाननः ततो देवकिः देवके रिभुकः,

तस्माद् ऋक्षकः। ततो मतिवर[4] स्सत्रयाग।
याजी सरस्वतीनदीनाथः ततः कात्यायनः
कात्यायनान्नीलः ततो दुष्यन्तः तत।
आर्यो गंगायमुनातीरे यद विम्च्छत्रान्नि खाय,
यूपान् ऋमशः कृत्वा तथाश्व मेधा (ध्व) नामा।
महाकर्म भरत इति यो लभत। ततो भरताद्भूमात्युः
तस्मात् सुहोत्रः ततो[5] हस्ती ततो।
विरोचनः तम्मादजामिलः ततस्संवरणः,
तस्य च तपनसुताया तपत्याश्च सुधन्वा।
ततः परीक्षित् ततो भीससेनः ततः प्रदीपनः
तस्माच्छान्तनुः ततो विचित्रवीर्यः।
ततः पांडुराजः ततः आर्यापुत्रास्तस्य,
धर्मराज भीमार्जुन नकुल सहदेवाः पञ्चेन्द्रियवत्।
पञ्चस्युर्विषयग्रहिण स्तत्र,[6]
येनादाहि विजित्य खाण्डव मठे गाण्डीविना वज्रिणम्।
युद्धेपाशुपतास्त्र मन्धकरिपोश्चालाभि दैत्यान्बहन्,
इन्द्रार्द्धासनमध्यरोहि जयिना यत् कालिकेयादिकान्।
हत्वास्वैरमकारि वंशविपिनच्छेदः कुरूणां विभोः,
ततोऽर्जुनादभिमन्युः तत परीक्षितः ततो जन्मेजयः।
ततः क्षेमकः ततो नरवाहनः ततः शतानीकः
तस्मादुदयनः,
ततः परम् तत् प्रभृतिष्वविच्छिन्न संतानेष्वयो।
ध्या सिंहासनमासीनेष्व एकादूनषष्टि चक्रवर्तिषु,
तद्वंश्यो विजयादित्यो नाम राजा प्रविजिगीषया।
दक्षिणापथं गत्वा[7] त्रिलोचनपल्लवमधिक्षिप्य,
दैव दुरीहया लोकांतरमगमत्।"

****

अपिच् सूर्यान्यये सुरपति प्रतिमः प्रभावैः,
श्री राजराज इतियो जगतिव्यराजत्।
नाथः समस्त नरनाथकिरीट कोटिरत्नप्रभा
पटलपाटलपादपीठः।

(अनुवाद)

'श्रीधाम पुरुषोत्तम नारायण के नाभि कमल से स्वयंभू ब्रह्मा का जन्म हुआ। उनसे मानस पुत्र अत्रि जन्मे। उन मुनि से चंद्र की उत्पत्ति हुई जिससे चंद्रवंश चला। उस अमृत के उत्पन्न करनेवाले चंद्र से बुध हुआ, जिसे देवता नमस्कार करते हैं। उससे चक्रवर्ती वीर पुरूरवा का जन्म हुआ। उसका बेटा आयुष, उसका नहुष, उससे चक्रवर्ती ययाति हुआ जिससे अनेक वंश चले। उससे पुरु चक्रवर्ती हुआ। उसका बेटा जन्मेजय हुआ जिसने तीन अश्वमेध यज्ञ किए, उससे प्राविश, उससे सैन्ययाति, उससे हयपति, उससे सार्वभौम, उससे जयसेन, उससे महाभौम, उससे देशानक हुआ। उससे क्रोधानन, उससे देवकि, उससे त्ररभुक, उससे त्ररक्षक, उससे कात्यायन हुआ। कात्यायन से नील, नील से दुष्यंत हुआ। उसका पुत्र भरत हुआ जिसने गंगा यमुना के किनारे अविच्छिन्न यूप गाड़कर यज्ञ किए। भरत से भूमान्यु, उससे सुहोत्र, उससे हस्ति हुआ। उससे विरोचन, उससे अजामिल, उससे संवरण, उससे और तपन की बेटी तपनी से सुधंवा, उससे परीक्षित, उससे भीमसेन, उससे प्रदीपन, उससे शांतनु, उससे विचित्रवीर्य हुआ। उससे पांडुराज, उससे प्रदीपन, उससे धर्मराज, भीम, अर्जुन, नकुल, सहदेव, पाँच इंद्रियों के समान पाँच विषयों[8] के ग्रहण करनेवाले हुए।

गांडीव धनुष धारण करनेवाले अर्जुन ने खांडव वन जला दिया, और अंधक रिपु इंद्र से पाशुपत अस्त्र पाकर बहुत से दैत्य मारे, और इंद्र के साथ आधे आसन पर बैठा जिसने कालिकेय आदि को जीतकर कौरवों का वंश नष्ट कर दिया।

अर्जुन का बेटा अभिमन्यु हुआ, अभिमन्यु का परीक्षित, परीक्षित से जन्मेजय, उससे क्षेमक, उससे नरवाहन, उससे शतानीक, उससे उदयन। 'उसके पीछे उसकी अविच्छिन्न संतान एक कम साठ पीढ़ी तक अयोध्या के सिंहासन पर विराजी। उसी कुल का विजयादित्य नामक राजा दिग्विजय की इच्छा से दक्षिणापथ को गया, वहाँ उसने त्रिलोचन पल्लव पर चढ़ाई की और मारा गया ⋯ ।'

इसके बाद दानपत्र में लिखा है कि विजयादित्य की रानी के गर्भ था। रानी की एक ब्राह्मण ने रक्षा की, पुत्र उत्पन्न हुआ। बड़े होने पर पुत्र ने जिसका नाम विष्णुवर्द्धन था कदंबों और गांगों को जीत लिया, और नर्मदा से सेतु तक का राजा बन बैठा। इसके बाद विमलादित्य तक पूर्वीय चालुक्य राजाओं के नाम गिनाए गए हैं।

तब सूर्यवंशी राज राजप्रभाव में इंद्र के समान पृथ्वी पर राजा हुआ जिसके पाद पीठ पर सारे राजाओं के मुकुटों के रत्नों की ज्योति पड़ती थी।

उसका बेटा बड़ा प्रतापी राजेंद्र चोल था। राजेंद्र चोल की बहिन विमलादित्य को ब्याही थी।

इससे निष्कर्ष निकलता है कि चोल राजा सूर्यवंशी थे। इस दानपत्र में सोलंकियों का 59 पीढ़ी तक अयोध्या में राज करना लिखा है।

इसकी पुष्टि बिल्हणकृत विक्रमांकदेवचरित के निम्नलिखित श्लोकों से होती है।

प्रसाध्य तं रावणमध्युवास यां मैथिलीशः कुलराजधानीम्।
ते क्षत्रिया स्तामवदातकीर्तिं पुरीमयोध्यां विदधुर्निवासम्॥
जिगीषवः कोपि विजित्य विश्वं विलास दीक्षा रसिकाः क्रमेण।
चक्रुः पदं नागर खंड चुंबि पूगद्रुमायां दिशि दक्षिणस्याम्॥

'जिस अयोध्यापुरी को सँवारकर श्री रामचंद्र जी रावण को मारकर रहे थे उसी में (चालुक्य) क्षत्रिय जाकर बसे। वहाँ एक पुरुष विश्व को जीतकर दक्षिण देश में आए।'

परंतु इन लेखों से यह पता नहीं चलता कि अयोध्या में सोलंकी राज कब रहा। इसकी जाँच आगे की खोज से विद्वान् कर सकेंगे। इसी से हमने यह प्रसंग उपसंहार में रख दिया है।

(ख) सूर्यवंश

दिष्ट-वंश

1. मनु
2. इक्ष्वाकु
3. दिष्ट या नेदिष्ट
4. नाभाग
5. भलंदन
6. वत्सप्री
7. प्रांशु
8. प्रजानि
9. खनित्र
10. क्षुप
11. विंश
12. विविंश
13. खनिनेत्र
14. करन्धम
15. अवीक्षित
16. मरुत्त[8]
17. नारिष्यंत
18. दम
19. राज्यवर्द्धन
20. सुधृति
21. नर
22. केवल
23. बन्धुमत्
24. वेगवत्
25. बुद्ध
26. तृणविन्दु
27. विशाल
28. हेमचंद्र

29. सुचंद्र
30. धूम्राश्व
31. सृञ्जय
32. सहदेव
33. कृशाश्व (कुशाश्व वा. रा.)
34. सोमदत्त
35. जन्मेजय (काकुत्स्थ वा. रा.)
36. प्रमति या सुमति (अयोध्या के दशरथ का समकालीन)

वा.रा. के अनुसार राजा विशाल इक्ष्वाकु और अलंबुषा के पुत्र थे,[9] और इन्होंने विशाल नगरी बसाई थी।

जब विश्वामित्र राम-लक्ष्मण को साथ लिए हुए महाराज जनक के यज्ञवाट को जाते थे तो एक रात विशाला में रहे थे और राजा सुमति ने उनकी पहुनाई की थी।

(ग) सूर्यवंश

विदेह-शाखा

1. मनु
2. इक्ष्वाकु
3. निमि
4. मिथि-जनक[11]
5. उदावसु
6. नंदिवर्द्धन
7. सुकेतु
8. देवरात
9. वृहदुक्थ (वृहद्रथ, वा.रा.)
10. महावीर्य (महावीर, वा.रा.)
11. सुधृति
12. धृष्टकेतु
13. हर्यश्व
14. मरु
15. प्रतीन्धक
16. कृतिरथ (कीर्तिरथ, वा.रा.)
17. देवमीढ
18. विवुध
19. महाघृति (महाध्रक वा.रा.)
20. कृतिरात (कीर्तिरात, वा.रा.)
21. महारोमन्
22. स्वर्ण रोमन्
23. ह्रस्वरोमन्
24. सीरध्वज (अयोध्या के दशरथ के समकालीन)
25. भानुमत्
26. शतद्युम्न
27. शुचि
28. उर्ज्जवह
29. सनद्वाय
30. कुनि
31. अञ्जन
32. कुलजित् (ऋतुजित)
33. अरिष्टनेमि

34. श्रुतायुष्
35. सूर्याश्र्व
36. संजय
37. क्षेमारि
38. अनेनस
39. समरथ (मीनरथ)
40. सत्यरथ
41. सत्यरथि
42. उपगुरु
43. उपगुप्त
44. स्वागत
45. स्वनर
46. सुवर्चस
47. सुभास
48. सुश्रुत
49. जय
50. विजय
51. ऋत
52. सुतय
53. वीतहव्य
54. धृति
55. वहुलाश्व
56. कृति

महाभारत के पीछे इस राजवंश का पता नहीं लगता। इस राजवंश में इन दो राजाओं के नाम प्रसिद्ध हैं।

1 **मिथि**—श्रीमद्‌भागवत पुराण में लिखा है कि राजा मिथि ने यज्ञ आरंभ करके वसिष्ठ को ऋत्विक् बनाया। वसिष्ठ ने कहा कि इंद्र हमको वरण कर चुके हैं, जब तक उनका यज्ञ पूरा न हो जाए तुम ठहरे रहो। निमि ने कुछ न कहा और वसिष्ठ इंद्र का यज्ञ कराने लगे। निमि ने वसिष्ठ की राह न देखकर दूसरे पुरोहित को बुला लिया, और यज्ञ करने लगे। इंद्र का यज्ञ समाप्त करके वसिष्ठ जी लौटे तो निमि पर बहुत बिगड़े और उनको शाप दिया कि तुम्हारी देह पतित हो जाए। राजा ने भी उनको शाप दिया और कहा, तुमने लोभ के मारे धर्म का विचार नहीं किया। राजा और गुरु दोनों ने शरीर छोड़े। वसिष्ठ तो फिर उर्वशी के गर्भ से जन्मे और निमि की देह को मुनियों ने गंधद्रव्य में रख दिया, और यज्ञ समाप्त होने पर देवताओं से कहने लगे कि आप लोग कहें तो निमि जला दिए जाएँ। निमि बोल उठे कि मैं अब देह के जंजाल में न फँसूँगा। देवताओं ने कहा, अब यह विदेह होकर सब के नेत्रों में वास करें और उन्मेष निमेष रूप से प्रकट होने लगें। फिर मुनियों ने निमि की देह को मथा। उसमें से एक सुकुमार पुरुष उत्पन्न हुआ। इस असाधारण रीति से जन्म होने के कारण उसका नाम जनक विदेह हुआ। उसने मिथिला नगरी बसाई।

हमें यह कथा मिथिला शब्द की उत्पत्ति सिद्ध करने के लिए गढ़ी हुई जान पड़ती है। महाभाष्य में मिथिला शब्द की उत्पत्ति यों दी हुई है—

मध्यन्ते रिपवो मिथिला नगरी।

मिथिला जिसमें बैरी मथ डाले जाएँ। मिथिला भी इक्ष्वाकु के एक पुत्र की बसाई हुई है। ज्येष्ठ पुत्र की राजधानी अयोध्या थी, उसी की जोड़ का यह नाम रखा हुआ प्रतीन होता है।

ह्रस्वरोमन के दो बेटे थे, सीरध्वज और कुशध्वज। सीरध्वज का स्पष्ट अर्थ है जिसकी ध्वजा में सीर अर्थात् हल का चिह्न हो परंतु श्रीमद्भागवत में लिखा है कि राजा ह्रस्वरोमन यज्ञ करने के निमित्त हल चलाते थे, इसी से पुत्र जन्मा जिसका नाम सीरध्वज रखा गया। श्रीमद्भागवत में कुशध्वज सीरध्वज का बेटा है।

2 सीरध्वज—यह बड़े नामी पुरुष थे और इनके गुरु याज्ञवल्क्य थे। इनके यहाँ शिवजी का धनुष पूजा जाता था। इनके दो बेटियाँ थीं, एक श्री सीताजी जिनका जन्म यज्ञभूमि में हुआ था, और दूसरी ऊर्मिला। सीरध्वज ने यह प्रतिज्ञा की थी कि जो वीर पुरुष इस धनुष को तोड़ दे उसी के साथ सीता का ब्याह हो। धनुष तोड़कर सीता जी को वरने के लिए बड़े-बड़े वीर आए, परंतु सब अपना सा मुँह लेकर लौट गए। मध्यदेश में सांकास्य एक राज्य था जिसकी जगह अब फर्रुखाबाद जिले में संकिस्सा बसंतपुर नामक एक गाँव बसा हुआ है। उन दिनों इसका राजा सुधन्वा था। सुधन्वा ने राजा सीरध्वज से कहला भेजा कि धनुष और सीता दोनों हमें दे दो। सीरध्वज न माना। इस पर सुधन्वा ने मिथिला पर चढ़ाई कर दी। सीरध्वज ने उसको मारकर उसका राज्य अपने छोटे भाई कुशध्वज को दे दिया। कुशध्वज की दो बेटियाँ माँडवी और श्रुतिकीर्ति श्रीरामचंद्र जी के छोटे भाई भरत और शत्रुघ्न को ब्याही थीं।

(घ) रघु का दिग्विजय

महाराज रघु बड़े प्रतापी राजा थे। उन्हीं से रघुवंश चला। उनके दिग्विजय का विवरण रघुवंश के चौथे सर्ग में दिया हुआ है। हम उसके पद्यात्मक अनुवाद से मुख्य अंश उद्धृत करते हैं।[12]

पूर्व देस जीतत नृप वीरा।
पहुँच्यो महासिन्धु के तीरा॥
घन ताली-बन बस जो ठामा।
चहुँ दिसि छवि पावत अति श्यामा॥

जर सन अरिहि उखारत जोई।
तेहि लखि सुह्म बेत सम होई॥
काँपत रिपुगन सीस झुकाई।
रघु-सरि सुन निज जाति बचाई॥
लड़त नाव चढ़ि वंगनिवासी।
तासु शक्ति निज भुजबल नासी॥
गंगा-स्रोत द्वीप महँ जाई।
गाड़े निज जयखंभ सुहाई॥

चलत बाँधि मग महँ गज-सेतू।
सेना सहित भानुकुल-केतू॥
कपिशा उतरि कलिंगहि आवा।
उत्कलनृप तेहि पंथ बतावा॥
चढ़ि गज सरिस महेंद्र पहाड़ा।
निज प्रताप अंकुस तहँ गाड़ा॥
लै गज-यूथन अस्त्र चलाई।
मिल्यो कलिंग-भूप तेहि आई॥

सुलभ जानि जिन जीति न माँगी।
महा सिंधु तीरहि तहँ लागी॥
पूग वृक्ष जहँ सोह विशाला।
गयो अगस्त्य दिशा नरपाला॥

भई कावेरी महँ सोई देखी।
संका सरिपति-चित्त बिसेखी॥
चलि भड़काइ मरीच विहंगा।
परी मलयगिरि तट चतुरंगा॥

पै रविकुल शशि तेज अनूपा।
नहि सहि सक्यो पांडय-कुल भूपा॥
मिलत सिंधु जहँ ताम्रपर्णि सरि।

तहँ नृपविनय सहित रघुपद परि॥
मानहुँ निज जस संचित कीन्हा।
तहँ उपजत मोती तेहि दीन्हा॥
चल्यो नरेश शत्रुबल-कन्दन।
लगे जासु ऊपर बहु चंदन॥
दर्दुर मलय नाम गिरि दोई।
दिसि के कुचन बीच जनु होई॥
दुसह अरिन कहँ जासु प्रकासू।
सो नृप तज्यो सिंधु-तट तासू॥
महि-नितम्ब सम वस्त्र बिहाये।
सोइ गिरि सह्य निकट चलि आए॥
पश्चिम दिसि नृप जीतन काजा।
चलत अवध-नृप सहित समाजा॥
परस राम बस सिन्धु हटावा।
लग्यो मनहुं गिरितट फिरि आवा॥
निरखि ताहि केरल-पुरनारी।
भूषन दिए त्रास बस डारी॥

चलि मुरलासरि मारुत संगा।
परि मुरि दलबीरन के अंगा॥

मांगे रहन हेत कछु ठामा।
महासिंधु सन पायो रामा॥
अपरांतक नृप मिस सोइ सागर।
अवध-नरेस रघुहि दीन्हो कर॥
करि गज-दसन छिद्र जयचीन्हा।
निज जय खंभ त्रिकूटहि कीन्हा॥[13]
पुनि पारस जीतन थल राहा।
चल्यो सेन संग कोसलनाहा॥

पश्चिम दिसि सोई यवनन संगा।
चलत युद्ध महँ चढ़े तुरंगा॥
बिपुल धूरि सुनि धनु-टंकारा।
तासु धीर रन लोग बिचारा॥
तासु वीर तहँ मालन मारी।
दाढ़ी लसत सीस महि डारी॥

चहुँदिसि लसत दाख तरु जाके।
चाम बिछाइ सूर रनबाँके॥
करत पान बारुनी सुबासा।
कीन्हों बैठि समरश्रम नासा॥

तजि दच्छिन सोई भानु समाना।
दिसि कुबेर कहँ कीन्ह पयाना॥

तहँ सँहारि हूनकुल बीरा।
बल दिखाइ निज रघु रनधीरा॥

रन कम्बोज देस नरपाला।
सके न सहि रघु तेज बिशाला॥
कटत छाल परि गज-आलाना।
दबे भूप अखरोट सामाना॥

रविकुल-चंद तुरंग असवारा।
चढ़यो हिमालय नाम पहारा॥

लगी गंगजल-सीकर संगा।
सोई वायु सेनन के अंगा॥

बैठि सुमेरू छांह तेहि ठामा।
रघुदल वीर लह्यो विश्रामा॥

जो जंजीर सन नृप-दल-वारन।
बाँधे देवदारु तरु डारन॥
जोति डारि तहँ औषधि नाना।
भई तेल बिन दीप समाना॥

चलत दुहूँ दिसि गोफन बाना।
उड़त आगि जहँ लगत पखाना॥
घोर युद्ध गिरिबासिन साथा।
यदि विधि कीन्हि भानुकुल नाथा॥
निज बानन उतसव-संकेतन।
करि इमि मंद भानु-कुल-केतन॥

जाकी जर पौलस्त्य हिलाई।
नृप सन जनु सोई अचल डेराई॥
निज जस अचल राज तहँ धारी।
सोई गिरि सन निज सेन उतारी॥
लौहित्या उतरत चतुरंगा।
काला गुरु सन बँधत मतंगा॥
लखि मनुवंश-भानु परतापा।
प्रागज्योति कर नरपति काँपा॥

गयो सरन दै तोषन काजा।
सोइ गज कामरूप-नरराजा॥

इस से प्रकट है कि रघु ने पहले पूर्व की यात्रा की और राह के राजाओं को जड़ से उखाड़ते हुए समुद्र के तट पर पहुँचे जो ताड़ के वन से काला हो रहा था। यहाँ सुह्म देश था। सुह्म देश को कुछ विद्वान आजकल का अराकान मानते हैं परंतु हम उन लोगों से सहमत हैं जो इसे बंग के पश्चिम का प्रांत बताते हैं। इसकी राजधानी ताम्रलिप्त थी। ताम्रलिप्त को आजकल तामलुक कहते हैं। सुह्म के राजा ने रघु की अधीनता स्वीकार कर ली।

यहाँ यह विचारने की बात है कि उत्तर कोशल और सुह्म के बीच में मगध

और अंग राज्य थे। उनका क्या हुआ? ये दोनों राज्य न तो कोशल के अंतर्गत थे न उसके अधीन थे। इसका प्रमाण यह है कि इंदुमती के स्वयंवर में जिसमें रघु का बेटा अज भी गया था और जिसका वर्णन रघुवंश के छठे सर्ग में है, मगध और अंग के राजा दोनों आए थे। मगध के राजा का नाम परंतप है। दोनों की बड़ी प्रशंसा की गई है। हमारे मित्र बाबू क्षेत्रेशचंद्र चट्टोपाध्याय ने अपने विद्वत्तापूर्ण लेख 'Date of Kalidasa' में लिखा है कि इसका कारण यही हो सकता है कि महाकवि मगध और अंग दोनों देश के राजाओं से प्रेम रखता था और उनका जी दुखाना नहीं चाहता था। छठे सर्ग में अवसर पाकर दोनों की बड़ाई कर दी।[14]

सुह्म से आगे चलकर वंगालियों से रघु की मुठभेड़ हुई। ये लोग नाव पर चढ़कर लड़ते थे। रघु ने इनकी शक्ति नष्ट कर दी। महाकवि जिन शब्दों में बंगनिवासियों की हार का वर्णन करता है वह आजकल के कुछ बंगाली विद्वानों के इस कथन का खंडन करता है कि बंगाल कालिदास की जन्मभूमि थी। इस विषय में हमने भी अपने विचार 'कालिदास की जन्मभूमि और ऋतुसंहार' शीर्षक लेख में प्रकट किए थे जो कई वर्ष हुए माधुरी में छपा था। 'Date of Kalidasa' उसके कई वर्ष पीछे लिखा गया और हमको उसके पढ़ने में बड़ा आनंद आया क्योंकि उसमें भी हमारे ही कथन की पुष्टि है। बंगालियों को जीतकर गंगा स्रोत (गंगा सागर) के पास एक द्वीप में रघु ने अपना जयस्तंभ गाड़ा।

यहाँ से कपिशा (आजकल की सुवर्णरेखा) उतरकर रघु कलिंग देश में पहुँचे। कलिंग देश, वैतरणी के दक्षिण गोदावरी तक फैला हुआ था। पुरातत्ववेत्ता कनिंघम का मत है कि यह देश उड़ीसा के दक्षिण-पश्चिम में गोदावरी और पश्चिम-उत्तर में इद्रावती थी। महाभारत के समय में उड़ीसा भी इसी के अंतर्गत था। मणिपुर[15] और राज महेंद्री इसके मुख्य नगर थे। परंतु रघु के दिग्विजय के समय में उड़ीसा (उत्कल) इससे भिन्न था और उत्कल के राजा ने रघु के अधीन होकर उनको राह बताई थी।

इसके आगे रघु महेंद्रगिरि पर गए जहाँ महाभारत के समय में भी परशुरामजी रहते थे। कलिंग के राजा सदा से वीर रहे हैं। कलिंगवालों ने अशोक के भी दाँत खट्टे कर दिए थे यद्यपि अंत को हार गए। रघु से कलिंगराज लड़ा परंतु हार गया। उसकी सेना में हाथी बहुत थे। कलिंग से रघु दक्षिण गए और कावेरी उतरे। यहाँ पांडय देश था। मलयपर्वत और ताम्रपर्णी नदी इस देश की स्थिति निश्चित करते हैं। आजकल के तिन्नवली और रामेश्वरम् इसी के अंतर्गत थे। इसकी राजधानी 'उरगाख्यपुर' लिखी है। उरग का अर्थ नाग है और मदुरा का तमिल नाम अलवाय

(नाग) है। इससे विद्वान लोग अनुमान करते हैं कि पांडय देश की राजधानी मदुरा थी।

ताम्रपर्णी जहाँ समुद्र में गिरती है वहाँ मोती निकलते थे, सी पांडयराज ने रघु को सम्राट मानकर मोती भेंट में दिए।

उन दिनों पूर्वी घाट के दक्षिणी भाग को दर्दुर कहते थे। उसके और मलयगिरि के बीच में चलकर रघु सह्य पर्वत पर आए। सह्य कावेरी के उत्तर पश्चिमी घाट का नाम है। यहीं मलय (कनाड़ा केरल) देश था। उसने भी रघु का लोहा मान लिया। इसकी मुख्य नदी मुरली थी जिसे अब काली नदी कहते हैं।

वहाँ से उत्तर चलने पर अपरांत देश मिला, जिसका एक अंश आजकल कोंकण के नाम से प्रसिद्ध है। मलाबार का एक अंश भी इसी के अंतर्गत था, वहाँ के राजा ने भी रघु को कर दिया।

आगे चलकर रघु ने त्रिकूट को अपना जयस्तंभ बनाया। त्रिकूट लंका का प्रसिद्ध पर्वत है जिसके ऊपर रावण की राजधानी बसी हुई थी। तुलसीकृत रामायण किष्किंधा कांड में हनुमान जी कहते हैं—

आनौं इहाँ त्रिकूट उपारी

लंका जीतकर, रघु स्थल मार्ग से[16] पारसीकों को जीतने गए। बीच के राजा क्या हुए? रघुवंश के छठे सर्ग में इस प्रांत के विदर्भ के अतिरिक्त जहाँ भोजवंशी राजा राज करते थे और जिस कुल की बेटी इंदुमती रघु के बेटे को ब्याही थी, अवंति[17] अनूप[18] और शूरसेन[19] देश भी थे। इनसे छेड़-छाड़ न करने का कारण यही हो सकता है कि इनसे मेल था। हम अध्याय 7 में लिख चुके हैं कि उन्हीं दिनों मधु शूरसेन का राजा था और उसके वंशजों ने अनूप देश भी अपने अधीन कर लिया था और मधु ने अपनी बेटी एक इक्ष्वाकुवंशी राजकुमार को ब्याह दी थी। संभव है कि उन दिनों अनूपदेश जिसके अंतर्गत भृगुकच्छ (आज का भड़ोच) भी था, हैहयवंशियों के अधीन रहा हो।

पारसीक पारस देश के रहनेवाले थे। अध्याय 7 में हमने लिखा है कि सूर्यवंशी राजा सगर ने पह्लवों को श्मश्रुधारी बना दिया था। पारसी और पह्लवी आजकल भी पर्यायवाची शब्द है। पारसवाले घोड़ों पर चढ़कर लड़ते थे और उनके दाढ़ी थी। संभव है कि इन्हीं यवनों में अश्वकान (घोड़ा चढ़नेवाले) भी थे। विद्वानों का मत है कि अफगान शब्द अश्वकान से बिगड़कर बना है। ईरान (पारस) में अब भी अँगूर बहुत होते हैं और शीराज की अँगूरी शराब प्रसिद्ध है। यही शराब रघु के सैनिकों ने पी थी।

यहाँ से रघु कुबेर दिशा अर्थात् उत्तर को गए। कुबेर का निवास स्थान कैलास है। इसी से उत्तर दिशा को कौवेरी दिशा कहते हैं। हिंदुस्तान के नक्शे में कश्मीर के उत्तर हूनदेश (Hundes) है। हून लोग पीछे बड़े प्रबल हो गए थे[20] और इन्हीं की राह में कश्मीर देश था जिसके केसर के खेतों में चलने से घोड़ों के शरीर में भी केसर लग गई। रघु ने हूनों को परास्त किया और कांबोजों को दबाया। कांबोज देश वल्ख और गिलघिट घाटी के बीच में था और लद्दाख भी इसी के अंतर्गत था। यहाँ के घोड़े और अखरोट प्रसिद्ध थे। कांबोज के रहनेवाले कुछ तो मुसलमान होकर काबुल में बसे, कुछ भारतवर्ष में आए। यहाँ जो मुसलमान हो गए वे कंबोह कहलाते हैं और जो हिंदू हैं वे अपने को कंबोह या कंबुज कहते हैं।

यहाँ से रघु की सेना हिमालय प्रांत में घुसी और गंगा के किनारे ठहरी। यहीं कस्तूरी मृग की सुगंध से हवा बसी हुई थी और यहीं पहाड़ियों (संभवतः गढ़वालियों) से लड़ाई हुई जो गोफनों से पत्थर फेंककर लड़ते थे। उनको जीत कर रघु आगे बढ़े तो उत्सव संकेत पहाड़ी मिले जिन्हें आप्ते महाशय जंगली बतलाते हैं। संभव है कि ये नेपाली हों। यहाँ से ऐसा जान पड़ता है कि रघु कैलास भी गए और लौहित्या (ब्रह्मपुत्र) उतरकर प्राग्ज्योतिषपुर आए जहाँ का राजा डर के मारे काँपने लगा।

इसके आगे कामरूप देश था, वहाँ के राजा ने हाथी भेंट देकर रघु के पाँव पूजे।

यहीं दिग्विजय समाप्त हुआ।

रघु का दिग्विजय समुद्रगुप्त के दिग्विजय से मिलाया जाता है, और इससे यह सिद्ध करने का प्रयत्न किया जाता है कि कालिदास समुद्रगुप्त के दरबार के कवि न थे, और न उनके समकालीन थे। समुद्रगुप्त की प्रशस्ति जिसमें उनका दिग्विजय लिखा है हरिषेण की रची है और इलाहाबाद के किले के भीतर अशोक की लाट पर अशोक की धर्मलिपियों के नीचे खुदी है। हमने कई बरस हुए इस की छाप का फोटोग्राफ लेकर सरस्वती में छपवाया था। इसकी पूरी जाँच करने से यह लेख बहुत बढ़ जाएगा। इसके विषय में इतना ही कहना है कि समुद्रगुप्त के दिग्विजय का वर्णन रघु के दिग्विजय की भाँति क्रमबद्ध नहीं है। दूसरी बात यह है कि भारत के सम्राट सब दिग्विजय किया करते थे। संभव है कि रघु का दिग्विजय महाकवि के आश्रयदाता चंद्रगुप्त विक्रमादित्य का दिग्विजय हो। महाकवि उनके साथ था इसी से जिस-जिस देश में विजयी सेना गई वहाँ-वहाँ की विशिष्ट बातें लिख दीं।

(ङ) वसिष्ठ

ब्रह्मर्षि वसिष्ठ इक्ष्वाकुवंशियों के कुलगुरु थे, परंतु इतिहास को इस बात के मानने में बड़ा संकोच है कि एक ही वसिष्ठ इक्ष्वाकु से श्रीरामचंद्र तक 62 पीढ़ी के कुलगुरु रहे और प्रधान मंत्री का काम करें। सूर्यवंश के इतिहास में वसिष्ठ का नाम सबसे पहले विकुक्षि के साथ आया है। विष्णुपुराण में मिला है कि राजा इक्ष्वाकु ने विकुक्षि को अष्टका श्राद्ध के लिए मांस लाने भेजा। उसने वन में जाकर अनेक पशु मारे, परंतु जब वह थक गया और उसे बड़ी भूख लगी तो एक खरहा खा गया। घर लौटकर उसने सारा मांस राजा के सामने रख दिया। राजा ने अपने कुलगुरु वसिष्ठ से श्राद्ध के लिए मांस धोने को कहा। वसिष्ठ ने उत्तर दिया कि यह मांस दूषित हो गया है क्योंकि तुम्हारे दुरात्मा पुत्र ने इसमें से एक शशक भक्षण कर लिया है।

यही वसिष्ठ श्रीभद्भागवत् के अनुसार इक्ष्वाकु के पुत्र विदेहराज स्थापन करनेवाले राजा निमि के यज्ञ में ऋत्विक् बनाए गए थे जिसका वर्णन उपसंहार (ग) में है।

ये दोनों वसिष्ठ एक ही हो सकते हैं।

इसके बाद वसिष्ठ इक्ष्वाकु की 30वीं पीढ़ी पर त्रयारुण के राज में प्रकट होते हैं। हम पहले लिख चुके हैं कि एक साधारण अपराध के लिए त्रयारुण ने अपने बेटे सत्यव्रत को देशनिकाला दे दिया था, और आप दु:खी होकर वन को चला गया। तब वसिष्ठ ने बारह वर्ष तक अयोध्या का शासन किया। त्रयारुण के पीछे सत्यव्रत को विश्वामित्र ने गद्दी पर बैठाया। सत्यव्रत त्रिशंकु के नाम से प्रसिद्ध हैं। इसने सदेह स्वर्ग जाने की अभिलाषा पहले वसिष्ठ से कही, फिर वसिष्ठपुत्रों से कही। सत्यव्रत के मरने पर हरिश्चंद्र राजा हुआ। इसके राज्य के आरंभ में विश्वामित्र प्रबल थे। परंतु उन्हें अयोध्या से हट जाना पड़ा और तपस्या करने पुष्कर चले गए। हरिश्चंद्र के राज्य में वसिष्ठ फिर घुसे, और उन्हीं की चाल से राजकुमार रोहित को फिर विश्वामित्र की शरण जाना पड़ा।

ये दोनों वसिष्ठ भी एक ही थे।

मत्स्यपुराण में लिखा है कि कार्तवीर्य अर्जुन ने आपव वसिष्ठ के आश्रम को जला दिया, जिससे आपव ने उसको शाप दिया और वह परशुराम के हाथ से मारा गया। इस वसिष्ठ का नाम देवराज था।

हरिश्चंद्र से आठ पीढ़ी पीछे बाहु के राज में फिर एक वसिष्ठ प्रकट हुए और जब बाहु के पुत्र सगर ने शकों व यवनों को परास्त किया तो वसिष्ठ ने बीच में

पड़कर उनके प्राण बचा लिए और उनको जीवन-मृत-प्राय करा दिया। इस वसिष्ठ का उपनाम अथर्वनिधि भी है।

पाँचवें वसिष्ठ कल्माषपाद के समय में थे। अर्बुद माहात्म्य में लिखा है कि एक दिन राजा मित्रसह कल्माषपाद[21] शिकार को जा रहे थे। रास्ते में वसिष्ठ के बेटे शक्तृ से तकरार हो गई जिससे कल्माषपाद राक्षस हो गया और शक्तृ और उसके भाइयों को खा गया। पद्मपुराण और रघुवंश के अनुसार दिलीप वसिष्ठ के आश्रम में गाय चराने गए जिसके आशीर्वाद से रघु का जन्म हुआ। इस वसिष्ठ की भी उपाधि अथर्वनिधि है। दशरथ और श्रीरामचंद्र के दरबार में भी वसिष्ठ कुलगुरु थे। इनके अतिरिक्त एक वसिष्ठ भरतों के राजा संवरण के पास वहाँ पहुँचे जहाँ संवरण पाँचाल राजा सुदास से हारकर सिंधु महानद के तट पर पर्वत के निकट तक एक फुलवारी में सौ बरस से रहते थे। वसिष्ठ ने उनको फिर पुराने राज्य पर अभिषिक्त किया।[22] इन्हीं वसिष्ठ ने राजा का तपती के साथ ब्याह कराया जिससे कुरु का जन्म हुआ और इन्हीं वसिष्ठ ने राजा के राज में पानी बरसाया।[23]

वंशावलियों के मिलाने से यह संवरण उत्तर पाँचाल के सुदास और अयोध्या के कुशपुत्र अतिथि का समकालीन निकलता है। परंतु ऋग्वेद 7,18 का ऋषि वसिष्ठ का पोता पराशर है; जिससे प्रकट है कि वसिष्ठ उस समय बहुत बुड्ढे हो गए थे। एक वसिष्ठ पिजवनपुत्र सुदास के भी पुरोहित थे। सुदास ने एक यज्ञ किया। इसमें वसिष्ठ पुत्र शक्तृ ने विश्वामित्र को परास्त कर दिया परंतु जामदग्न्यों ने कौशिकों की सहायता की। कहीं-कहीं यह भी लिखा है कि विश्वामित्र के कहने से राजा के सेवकों ने शक्तृ को दावानल में डाल दिया। कुछ भी हो इसमें संदेह नहीं कि शक्तृ मारा गया और उसके मरने पर उसकी स्त्री अदृश्यंती के पराशर पुत्र उत्पन्न हुआ। इससे प्रकट है कि एक वसिष्ठ उत्तर पांचाल के राजा सुदास के भी पुरोहित थे। अर्बुद माहात्म्य में लिखा है कि एक वसिष्ठ उस पर्वत पर रहते थे जिसे आजकल आबू पहाड़ कहते हैं। यह स्थान गोमुख के नाम से प्रसिद्ध है। इसमें गोमुखरूपी टोंटी से नीचे के कुंड में पानी गिरता है। इसी के पास वसिष्ठ का मंदिर है। इस मंदिर में सिंहासन पर वसिष्ठ की मूर्ति के दाएँ-बाएँ राम-लक्ष्मण की मूर्तियाँ, वसिष्ठ पत्नी अरुंधती और बछड़े समेत नंदिनी गाय की मूर्तियाँ, हैं। यहीं अग्निकुंड है जिसमें से वसिष्ठ के यज्ञ करने पर अग्निकुल क्षत्रिय उत्पन्न हुए थे। जब परशुराम ने पृथ्वी निःक्षत्रिया कर दी तो ब्राह्मण भी व्याकुल हो गए क्योंकि उनका रक्षण करनेवाला कोई न रह गया। इस पर वसिष्ठ ने आबू पहाड़ पर सब देवताओं का आह्वान किया और गोमुख के पास अग्निकुंड में एक यज्ञ किया जिसकी समाप्ति पर चार देवताओं

ने चार क्षत्रियकुल उत्पन्न किए। इंद्र ने परमार-कुल, ब्रह्मा ने चालुक्य-कुल, शिव ने परिहार-कुल, और विष्णु ने चौहान-कुल। इसी से चारों कुल अग्निकुल कहलाए।

हमारे इस लिखने का प्रयोजन यही है कि वसिष्ठ के वंशज भी वसिष्ठ कहलाते थे, और यद्यपि इस कुल का संबंध साठ पीढ़ी तक अयोध्या राजवंश से रहा परंतु और राजाओं के यहाँ भी वसिष्ठ और उनके वंशज पहुँचते थे।

(च) हनुमान

हनुमानजी श्रीरघुनाथ जी के परमभक्त बड़े वीर और बड़े ज्ञानी थे। इनके जन्म की कथा वाल्मीकीय रामायण किष्किंधा कांड में यों लिखी है कि जब सीताजी की खोज करते-करते वानरसेना समुद्रतट पर पहुँची तो अथाह जल देखकर सब घबरा गए। अंगद ने धीरज धरके उनसे कहा कि यह समय विक्रम का है विषाद का नहीं। विषाद से पुरुष का तेज नष्ट हो जाता है और तेजहीन पुरुष का कोई काम सिद्ध नहीं होता। तुम लोग हमें यह बताओ कि तुममें से कौन वीर समुद्र फाँद सकता है? इस पर अनेक वानर बोल उठे; किसी ने कहा कि हम तीस योजन फाँद सकते हैं, किसी ने कहा चालीस योजन; जाम्बवान् ने नब्बे योजन फाँदने का बल बताया। इस पर अंगद ने कहा कि समुद्र की चौड़ाई सौ योजन है, सो हम फाँदने को तो फाँद जाएँगे किंतु यह निश्चय नहीं है कि लौट भी सकेंगे। जाम्बवान् बोला कि आप सबके स्वामी हैं, आपको न जाना चाहिए। इस पर अंगद ने उत्तर दिया कि न हम जाएँ और न कोई जाए तो हम लोगों को यहीं मर जाना चाहिए, क्योंकि सुग्रीव की आज्ञा है कि बिना सीताजी की खोज लगाए हमको मुँह न दिखाना। जब यह बातें हो रही थीं तो हनुमानजी एकांत में चुप बैठे थे। जाम्बवान् ने कहा कि तुम चुपचाप क्यों बैठे हो? तुम्हारी भुजाओं में इतना बल है जितना गरुड़ के पंखों में है। तुम्हारी माता अंजना पहले पुंजिकस्थला नामक अप्सरा थीं; वह ऋषि के शाप के कारण वानर हो गईं और कुंजर नामक वानरश्रेष्ठ के घर में जन्मी; उनका विवाह केशरी के साथ हुआ था। एक बार वर्षा ऋतु में वे एक पहाड़ पर घूम रही थीं कि पवन ने उनका आँचल उड़ा दिया। अंजना ने कहा कि हमारा पतिव्रत-धर्म कौन नष्ट करना चाहता है? इस पर पवन ने उत्तर दिया कि तुम्हारा पतिव्रत-धर्म भंग न होगा। हमारे संसर्ग से तुम महासत्व, महातेजस्वी और महापराक्रमी पुत्र जनोगी। वही पुत्र तुम हो। जब तुम बालक ही थे, तुमने वन में सूर्य को उदय होते ही देखकर यह समझा कि फल है और उसको खाने को दौड़े थे। इस पर इंद्र ने तुम्हारे ऊपर वज्र प्रहार

किया और तुम्हारी बाईं हनु (डाढ़) टूट गई। तब से तुम्हारा नाम हनुमान पड़ा।[26]

ब्रह्मपुराण में यह कथा विशेष विस्तार के साथ दी हुई है।

गोदावरी और फेना (पेनगंगा) के संगम पर एक बड़ा तीर्थ है[27] जिसमें स्नान दान करने से पुनर्जन्म नहीं होता। इस तीर्थ के अनेक नाम हैं, वृषाकपि, हनुमत, मार्जार और अब्जक। यह तीर्थ गोदावरी के दक्षिण तट पर है और इसकी कथा इस प्रकार है—

'केशरी के दो स्त्रियाँ थीं, अंजना और अद्रिका। दोनों पहले अप्सराएँ थीं। शाप के वश अंजना का मुँह वानर का-सा हो गया था और अद्रिका का बिल्ली का-सा। दोनों अंजन पर्वत पर रहती थीं। एक बार अगस्त्य मुनि वहाँ पहुँचे। दोनों ने उनकी पूजा की और मुनि ने प्रसन्न होकर दोनों को एक-एक पुत्र का वर दिया। दोनों उसी पर्वत पर नाचती गाती रहीं। वहीं वायुदेव और निर्ऋतिदेव पहुँच गए। वायु के संसर्ग से अंजना के हनुमान पुत्र हुए और निर्ऋति के संयोग से अद्रिका के अद्रि नामक पिशाचराज पुत्र हुआ। पीछे गोदावरी में स्नान करने से दोनों की शाप-निवृत्ति हुई। जहाँ अद्रि ने अंजना को नहलाया। उस तीर्थ का नाम आंजन और पैशाच पड़ा और वहाँ हनुमानजी ने अद्रिका को स्नान कराया था वह मार्जार, हनुमत और वृषाकपि के नामों से प्रसिद्ध हुआ।'[28]

वृषाकपि का अर्थ है जिसका संबंध वृषकपि से हो और वृषाकपि की कथा अध्याय 129 में दी हुई है।

'दैत्यों का पूर्वज बड़ा बलवान हिरण्य, तपस्या के बल से देवताओं का अजेय हो गया था। उसका बेटा महाशनि भी बड़ा बली था। उसने एक युद्ध में इंद्र को हाथी में बाँधकर अपने पिता को भेंट कर दिया। पिता ने इंद्र को बंद रखा। पीछे महाशनि ने वरुण पर चढ़ाई कर दी परंतु वरुण देव ने उसे अपनी बेटी देकर संधि कर ली। इंद्र के बँध जाने से देवता बहुत दुःखी हुए और विष्णु से सहायता माँगी। विष्णु ने उत्तर दिया कि वरुणदेव की सहायता के बिना हम कुछ नहीं कर सकते। तब देवता वरुण के पास गए। वरुण के कहने से महाशनि ने इंद्र को छोड़ तो दिया परंतु उनको बहुत फटकारा और उनसे कहा कि तुम वरुण को आज से गुरु मानो। इंद्र मुँह लटकाए अपने घर आए और इंद्राणी से अपनी दुर्दशा कही। इंद्राणी ने कहा कि हिरण्य हमारा चचा था तो भी हम अपने चचेरे भाई की मृत्यु का उपाय बताती हैं। तपस्या और यज्ञ से सब कुछ हो सकता है। तुम दंडकवन में शिव और विष्णु की आराधना करो। इंद्र ने शिव की पूजा की। शिव ने कहा कि हम अकेले कुछ नहीं कर सकते। तुम विष्णु की पूजा करो। तब इंद्र-इंद्राणी ने आपस्तंब के साथ गोदावरी

के दक्षिण तट पर गोदावरी और फेना के संगम पर विष्णु भगवान की आराधना की। शिव और विष्णु के प्रसाद से जल में से शिव-विष्णु दोनों का स्वरूप धारण किए हुए अर्थात् चक्रपाणि और शूलधर दोनों, एक पुरुष उत्पन्न हुआ। उसने रसातल में जाकर महाशनि को मारा। वह इंद्र का प्यारा मित्र अब्जक वृषाकपि कहलाया।

वृषाकपि अरिंदम का नाम अध्याय 70 में उन लोगों के साथ भी आया है जिन्होंने गोदावरी तट पर तीर्थ स्थापन किए थे।

विचारने से यह ध्वनित होता है कि वृषाकपि और हनुमंत एक ही थे।[29] वृषाकपि का अर्थ है पुलिंग बंदर। तो क्या हनुमान जी ऐसे ही बंदर थे जैसे आजकल अयोध्या आदि नगरों में उपद्रव करते हैं। जो ऐसे ही थे तो क्या कारण है जो आजकल कोई बंदर ज्ञानी नहीं निकलता?

हम तो यह समझते हैं कि हनुमान जी और उनके सैनिक दक्षिण देश के निवासी थे। आजकल के विज्ञान से यह सिद्ध होता है कि हजारों बरस पहले दक्षिण भारत का प्रांत अफ्रीका से मिला हुआ था। पीछे धरती बैठ जाने से अरब सागर बन गया, अफ्रीका के हबशियों का मुँह बंदरों से बहुत मिलता-जुलता है। दोनों की चिपटी नाक, दबे मत्थे और थूथन की भाँति आगे निकले हुए मुँह अब भी देखे जाते हैं। क्या इस बात के मानने में कोई आपत्ति हो सकती है कि ये वानर उन्हीं हबशियों के भाई हों जो अफ्रीका में अब तक बसे हैं और भारत में नष्ट हो गए या वर्णसंकर होकर यहाँ के निवासियों में मिल गए। इससे एक शंका हो सकती है कि रामायण के बंदर पिंगल वर्ण थे और अफ्रीका के हबशी काले होते हैं परंतु यह आबहवा का प्रभाव है।

अब रहा नाम हनुमंत। जो हम यह मान लें कि हनुमान और उनके सैनिक प्राचीन द्रविड़ थे तो संभव है कि रावण की भाँति हनुमान भी किसी तमिल शब्द का संस्कृत रूप हो और जब हनुमान शब्द बना तो उसकी उत्पत्ति दिखाने को इंद्र के वज्र से दाढ़ टूटने की कथा गढ़ी गई। इस कथा से भी यह ध्वनित होता है कि हनुमान जी पहले ऐसे कुरूप न थे। दाढ़ टूट जाने से मुँह बंदर का सा हो गया। ऐसे ही वृषाकपि भी किसी द्रविड़ शब्द का संस्कृत अनुवाद हो सकता है क्योंकि यह तो सिद्ध ही है कि वानर गोदावरी के दक्षिण के रहनेवाले थे जहाँ कन्नड़ या तमिल भाषा बोली जाती है। हम इस विषय में 1913 के जर्नल रायल एशियाटिक सोसाइटी से प्रसिद्ध विद्वान मिस्टर पार्जिटर का मत उद्धृत करते हैं।

वृषा पुलिंग के लिए द्रविड़ शब्द 'आण' है और यह शब्द कन्नड़ और तमिल और मलयालम तीनों भाषाओं में बोला जाता है। तेलुगू में इसके बदले मग और

पोटु बोलते हैं। कपि बंदर के लिए इन चारों भाषाओं में दो शब्द हैं, 1 कुरंगु, 2 मंडी। बंदरवाची शब्द कुरगु तमिल भाषा का है, शेष तीनों में कुरंग हिरन को कहते। मड़यालम में इस शब्द के दो रूप हैं कुरंग=हिरन, और कुरन्नु=बंदर[30]। तमिल भाषा में मंडी विशेष कर बँदरिया को कहते हैं। मड़याड़म में मंडी काले मुँह के बंदरों के अर्थ में बोला जाता है। कन्नड़ और तेलगू में मंडी संयुक्त शब्दों में हिंदी 'लोग' के अर्थ में आता है। यह अर्थ विचारने के योग्य है। कन्नड़ में बंदर के लिए दो शब्द हैं, कांटि और तिम्मा और दोनों नए हैं। यह बात सर्वसम्मत है कि तमिल में प्राचीन शब्द बहुत हैं।

अब आण और मंडी को मिलाने से वृषाकपि के अर्थ का द्राविड़ शब्द बन जाता है और वृषाकपि उसका संस्कृतानुवाद होता है।

आणमंडि का संस्कृत रूप हुआ हनुमंत। द्राविड़ शब्दों के संस्कृत रूप बनाने में बहुधा एक 'ह' पहले जोड़ दिया जाता है। इसके कई उदाहरण मिस्टर पार्जिटर ने दिए हैं। जैसे तमिल भाषा में इडुंवी का अर्थ है 'गर्बीली स्त्री'। यही नाम उस स्त्री का था जो संस्कृत में हिडिंवा कहलाई।

आजकल हनुमान को तमिल में अनुमंडम कहते हैं जिससे प्रकट है कि तमिल में संस्कृत का 'ह' गिर जाता है।

इससे यह सिद्ध होता है कि श्री हनुमान जी दक्षिण देश के प्राचीन निवासी थे और उनका असली नाम आणमंडी थी जिसका अक्षरार्थ लेकर संस्कृत में वृषाकपि[31] बनाया गया और संस्कृत रूप हनुमंत हुआ।

हम यहाँ इतना और कहना चाहते हैं कि प्राचीन यूरोप में एक असभ्य लड़ाकी जाति वंडल (Vandal) थी जिसके आक्रमणों से रोम-साम्राज्य छिन्न-भिन्न हो गया। बंदर और वंडल शब्द बहुत कुछ मिलते-जुलते हैं। बच्चे बहुधा बंदर को बंडल कहते हैं।

(छ) चंद्रवंश

यदुवंश

1. मनु
2. इला
3. पुरूरवस्
4. आयुष्
5. नहुष
6. ययाति
7. यदु
8. क्रोष्टु

9. वृजिनीवत्
10. स्वाहि
11. रुषगु (रशादु या रशेकु)
12. चित्ररथ
13. शशविंदु
14. पृथुयशस् (पृथुश्रवा)
15. पृथुकर्मन् (पृथुधर्मन्)
16. पृथुञ्जय
17. पृथुकीर्ति
18. पृथुदान
19. पृथुश्रवस्
20. पृथुसत्तम
21. अंतर
22. सुयज्ञ
23. उशनस्
24. सिनेयु
25. मरुत्त
26. कम्बलवर्हिष्
27. रुक्म, (कवच)
28. परावृट् (पुरु 1)
29. ज्यामघ
30. विदर्भ
31. क्रथ
32. कुन्ति
33. धृष्टि
34. निर्वृति
35. विदूरथ
36. दशार्ह
37. व्योमन्
38. जीमूत
39. विकृति
40. भीमरथ
41. नवरथ
42. दशरथ
43. शकुनि
44. करंभ
45. देवरात
46. देवक्षत्र
47. मधु
48. कुरुवश
49. अनु
50. पुरुद्वत्
51. पुरुहोत्र
52. अंशु
53. सत्व
54. सात्वत
55. अंधक
56. कुकुर
57. वृष्णि
58. धृति
59. कपोतरोमन
60. तिलोमन्
61. तित्तरि
62. तैत्तिरि
63. नल
64. अभिजित
65. पुनर्वसु
66. आहुक
67. उग्रसेन
68. कंस
69. (श्री कृष्ण)

नहुष का वंश[32]

24—चंद्रवंश में यदि आगे राजगद्दी का अधिकारी किसी का वंश हुआ तो राजकुमार नहुष का वंश हुआ। इसका विवरण इस प्रकार है।

महाराज ययाति

नहुष के छः पुत्र हुए, यति, ययाति, संयात्ति, आयति, वियति और कृत। इनमें से राजकुमार यति ने देखा कि पुरुष राजलक्ष्मी में पड़कर माया में फँस जाता है। वह इस आत्मा का ज्ञान नहीं कर सकता। इस कारण उसने राज्य की इच्छा ही नहीं की। उसका विवाह सूर्यवंशी राजा ककुत्स्थ की कन्या गो से हुआ। राजकुमार संयाति ब्रह्म की उपासना में लगकर उसी में मग्न हो गया। ययाति का विवाह उशना (शुक्राचार्य) की कन्या देवयानी और असुर राजा वृषपर्वा की कन्या शर्मिष्ठा से हुआ। देवयानी के गर्भ से यदु और तुर्वसु पैदा हुए और शर्मिष्ठा से द्रह्यु, अनु और पुरु पैदा हुए।

नहुष नाग

राजा नहुष स्वयं बड़े प्रतापी राजा हुए थे। उन्होंने संपूर्ण पृथ्वी को विजय किया।[33] उन्होंने अपने बाहुबल से इतना यश प्राप्त किया था कि देव लोगों ने भी इन्हें अपना प्रधान राजा बनाकर इंद्र का पद दे दिया। परंतु इतना उच्चासन पाकर नहुष को मद आ गया। उन्होंने सोचा कि मैं इंद्र के पद पर पहुँच गया हूँ, मैं इंद्र की पत्नी शची का भी भोग करूँ। उसको लाने के लिए राजा नहुष पालकी पर सवार होकर चले तब सप्तर्षियों ने उनकी पालकी उठाई। उनमें अगस्त्य कुछ मंद-मंद चलते थे। उनको तेज चलाने के लिए मद में आकर नहुष ने 'सर्प-सर्प' कहा। बस अगस्त्य कुपित होकर बोले, 'स्वयं सर्प हो जाओ।' इस प्रकार वह राजा अजगर होकर स्वर्ग से गिर गया।

पुराणकार की इस कथा का एक ऐतिहासिक गूढ़ार्थ निकलता है। वह यह है कि राजा नहुष अपने बाहुबल से निःसंदेह बड़ा भारी राजा हो गया। यहाँ तक कि प्रसिद्ध महर्षि लोग भी उसकी सेवा करना अपना अहोभाग्य समझते थे। परंतु उसके मदोंमत्त हो जाने पर अगस्त्य ने उसे साम्राज्य पद से च्युत करके जंगलों में प्रवास का दंड दिया। वह वाधित होकर नागवंशियों में जा मिला और नाग कहलाने लगा। इस बात का प्रमाण ग्रीक इतिहासलेखक हेरोडोटस के लेख से भी मिलता है। उसने मिस्त्र या इजिप्ट के प्राचीन इतिहास में लिखा है कि वहाँ का प्राचीन राजा डायोनिसस था जो पूर्व देश से आकर रहा। वहाँ उसने बड़ी भारी विजय की और वहाँ के लोगों को जो बहुत असभ्य थे खेती बाड़ी करने तथा नगर बसाने की शिक्षा दी और सभ्य बनाया, इत्यादि। हमें हेरोडोटस का डायोनिसस देव नहुष ही प्रतीत होता है।

अस्तु, इस प्रकार नहुष के अजगर या नाग बनकर राज्य से भ्रष्ट हो जाने पर ययाति ही राजगद्दी पर बैठा। ययाति भी बड़ा प्रसिद्ध राजा हुआ। इसके राज्य के चिह्न अभी तक भी भारत में विद्यमान हैं।

ययातिनगर का अवशेष

जयपुर रियासत में सांभर झील के तट पर सांभर नगर बसा हुआ है। वहाँ दो तालाब और दो मंदिर हैं, एक शर्मिष्ठा का और दूसरा देवयानी का। वहाँ से 11 मील पर ययाति के यौवनपुर की स्थिति है। जोबरेन का ठिकाना ययाति का यौवनपुर ही है। इस नगरी का भग्नावशेष केवल एक थम्भामात्र अभी तक शेष है जो वहाँ के मैदान में जोबरेन के बिलकुल समीप कुछ किसानों की झोपड़ी के समीप गड़ा हुआ है। कहते हैं यह थंभा प्राचीन नगर के द्वारस्थान पर है और 500 वर्ष पूर्व यहाँ का दृश्य बहुत ही सुंदर था। पास ही माता का मंदिर है। यह एक पर्वत पर है। पहले इस पर्वत से बहुत सुंदर-सुंदर झरने निकलते थे। वहाँ का दृश्य बहुत ही रमणीक था, अब भी वह पहाड़ी कम सुंदर नहीं। इस स्थान के पहाड़ में कई प्राचीन इमारतों के भग्नावशेष विद्यमान हैं जिनको देखने से प्रतीत होता है कि यहाँ पहले विशाल भवन बने थे।[34]

दिग्विजय

रुद्रमहाराज ने भक्ति से प्रसन्न होकर राजा ययाति को अत्यंत दिव्य प्रकाशमान् सुवर्ण का रथ[35] और दो अक्षय तूणीर (तरकस) दिए थे। इन तरकसों में के वाण कभी समाप्त नहीं होते थे। ययाति ने उसी रथ पर चढ़कर संपूर्ण पृथ्वी को विजय किया। ययाति का प्रताप भी अपने पिता नहुष से कम नहीं था। देव-दानव और मानव भी उसके मुकाबले पर न ठहर सके।

राजा ययाति के भोगविलास से तृप्त न होकर अपने पुत्रों से जवानी माँगने की कथा प्रसिद्ध है। संभव है कि सब से छोटा पुत्र उनका आज्ञाकारी था और उसकी माँ छोटी रानी शर्मिष्ठा के आग्रह से उसे राज मिला जिसका उदाहरण रामायण में है। जाँच से यह विदित होता है कि पुरु को प्रतिष्ठानपुर मिला, परंतु यदुवंशी भी राज से वर्जित न थे।

13—शशविंदु सूर्यवंशी युवनाश्व का समकालीन इसकी बेटी विंदुमती चैत्रर थी जिसके कई भाई थे, युवनाश्व 1 के पुत्र मांधाता को ब्याही थी।

30—विदर्भ ने दक्षिण में विदर्भराज्य स्थापित किया। चेदी के राजा भी इसी के वंशज थे। इसकी बेटी अयोध्या के राजा सगर को ब्याही थी।

47—मधु को पार्जिटर महाशय मथुरा का मधु मानते हैं।

(ज) चंद्रवंश

पुरुवंश

1. युधिष्ठिर
2. परीक्षित
3. जनमेजय
4. शतानीक
5. अधिसोम कृष्ण (अधिसीम कृष्ण)
6. निचक्षु (विवक्षु निर्वक्ता या नेमिवक्र)
7. उष्ण या भूरि
8. चित्ररथ
9. शुचिद्रव
10. वृष्णिमत्
11. सुषेण
12. सुनीथ या सुतीर्थ
13. रुच
14. बृचक्षु
15. सुखीवल
16. परिष्णव
17. सुतपस्
18. मेधाविन
19. पुरंजय
20. उर्व
21. तिगात्मन
22. वृहद्रथ
23. वसुदामन
24. शतानीक
25. उदभव
26. वाहीनर
27. दंडपाणि
28. निरमित्र
29. क्षेमक

2—परीक्षित अर्जुन के पुत्र अभिमन्यु का बेटा था। महाभारत में अभिमन्यु मारा गया उस समय यह गर्भ में था।

3—जनमेजय ने नागयज्ञ किया।

6—निचक्षु के समय में हस्तिनापुर गंगा की बाढ़ में डूब गया और राजधानी कौशांबी को उठ आई। हम समझते हैं कि महाभारत ऐसा सर्वनाशी युद्ध हुआ था कि फिर पुरुवंशियों के पाँव पश्चिम में न जमे। इसका उदाहरण अयोध्या का गुप्तवंश है।

अंतिम राजा महापद्मनंद के समय की राज्यक्रांति में मारा गया। (422 ई. पू.)

(झ) चंद्रवंश

यदुवंश (मगधराज वंश)

बसु (चैद्योपरिचर-गिरिका)

↓

महारथ—जिसने वृहद्रथ के नाम से मगध राज स्थापित किया।

↓

कुशाग्र

↓

वृषभ (ऋषभ)

↓

पुण्यवत्

↓

पुण्य

↓

सत्यधृति (सत्यहित)

↓

धनुष

↓

सर्ब

↓

संभव

↓

वृहद्रथ 2

↓

जरासंध

↓

सहदेव (महाभारत में मारा गया)

↓

सोमवित्

↓

श्रुतश्रवस्

इनमें जरासंध बड़ा प्रतापी राजा था। इसके प्रताप का वर्णन महाभारत सभापर्व अध्याय 14 में श्रीकृष्ण ने युधिष्ठिर से किया है। इसी के डर के मारे (पूर्व) कोशल के राजा दक्षिण भाग गए थे, और उन्होंने कदाचित् वहाँ दक्षिण कोशल राज स्थापित किया। इसकी दो बेटियाँ कंस को ब्याही थीं। कंसवध के पीछे जरासंघ कृष्ण का कट्टर बैरी हो गया और उसी के डर से श्रीकृष्ण यदुवंशियों को लेकर द्वारका (कुशस्थली) भाग गए थे। जरासंध के मारे जाने पर उसका राज छिन्न-भिन्न हो गया। सहदेव को मगध के पश्चिम का अंश मिला। उसी के साथ-साथ मगध के दो और राजाओं के नाम हैं—दंडधार और दंड, जो गिरिव्रज में राज करते थे। सहदेव के भाई नयसेन के पास भी कुछ राज था।

(ञ) चंद्रवंश

आयुष वंश

1 मनु

2 इला—इसका पति बुध था जो चंद्र और बृहंपति की स्त्री तारा का बेटा था।

3 पुरूरवस

4 आयुष—इसकी स्त्री सूर्यवंशी राजा वाहु की बेटी थी।

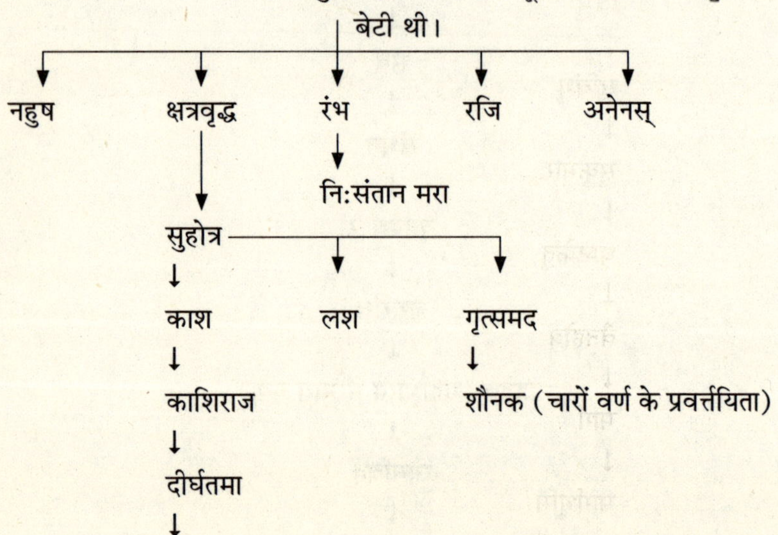

धन्वन्तरि (आयुर्वेद के आचार्य)
↓
दिवोदास
↓
प्रतर्दन शत्रुजित या वत्स या चतुरध्वज, कुवलयाश्व (मदश्रेण्य वंश को नष्ट किया)
↓
अलर्क
↓
संतति
↓
सुनीथ
↓
सुकेतु
↓
धर्मकेतु
↓
विभु
↓
सुविंभु
↓
सुकुमार
↓
धृष्टकेतु
↓
वैनहोत्र
↓
मार्ग
↓
मार्गभूमि

(ट) चंद्रवंश

कान्यकुब्ज राजवंश

1 मनु
↓
2 इला
↓
3 पुरूरवस्
↓
4 आमावसु
↓
5 भीम
↓
6 कंचनप्रभ
↓
7 सुहोत्र
↓
8 जह्नु[36]
↓
9 सुमंत (सुजहनु)
↓
10 अजक
↓
11 बालाकाश्व
↓
12 कुश
↓
13 कुशाश्व
↓
14 कुशिक
↓

↓

15 गाधि

↓

16 विश्वामित्र (इनका क्षत्रिय नाम विश्वरथ था)

↓

17 अष्टक

12—राजा कुश बड़े धर्मज्ञ और तपस्वी थे। उनका विवाह विदर्भकुल की एक राजकुमारी के साथ हुआ था जिससे चार बेटे हुए, कुशांब, कुशनाभ, अमूर्त्तूरजस और वसु। कुश ने अपने बेटों से कहा कि जाओ धर्म से प्रजापालन करो। इस पर कुशांब ने कौशांबी[37] नगरी बसाई। कुशनाभ महोदयपुर[38] में जाकर रहे। अमूर्त्तरजस धर्मारण्य[39] में जाकर बसे और वसु गिरिब्रज[40] का राजा हुआ। यह गिरिब्रज मागधी नदी के तट पर था और इसके चारों ओर पाँच पहाड़ियाँ थीं। कुशनाभ के धृताची अप्सरा से सौ बेटियाँ हुईं। जब लड़कियाँ सयानी हुई तो गहने कपड़े पहने बाग में नाचती गाती फिरती थीं। उनका विवाह कुशनाभ ने चूली मुनि के पुत्र ब्रह्मदत्त के साथ कर दिया। ब्रह्मदत्त कंपिलापुरी[41] का राजा था।

16—विश्वामित्र—इनका चरित्र अपूर्व है। वाल्मीकीय रामायण में इनके विषय में जो कुछ लिखा है वह संक्षेप में यों है।

विश्वामित्र ने बहुत दिनों तक राज किया। एक बार बड़ी सेना लेकर यात्रा करते हुए वसिष्ठ के आश्रम को गए। वसिष्ठ ने उनका स्वागत किया और कुशल क्षेम पूछा। विश्वामित्र ने कहा सब कुशल है और कुछ दिन वहाँ रहे। एक दिन वसिष्ठ जी हँसकर बोले, हम आपकी पहुनाई करना चाहते हैं, आप स्वीकार कीजिए। विश्वामित्र ने उत्तर दिया कि आपकी मीठी बातों ही से पहुनाई हो चुकी। अब हमको आज्ञा दीजिए, हम जाएँ। परंतु वसिष्ठ जी ने आग्रह किया और विश्वामित्र ठहर गए। तब वसिष्ठ ने अपनी होम धेनु को बुलाया और कहा, 'हम इस राजा की पहुनाई करना चाहते हैं, तुम खाने-पीने की अच्छी-से-अच्छी सामग्री से सेना समेत राजा को भोजन कराओ।' धेनु ने बात की बात में अच्छे-से-अच्छे भोजन पान सब इकट्ठा कर दिए। जब विश्वामित्र अपने मंत्री आदि के साथ खा-पीकर तृप्त हो गए तो कहने लगे कि आप हमसे लाख गाएँ ले लीजिए और अपनी होम धेनु हमें दे डालिए। वसिष्ठ बोले, हम करोड़ गायों के बदले अपनी धेनु न देंगे। इसीसे हमारे सारे काम चलते हैं।

इस पर विश्वामित्र ने कहा, हजार हाथी ले लीजिए, जितना चाहिए रत्न और सोना लीजिए, परंतु वसिष्ठ ने न माना, और कहा, यही हमारा सर्वस्व है, यही हमारा जीवन प्राण है, हम इसे न देंगे। इस पर विश्वामित्र ने वरजोरी से गाय को पकड़ना चाहा परंतु तत्क्षण बड़े-बड़े योद्धा निकल आए और विश्वामित्र की सेना को मार भगाया। पीछे बहुत दिनों तक लड़ाई होती रही परंतु वसिष्ठ के ब्रह्मबल ने विश्वामित्र के क्षत्रियबल को परास्त कर दिया। तब विश्वामित्र ने यह संकल्प किया कि ब्राह्मण बनना चाहिए और कठिन तपस्या करने चले गए। यहीं उनके पास त्रिशंकु पहुँचा जिसकी कथा ऊपर लिखी जा चुकी है। वाल्मीकीय रामायण में लिखा है कि त्रिशंकु को स्वर्ग पहुँचाकर विश्वामित्र जी पुष्कर चले गए। यहाँ उनको मेनका मिली जिसके फंद में पड़कर विश्वामित्र के शकुंतला नाम की लड़की पैदा हुई जिसकी कथा संसार में प्रसिद्ध है। यहाँ से विश्वामित्र कौशिकी नदी के तट पर जाकर तपस्या करने लगे। यहाँ उनकी तपस्या बिगाड़ने को रंभा नाम की अप्सरा पहुँची। विश्वामित्र जी ने जो एक बार मेनका के फंद में पड़कर फल पा चुके थे उसको शाप दिया कि तू पत्थर हो जा। यहीं बहुत कड़ी तपस्या करने से उनको ब्रह्मर्षि का पद मिला और वसिष्ठ जी ने भी उन्हें ब्राह्मण स्वीकार कर लिया। विश्वामित्र के कई बेटे थे—मधुच्छंदस्, कट, ऋषभ, रेणु, अष्टक और गालव। विश्वामित्र के ब्रह्मर्षि बनने पर अष्टक कान्यकुब्ज का राजा हुआ। विश्वामित्र ने शनुःशेप को अपना पुत्र मान लिया क्योंकि शुनःशेप बिक चुका था और उसका अपने पैत्रिक कुल से कोई संबंध न था। शुनःशेप को देवरात की पदवी देकर अपने पुत्रों में जेठा बनाया।

इतिहास की जाँच से प्रकट होता है कि विश्वामित्र ब्राह्मण कुल का नाम था और उसी वंश के अनेक ब्रह्मर्षि भिन्न-भिन्न अवसरों पर वसिष्ठों से लड़ते रहे।

विश्वामित्र की बहिन सत्यवती कौशकी भार्गव ऋचीक को ब्याही थी; जिसका लड़का जमदग्नि था। यह विवाह बड़े झगड़े से हुआ था। ऋचीक ने गाधिराज से कन्या माँगी। गाधिराज नहीं चाहते थे कि सत्यवती उनके साथ ब्याही जाए और उनसे एक हजार श्यामकर्ण घोड़े माँगे। ऋचीक ने वरुणदेव से एक हजार घोड़े माँगकर राजा को दे दिए। यह कौशिकी पीछे नदीरूप में प्रकट हुई। जमदग्नि की स्त्री रेणुका इक्ष्वाकुवंशी राजा रेणु की बेटी कही जाती है। परंतु इस नाम का कोई राजा अयोध्या राजवंश में नहीं है।

(ठ) प्रद्योत-वंश

वार्हद्रथ वंश के अंतिम राजा रिपुंजय को मारकर उसके मंत्री सुनिक ने अपने पुत्र प्रद्योत को राजा बनाकर यह वंश स्थापित किया।

1. प्रद्योत 23 वर्ष (ई. पू. 920 से ई. पू. 897 तक)।
2. पालक 24 वर्ष (ई. पू. 897 से ई. पू. 873 तक)।
3. विशाखायूप 50 वर्ष (ई. पू. 873 से ई. पू. 823 तक)।
4. अजक (जनक) 21 वर्ष (ई. पू. 823 से ई. पू. 802 तक)।
5. नंदिवर्द्धन 20 वर्ष (ई. पू. 802 से ई. पू. 782 तक)।

   इस वंश में 5 राजा हुए जिन्होंने सब मिलाकर 138 वर्ष राज किया।

(ड) शिशुनाक वंश

1. शिशुनाक[42] 40 वर्ष (ई. पू. 782 से ई. पू. 742 तक)।
2. काकवर्म (शकवर्म) 36 वर्ष (ई. पू. 742 से 706 तक)।
3. क्षेमधर्मन् 38 वर्ष (ई. पू. 706 से ई. पू. 668 तक)।
4. क्षत्रोजस् (क्षेत्रज्ञ) 40 वर्ष (ई. पू. 668 से ई. पू. 628 तक)।
5. बिंबिसार 38 वर्ष (ई. पू. 628 से ई. पू. 590 तक)।
6. अजातशत्रु 27 वर्ष (ई. पू. 590 से ई. पू. 563 तक)।
7. दर्शक (दर्भक) 25 वर्ष (ई. पू. 563 से ई पू. 538 तक)।
8. उदयिन (उदयाश्व) 33 वर्ष (ई. पू. 538 से ई. पू. 505 तक)। इसी ने कुसुमपुर बसाया था।
9. नंदिवर्द्धन 42 वर्ष (ई. पू. 505 से ई. पू. 463 तक)।
10. महानंदिन्[43] 43 वर्ष (ई. पू. 463 से ई. पू. 420 तक)।

    इस वंश में 10 राजा हुए जिन्होंने सब मिलाकर 162 वर्ष राज किया।

(ढ) नंदवंश

1. महापद्मनंद 88 वर्ष (ई.पू. 422 से ई. पू. 334 तक)।
2. सुकल्प आदि 8 पुत्र 12 वर्ष (ई. पू. 334 से ई. पू. 322 तक)।

   कौटिल्य ब्राह्मण ने इनका नाश करके मौर्यवंश स्थापित किया।

(ण) मौर्यवंश

1. चंद्रगुप्त 24 वर्ष (ई. पू. 322 से ई. पू. 298)
2. विंदुसार (भद्रसार) 25 वर्ष (ई. पू. 298 से ई. पू. 273 तक)।
3. अशोक 36 वर्ष (ई. पू. 273 से ई. पू. 237 तक)।
4. दशरथ (वंधुपालित) 8 वर्ष (ई. पू. 237 से ई. पू. 229)
5. संप्रति (संगत या इंद्रपालित) 9 वर्ष (ई. पू. 229 से ई. पू. 220 तक)।
6. शालिशूक 13 वर्ष (ई. पू. 220 से ई. पू. 207 तक)।
7. देवधर्म।
8. शतधन्वन्
9. वृहद्रथ 7 वर्ष (ई. पू. 192 से ई. पू. 185 तक)।

वृहद्रथ को उसके सेनापति पुष्यमित्र ने मार डाला और आप राजा बन बैठा। उसी से शुंगवंश चला।

(त) शुंगवंश

1. पुष्यमित्र 36 वर्ष (ई. पू. 185 से ई. पू. 149 तक)।
2. अग्निमित्र 8 वर्ष।
3. वसुश्रेष्ठ 7 वर्ष (ई. पू. 149 से ई. पू. 142 तक)।
4. वसुमित्र 10 वर्ष (ई. पू. 142 से ई. पू. 132 तक)।
5. अंध्रक (अंतक) 2 वर्ष (ई. पू. 132 से ई. पू. 130 तक)।
6. पुलिंदक 3 वर्ष (ई. पू. 127 से ई. पू. 124 तक)।
7. घोष 3 वर्ष।
8. वज्रमित्र 9 वर्ष (ई. पू. 124 से ई. पू. 115 तक)।
9. समभाग या भगदत 32 वर्ष (ई. पू. 83 से ई. पू. 73 तक)।
10. देवभूमि (क्षेमभूमि) 10 वर्ष (ई. पू. 83 से ई. पू. 73 तक)।
    देवभूमि को व्यसन में आसक्त पाकर उसके मंत्री देवभूति ने मारकर कंवराज स्थापित किया।

इस वंश में 10 राजा हुए जिन्होंने सब मिलाकर 112 वर्ष राज किया।

(थ) अयोध्या का वर्णन

हेमचंद्राचार्य कृत त्रिषष्ठिशलाकापुरुषचरित्र प्रथम पर्व (सर्ग 2)
'आदीश्वरचरित्र' से उद्धृत।

विनीता साध्वमी तेन विनीताख्यां प्रभोः पुरीम्।
निर्मातुं श्रीदमादिश्य मधवा त्रिदिधं यथौ ॥ 911 ॥

द्वादशयोजनायामां नवयोजन-विस्तृताम्।
अयोध्येत्यपराभिख्यां विनीतां सोऽकरोत्पुरीम् ॥ 912 ॥

तां च निर्माय निर्मायः पूरयामास यक्षराट्।
अक्षय्यवस्त्रनेपथ्य-धन-धान्यैर्निरंतरम् ॥ 913 ॥

वज्रेंद्रनीलवैडूर्यहर्म्य-किर्मीररश्मिभिः।
भित्तिं विनापि से तत्र चित्रकर्म विरच्यते ॥ 914 ॥

तत्रोशैः कांचनैर्हर्म्यैर्मेरुशैलशिरांस्यभिः।
पत्रालंवनलीलेव ध्वजव्याजाद्वितन्यते ॥ 915 ॥

तद्वप्रे दीप्तमाणिक्य-कपिशीर्षपरंपराः।
अयश्रा दर्शता यान्ति चिरं खेचरयोषिताम् ॥ 916 ॥

तस्यां गृहांगणभुवि स्वस्तिकन्यस्तमौक्तिकैः ॥
स्वैरं कर्करिकक्रीमां कुरुते वालिकाजनः ॥ 917 ॥

तत्रोद्यानोञ्चवृक्षाग्रस्खल्यमानान्यहर्निशम्।
खेचरीणां विमानानि क्षणं यांति कुलायताम् ॥ 918 ॥

तत्र दृष्ट्वट्टहर्म्येषु रत्नराशीन् समुत्थितान्।
तदावरककूटोऽयं तर्क्यते रोहणाचलः ॥ 919 ॥

जलकेलिरत स्त्रीणां त्रुटितैर्हारमौक्तिकैः।
ताम्रपर्णीश्रियं तत्र दधते गृहदीर्घिकाः ॥ 920 ॥

तत्रेभ्याः संति ते येषां कस्याप्येकतमस्य सः।
व्यवहर्तुं गतो मन्ये वणिक्पुत्रो धनाधिपः ॥ 921 ॥

नक्तमिंदुद्रषद्भित्ति-मंदिरर्स्यदिवारिभिः।
प्रशांतपांशवो रथ्याः क्रियंते तत्र सर्वतः ॥ 922 ॥

वापीकूपसरोलक्षैः सुधासोदरवारिभिः।
नागलोकं नवसुधाकुंभं परिबभूव सा ॥ 923 ॥

इतोऽस्य जम्बुद्वीपस्य द्वीपस्य भरते पुरी।
अस्ति नाम्रा विनीतेति शिरोमणिरिवावनेः ॥ 1 ॥ पर्व 2 सर्ग 2।

(द) अयोध्या का वर्णन

धनपालकृत तिलकमंजरी[44] से

अस्ति रम्यतानिरस्त-सकलसुरलोका स्वपदापहारशङ्किशतक्रतु प्रार्थितेन शततमकतुवाञ्छाविच्छेदार्थमिव पार्थिवानामिक्ष्वाकूणामुत्पादिता प्रजापतिना, वृत्तोज्ज्वलवर्णशालिनी कणिकेवाम्भोरुमोरुहस्य मध्यभागमलंकृत्य स्थिता भारतवर्षस्य, तुषारधवलभित्तिना विशालवप्रेण परिगता प्राकारेण, विपुलसोपानसुगमावतारवापीशतसमाकुला, मनोरथानामपि दुर्बिलङ्घेयन प्वमानकरिमकरकुम्भीरभीषणोर्मिणा जलप्रति बिम्बितप्राकारच्छलेन जलराशिशङ्कया मैनाकमन्वेष्टुमन्तः प्रविष्टहिमवतेव महता खातवलयेन वेष्ठिता, पवनपटुचलितधवलध्वजकलापैर्जामदग्न्यमार्गणाहतकौञ्चाद्रिच्छिद्रैरिवोद् भ्रान्तराजहंसैराशानिर्गममार्गायमाणैश्चतुर्भिरत्युच्चैर्गोपुरैरुपेता, प्रांशुशिखराग्रज्वलत्कनककलशैः सुधापङ्कधवल प्राकारवलयितैरमरमन्दिरमण्डलैर्मण्डलित—भोगमध्यप्रवेशितोन्मणिफणा सहस्त्रं शेषाहिमुपहसद्भिरुद्भासितचत्वरा, त्वरापतच्छलविशरशारिणी सिक्तसान्द्रबालद्रुमैर्द्रुमतलनिषादिना परिश्रान्तपथिकलोकेन दिवसमाकर्ण्यमानमधुरतारघटीयन्त्रचीत्कारैः परित्यक्तसकलव्यापारेण पौरवनिता मुखार्थितदृष्टिना सविक्रियंप्रजल्पता पठता गायता च भुजंगजनसमाजेन क्षणमप्युच्यमानमनोभव भवमावनीभवनैः प्रतिदिवसमधिकाधिकोन्मीलन्नीलकान्तिभः स्वसंततिप्रभवपार्थिवप्रीतर्य दिनकरेणेवाकृष्य संचार्यमाण सकलशर्वरीतिमिरैरमरकाननानुकारिभिरारामैः श्यामायमानपरिसरा, गिरिशिखरततिनिभसातकुम्भप्रासादमालाध्य

ासितोभयविभागैः स्फुटविभाव्यमान मरकतेंद्रनीलवज्रवैडूर्यराशिमिश्चामीकराचलतटीव चण्डां-शुरथचक्रमार्गैः पृथुलायतैर्विपणिपथैः प्रसधिता, धृतोद्धुरप्राकारपरिवेषैरभ्रंकष प्रतोलिभिरुत्तंगमकरतोरणावनद्धहरितचन्दनमालैर्दोलाविभू-षितांगणवेदिभिरश्रांतकाल ागुरुधूपधूमाश्लेषभयपलायमानदन्तवलभिकभित्तिचित्रानिव विचित्रमयूखजालकमुचो माणिक्यजालकान् कलयद्भिरद्भुताकारैरनेकभूमिकाभ्राजिष्णुभिः सौधेः प्रवर्तिताविरताविरतचान्द्रोदया प्रतिग्रहस्वच्छधवलायताभिदृष्टिभिरिव दिदृक्षारसेन वसुधया व्यापारिताभिः क्रीडासरसिभिः संविलता, मृदुपवनचलितमृद्वीकालतावलयेषु वियति विलसतामसितागुरुधूपधूमयोनी नामासारवारिणेवोपसीच्यमानेष्वाते नीलसुरभिषु गृहोपवनेषु वनितासखैः विलासिभिरनुभूयमानमधुपानोत्सवा, मद्यतकोशलविलासिनी नितंबास्फालनस्फारितरंगया गृहीतसरलमृणालयष्टिभिः पूर्वार्णववितीर्णैर्वृद्धकञ्चुकिभरिव राजहंसैः क्षणमथमुक्तपार्श्वया कपिलकोपानलेन्धनीकृतसगरतनय स्वर्गवार्ताभिव प्रष्टुं भागीरथीमुपस्थिया सरिता सरण्वाख्यया कृतपर्यन्तसख्या, सततगृहव्यापार निषण्णमानसाभिर्निसर्गतो गुरुवचनानुरागिणीभिरमुल्वणोज्जवलवेषाभिः स्वकुलाचारकौशलशालिनीभिः शालीनतया कुकुमारतया च कुचकुम्भयोरपि कदर्थ्यमानामिरुद्धत्या मणिभूषणानामपि खिद्यमानाभिर्मुखरतया रतेष्वपि ताम्यन्तीभिर्षैया (जा) त्यपरिगृहेण स्वप्नेऽष्यलंघयन्ती-भिर्द्वारतोरणमङ्गीकृत सतीघृताभिरप्यसतीवृताभिरलसाभिर्नितंबभरवहने तुच्छाभिरुदरे तरलाभिश्चक्षुषि कुटिलाभिर्भुवोरतृप्ताभिरंगशोभाया मुद्धताभिस्तारुण्ये कृतकुसंगाभिश्चरणयोर्न स्वभावे कोयेऽप्यदृष्ट मुखविकाराीार्व्यलीकेऽप्यनुज्झितविनयाभिः खेदेऽप्यखण्डितोचित प्रतिपत्तिभिः कलहेऽप्यनिष्ठुरभाषिणीभिः सकलपुरुषार्थसिद्धिभिरिव शरीरवद्धाभिः कुलप्रसूताभिरलंकृता वधुभिः, इतरामिरपि त्रिभुवनपताकायमानाभिः कुवेरपुरपुण्याङ्गनाभिरिव कृतपुएवजनोचिताभिः पादशोभयापि न्यक्कृतपद्माीारूरुतश्रियापि लघूकृतरंभास्तम्भाभिर्गौयापि छायया सौभाग्यहेतोरुपासिताभिरिन्दुनापि प्रतिदिनं प्रतिपन्नकालन्तरेण प्रार्थ्यमानमुखकमलकान्तिभिर्मकरध्वजेनापि दर्शताधिना लब्धहृदय—प्रवेशमहोत्सवाभिरप्रयुक्तयोगाभिरेकांवयवप्रकटाननमरुतामपि गतिं स्तम्भयन्तीभिरव्यापारितमंत्राभिः सकृदाह्वाननेन नरेंद्राणामपि सर्वस्वमाकर्षयन्तीीारसदोषधीपरिग्रहाभिरीषत्कटाक्षपातेनाचलानपि द्राव यन्तीभिः सुरतशिल्पप्रगल्भतावष्टम्भेन रूपमपि निरुपयोगमवग-च्छन्तीभिस्तारुण्यमपि तृणलघुगणयन्तीभिर्विलासानपि हास्यकोटौ कलयन्तीभिराभरणसंभारमपि भारवमधारयन्तीभिः प्रसाधनाडंबरमपि विडम्बनापक्षे स्थापयन्तीीारुपचारमथाचारबुद्ध्या प्रपञ्चयन्तीभिः कैश्चिदधरैरिव शतशः खणि

डतैरप्यखण्डितरागैरनिशमुपयुज्यमानवदननिश्वासपरिमलाभिरपरैस्तु चषकैरिव कदाचिद्दानप्रणयितामानीय प्रणुनैरप्रसन्नैरणन्मधुकरध्वनिना मन्दं मन्दं रणरणायमानैः कामिभिर शून्य मंदिरद्वाराभिर्नवसुरतेषु बद्धरागाभिरपि नीचरतेष्वशक्तभिर्लक्ष्मी मनोवृत्तिभिरिव पुरुषोत्तमगुणहार्याभिर्न पुनरेकान्ततोऽर्थानुरागिणीभिः संसारेऽपि सारताबुद्धिनिबन्धनीभूताभिः कुलक्रमायतवैशिक कलाकलाप वैचक्षण्याभिः साक्षादिव कामसूत्र विद्याविभिलासिनीभिर्वितीर्ण त्रिभुवनजिगी षुकुसुमसायकसहायका, अकलिताढया नाटयविवेकैरगृहीतपण्डि-तापरिण्डत विभक्तिभिरनवबुद्धसाध्वसाधुविशेषैरनवधारितधार्मिकाधार्मिक पारीच्छत्तिभिः सर्वैरप्युदारविशेषैः सर्वैरपिच्छेकोक्तिकोविदैः सर्वैरपि परोपकारप्रवणौः सर्वैरपि सन्मार्गविर्त्तिभिः ज्ञातनिःशेषपुराणेतिहाससारैः दृष्टकलकाव्यनाटकप्रबन्धैःपरिचि तनिखिलाख्यायिकाख्यानव्याखानैः प्रमाणविद्भिरप्यप्रमाणविधैर धीतनीतिभिरप्यकु टिलैरभ्यस्तनाट्यशास्त्रैरप्यदर्शिभ्रूनेत्रविकारैः कामसूत्रपारगैरप्यविदितवैशिकैः सर्व भाषाविक्षणैरप्यशिक्षितलाटोक्तिभिः सात्विकैरपि राजसभावाप्तख्यातिभिरोजस्वि भिरपि प्रसन्नैः पूर्वाभिभाषिभिरुत्तरास्यलापनिपुणैः सकलरसभावनैः अविषादिभिः न्यायदर्शनानुरागिभिरपि न रौद्रैः परानुपहासिभिर्नर्मशीलैः सर्वस्य गुणग्राहिभिः संतुष्टैर्व्यसनेष्वपरित्यागिभिः सर्वदा संविभागपरैः परोपकारिभिरात्मलाभोद्यतैः कतिपयकलापरिग्रहं ग्रहपतिमप्युपहसद्भिर्मित्रमण्डल पराङ्मुखमनूरुमपि निरस्यद्भिर्लक्ष्मीप्राप्तये गाढधृतभूभृत्पादं वासुदेवमपि विप्लावयद्भिः स्नेहशून्यमानसं जिनमप्यवजानद्भिर्निवासिलोकैः संकला, विरचितालकेव मखानलधूमकोटिभिः स्पष्टिताञ्जनतिलकविन्दुरिव वालोद्यानैः आविष्कृतविलाससहासेव दन्तवलभीभिः आग्रहीतदर्पणेव सरोभिः सकृतयुगेव सत्पुरुषव्यवहारैः स्वमकरध्वजराज्येव पुरन्ध्रिविव्वोकैः सव्रह्मलोकेव द्विजसमाजैः ससमुद्रमथनेव जनसंघातकलकलेनवित तप्रभावर्षिभिराभरणपाषाणखण्डैरिव पाषण्डैर्मुषितकल्मषा, जयानुरागिभि रुपवनैरिव श्रोत्रियजनैः सच्छाया विचित्राकार वेदिभिरङ्गणैरिव नागरिकगणालंकृतगृहा, सवनराजिभिः सामस्वैरिव क्रीडापर्वतकपरिसरैरा-नन्दितद्विजा, विश्वकर्मसहस्त्रैरिव निर्मितप्रासादा, लक्ष्मीसहस्त्रैरिव परिगृहीतगृहा, देवतासहस्त्रैरिवाधिष्टितप्रदेशा; महाप ार्थिववरूथिनीवानेकरथ्यासंकुला, राज्यनीतिरिव सन्निप्रतिपाद्यमाना वार्ताधिगतार्था, अर्हद्दर्शनस्थितिरिव नैगमव्यवहारक्षिप्तलोका, रसातलविवक्षुरविरथचक्र भान्तिरिव चीत्कार मुखरित महाकूपारघट्टा, सर्वाश्चर्य-निधानमुत्तरकौशलेष्वयोध्येति यथार्थाभिधाना नगरी। या सितांशुकरसंपर्काद परिस्फुटस्फटिकदोलासु बद्धासनैर्विलासिमिथुनैरवागाह्य-मानगगनान्तरा यस्यां समन्तादन्तरिक्ष

संचरत्खेचरमिथुनस्य शुचिप्रदोषेषु शोभामधरीचकार विद्याधरलोकस्य। यस्याश्च गगनशिलोल्लेखिना प्राकारशिखरेण स्खलितवर्मा प्रस्तुतचाटुरिव प्रत्यप्रवंदनमाला श्यामलामधिगोपुरं विलम्वयामास वासरमुखेषु रविरथाश्वपङ्क्तिमरणः। यस्यां च प्रियतमाभिसारप्रचलितानां पण्याङ्गनानामङ्गलावण्यसंबर्धिताभिराभरणरत्नांशुसंततिभिः स्तम्भिततिमिरोदया भवनदीर्घिकासरोज वन निद्राभिरन्वमीयन्त रजनीसमारम्भाः। या च दक्षिणानिलतरङ्गितानां प्रतिभवनमुच्छितानामनङ्ग लीविभ्रमाभिरालोहितां शुकवैजयन्तीभिः कृतमकरध्वजप्लोषमहापातकस्य शूलपाणेर्दत्तावकाशामलका पुरीमिव तर्जयंती मधुसमये संलक्ष्यते। यस्यां च मुदितगृहशिखण्डिके-कारवमुख रिताभिस्तरुणजलदपङ्क्तिभिः परिवारितप्रान्ताः सुप्रासाद-शिखरमालासु प्रावृषि कृतस्थितयो ग्रीष्मकालपरिभुक्तानामुपवनोपरुद्ध-पर्यन्तभुवामधस्तनभूमिकानां नोदकण्ठन्त सुकृतिनः। यस्यां च जलधर-समयनिर्धौतरेणुपटल निर्मलानामुदग्रसौधाग्र पद्मरागग्राव्णां प्रतिभाभिरनु-रञ्जितः शरत्कालरजनीपौरजनीवदनपराजयलज्जया प्रतिपन्नकाषाय इव व्यराजत पार्वणो रजनीजानिः। यस्यां च तुषारसंपर्कपटुतरैस्तरुणी कुचोष्मभिरितस्ततस्तड्यमाना हैमिनीष्वपि क्षणदास्वमंदीकृत-चंदनाङ्गरागगौरव मदत्ताङ्गारशकटिका सेवादरम सुष्टकेलिवापिका पङ्कजवनमधुप्रभञ्जनाः। यस्यां च वीथीगृहाणां राजपथातिक्रमः, दोलाक्रीडासुदिगन्तरयात्रा, कुमुदखण्डानां राज्ञा सर्वस्वापहरणमनङ्गमार्गणानां मर्मट्टघनव्यसनं वैष्णावानां कृष्णवर्त्मनि प्रवेशः, सूर्योपलानां मित्रोदयेन ज्वलनम् वैशेषिकमते द्रव्यस्य कूटस्थवेत्यता। यत्र च भोगस्पृहया दानप्रवृत्तयः, दुरितप्रशान्तये शान्तिककर्मणि भयेन प्रणतयः, कार्यपिक्षयोपचारकरणानि, अतृप्त्या द्रविणोपार्जनानि, विनयाधानाय वृद्धोपास्तयः पुंसामासन्॥

(ध) ओयूटो (अयोध्या)[45]

इस राज्य का क्षेत्रफल 5000 ली और राजधानी का क्षेत्रफल 20 ली है। यहाँ पर अन्न बहुत उत्पन्न होता है तथा सब प्रकार के फल-फूलों की अधिकता है। प्रकृति कोमल तथा सह्य और मनुष्यों का आचरण शुद्ध और सुशील है। यहाँ के लोग धार्मिक कृत्य से बड़ा प्रेम रखते हैं तथा विद्याभ्यास में विशेष परिश्रम करते हैं। संपूर्ण देश भर में कोई 100 संघाराम और 300 साधु हैं, जो हीनयान और महायान दोनों संप्रदायों की पुस्तकों का अध्ययन करते हैं। कोई दस देवमंदिर हैं जिनमें अनेक पंथों के अनुयायी (बौद्धधर्म के विरोधी) निवास करते हैं, परंतु उनकी संख्या थोड़ी है।

राजधानी में एक प्राचीन संघाराम है। यह वह स्थान है जहाँ पर वसुबंधु

बोधिसत्व ने कई वर्ष के कठिन परिश्रम से अनेक शास्त्र, हीनयान और महायान दोनों संप्रदाय-विषयक निर्माण किए थे। इसके पास ही कुछ उजड़ी-पुजड़ी दीवारें अब तक वर्तमान हैं। ये दीवारें उस मकान की हैं जिसमें वसुबंधु बोधिसत्व ने धर्म के सिद्धांतों को प्रकट किया था तथा अनेक देश के राजाओं, बड़े आदमियों, श्रमणों और ब्राह्मणों के उपकार के निमित्त धर्मोपदेश किया था।

नगर के उत्तर 40 ली दूर गंगा[46] के किनारे एक बड़ा संघाराम है जिसके भीतर अशोक राजा का बनवाया हुआ एक स्तूप 200 फीट ऊँचा है। यह वह स्थान है जहाँ पर तथागत भगवान् ने देवसमाज के उपकार के लिए तीन मास तक धर्म के उत्तमोत्तम सिद्धांतों का विवेचन किया था। स्मारकस्वरूप स्तूप के निकट बहुत से चिह्न गत चारों बुद्धों के उठने-बैठने आदि के पाए जाते हैं।

संघाराम के पश्चिम 4-5 ली दूर एक स्तूप है जिसमें तथागत भगवान् के नख और बाल रखे हैं। इस स्तूप के उत्तर एक संघाराम उजड़ा हुआ पड़ा है। इस स्थान पर श्रीलब्ध शास्त्री ने सौत्रांतिक संप्रदाय संबंधी विभाषाशास्त्र का निर्माण किया था।

नगर के दक्षिण-पश्चिम 5-6 ली की दूरी पर एक बड़ी आम्रवाटिका में एक पुराना संघाराम है। यह वह स्थान है जहाँ असंग बोधिसत्व ने विद्याध्ययन किया था। फिर भी उसका अध्ययन जब परिपूर्णता को नहीं पहुँचा तब वह रात्रि में मैत्रेय बोधिसत्व के स्थान को जो स्वर्ग में था, गया और वहाँ पर योगधर्म शास्त्र, महायान सूत्रालंकार टीका, मद्यांत विभंग शास्त्र आदि को उसने प्राप्त किया और अपने गूढ़ सिद्धांतों को जो अध्ययन से प्राप्त हुए थे, समाज में प्रकट किया।

आम्रवाटिका से पश्चिमोत्तर दिशा में लगभग 100 कदम की दूरी पर एक स्तूप है जिसमें तथागत भगवान् के नख और बाल रखे हैं। इसके निकट ही कुछ पुरानी दीवारों की बुनियाद है। यह वह स्थान है जहाँ पर वसुबंधु बोधिसत्व तुषितस्वर्ग से उतर कर असंग बोधिसत्व को मिला था। असंग बोधिसत्व गंधार प्रदेश का निवासी था। बुद्ध भगवान् के शरीरावसान के पाच सौ वर्ष पीछे इसका जन्म हुआ था। तथा अपनी अनुपम प्रतिभा के बल से वह बहुत शीघ्र बौद्ध सिद्धांतों में ज्ञानवान हो गया था। पहले यह महीशासक संप्रदाय का सुप्रसिद्ध अनुयायी था परंतु पीछे से इसका विचार बदल गया और यह महायान समुदाय का अनुगामी बन गया। इसका भाई वसुबंधु सर्वास्तिवाद समुदाय का सूक्ष्मबुद्धि भक्त, दृढ़ विचार और अक्षम प्रतिभा के लिए उसकी बहुत ख्याति थी। असंग का शिष्य बुद्धसिंह जिस प्रकार बड़ा बुद्धिमान और सुप्रसिद्ध हुआ उसी प्रकार उसके गुप्त और उत्तम चरित्रों की थाह भी किसी को नहीं मिली।

ये दोनों या तीनों महात्मा प्राय: आपस में कहा करते थे कि हम सब लोग अपने चरित्रों को इस प्रकार सुधार रहे हैं कि जिसमें मृत्यु के बाद मैत्रेय भगवान के सामने बैठ सकें। हममें से जो कोई प्रथम मृत्यु को प्राप्त होकर इस अवस्था को पहुँचे (अर्थात् मैत्रेय के स्वर्ग में जन्म पावे) वह एक बार वहाँ से लौटकर अवश्य सूचना देगा कि हम उसका वहाँ पहुँचना मालूम कर सकें।

सबसे पहले बुद्धसिंह का देहांत हुआ। तीन वर्ष तक उसका कुछ समाचार किसी को मालूम नहीं हुआ। इतने में वसुबंधु बोधिसत्व भी स्वर्गगामी हो गया। छ: मास इसको भी व्यतीत हो गए परंतु इसका भी कोई समाचार किसी को विदित नहीं हुआ। जिन लोगों का विश्वास नहीं था वह अनेक प्रकार की बातें बनाकर हँसी उड़ाने लगे कि वसुबंधु और बुद्धसिंह का जन्म नीच योनि में हो गया होगा इसी से कुछ दैवी चमत्कार नहीं दिखाई पड़ता।

एक समय असंग बोधिसत्व रात्रि के प्रथम भाग में अपने शिष्यों को बता रहे थे कि समाधि का प्रभाव अन्य पुरुषों पर किस प्रकार होता है, उसी समय अकस्मात् दीपक की ज्योति ठंडी हो गई और उस स्थान पर बहुत सारा भारी प्रकाश फैल गया। फिर ऋषिदेव आकाश से नीचे उतरा और मकान की सीढ़ियों पर चढ़कर असंग के निकट आया और प्रणाम करने लगा। असंग बोधिसत्व ने बड़े प्रेम से पूछा कि तुम्हारे आने में क्यों देर हुई ? तुम्हारा अब नाम क्या है ? उत्तर में उसने कहा, "मरते ही मैं तुषित स्वर्ग में मैत्रेय भगवान् के भीतरी समाज में पहुँचा और वहाँ एक कमल के फूल में उत्पन्न हुआ। शीघ्र ही कमल पुष्प के खोले जाने पर मैत्रेय ने बड़े प्रेम से मुझसे कहा, 'ऐ महाविद्वान! स्वागत, हे महाविद्वान स्वागत!' इसके उपरांत मैंने प्रदक्षिणा करके बड़ी भक्ति से उनको प्रणाम किया और फिर अपना वृत्तांत कहने के लिए सीधा यहाँ चला आया।" असंग ने पूछा, "आर बुद्धसिंह कहाँ है ?" उसने उत्तर दिया, "जब मैं मैत्रेय भगवान् की प्रदक्षिणा कर रहा था उस समय मैंने उसको बाहिरी भीड़ में देखा था, वह सुख और आनंद में लिप्त था। उसने मेरी ओर देखा तक नहीं फिर क्या उम्मीद की जा सकती है कि वह यहाँ तक अपना हाल कहने आवेगा ?' असंग ने कहा, "यह तो तय हो गया, परंतु अब यह बताओ कि मैत्रेय भगवान् का स्वरूप कैसा है ? और कौन-से धर्म की शिक्षा वे देते हैं।" उसने उत्तर दिया कि "जिह्वा और शब्दों में इतनी सामर्थ्य नहीं है जो उनकी सुंदरता का बखान किया जा सके। मैत्रेय भगवान् क्या धर्म सिखाते हैं उसके विषय में इतना ही यथेष्ट है कि उनके सिद्धांत हम लोगों से भिन्न नहीं हैं। बोधिसत्व की सुस्पष्ट वचनावली ऐसी शुद्ध, कोमल और मधुर है जिसके सुनने में कभी थकावट

नहीं होती और न सुननेवाले की कभी तृप्ति ही होती है।''

असंग बोधिसत्व के भगनस्थान से लगभग 40 ली उत्तर-पश्चिम चलकर हम एक प्राचीन संघाराम में पहुँचे जिसके उत्तर की तरफ गंगा नदी बहती है। इसके भीतरी भाग में ईंटों का बना हुआ एक स्तूप लगभग 100 फीट ऊँचा खड़ा है। यही स्थान है जहाँ पर वसुबंधु बोधिसत्व को सर्वप्रथम महायान संप्रदाय के सिद्धांतों के अध्ययन करने की अभिलाषा उत्पन्न हुई थी। उत्तरी भारत से चलकर जिस समय वसुबंधु इस स्थान पर पहुँचा उस समय असंग बोधिसत्व ने अपने अनुयायियों को उससे मिलने के लिए भेजा और वे लोग इस स्थान पर आकर उससे मिले। असंग का शिष्य जो बोधिसत्व के द्वार के बाहर लेटा था, वह रात्रि के पिछले पहर में दशभूमि सूत्र का पाठ करने लगा। वसुबंधु उसको सुनकर और उसके अर्थ को समझकर बहुत विस्मित हो गया। उसने बड़े शोक से कहा कि यह उत्तम और शुद्ध सिद्धांत यदि पहले से मेरे कान में पड़ा होता तो मैं महायान संप्रदाय की निंदा करके अपनी जिह्वा को क्यों कलंकित कर पाप का भागी बनता? इस प्रकार शोक करते हुए उसने कहा कि अब मैं अपनी जिह्वा को काट डालूँगा। जिस समय छुरी लेकर वह जिह्वा काटने के लिए उद्यत हुआ उसी समय उसने देखा कि असंग बोधिसत्व उसके सामने खड़ा है और कहता है कि ''वास्तव में महायान-संप्रदाय से सिद्धांत बहुत शुद्ध और परिपूर्ण हैं; सब बुद्धदेवों ने जिस प्रकार इसकी प्रशंसा की है उसी प्रकार सब महात्माओं ने इसको परिवर्द्धित किया है। मैं तुमको इसके सिद्धांत सिखाऊँगा। परंतु तुम खुद इसके तत्व को अब समझ गए हो और जब इसको समझ गए और इसके महत्त्व को मान गए तब क्या कारण है कि बुद्ध भगवान की पुनीत शिक्षा के प्राप्त होने पर भी तुम अपनी जिह्वा को काटना चाहते हो। इससे कुछ लाभ नहीं है, ऐसा मत करो। यदि तुमको पछतावा है कि तुमने महायान संप्रदाय की निंदा क्यों की तो तुम अब उसी जबान से उसकी प्रशंसा भी कर सकते हो। अपने व्यवहार को बदल दो और नवीन ढंग से काम करो यही एक बात तुम्हारे करने योग्य है। अपने मुख को बंद कर लेने से अथवा शाब्दिक शक्ति को रोक देने से कुछ लाभ नहीं होगा।'' यह कहकर वह अंतर्ध्यान हो गया।

वसुबंधु ने उसके बचनों की प्रतिष्ठा करके अपनी जिह्वा काटने के विचार का परित्याग कर दिया और दूसरे ही दिन से असंग बोधिसत्व के पास जाकर महायान संप्रदाय के उपदेशों का अध्ययन करने लगा। इसके सिद्धांतों को भलीभांति मनन करके उसने एक सौ से अधिक सूत्र महायान संप्रदाय की पुष्टि के लिए लिखे जोकि बहुत प्रसिद्ध हैं और सर्वत्र प्रचलित हैं।

यहाँ से पूर्व दिशा में 300 ली चलकर गंगा के उत्तरी किनारे पर हम 'आयोमुखी' को पहुँचे।

(न) पिसोकिया (विशाखा)

इस राज्य का क्षेत्रफल 4000 ली और राजधानी का 16 ली है। अन्नादि इस देश में जिस प्रकार अधिक होते हैं उसी प्रकार फल-फूल की भी बहुतायत है। प्रकृति कोमल और उत्तम है तथा मनुष्य शुद्ध और धर्मिष्ठ हैं। ये लोग विद्याभ्यास करने में परिश्रमी और धार्मिक कामों के संपादन करने में बिना विलंब योग देनेवाले होते हैं। कोई 20 संघाराम 3000 संन्यासियों के सहित हैं जो हीनयान संप्रदाय की सम्मतीय संस्था का प्रतिपालन करते हैं। कोई पचास देवमंदिर और अगणित विरोधी उनके उपासक हैं।

नगर के दक्षिण में सड़क के बाईं ओर एक बड़ा संघाराम है। इस स्थान में देवाश्रम अरहत् ने 'शीदू शिननल' नामक शास्त्र लिखकर इस बात का प्रतिवाद किया है कि व्यक्तिरूप में अहम कुछ नहीं है। गोप अरहट ने भी इस स्थान पर 'शिंगकियोइउशीलन' नामक ग्रंथ को बनाकर इस बात का प्रतिवाद किया है कि व्यक्तिविशेष रूप में अहम् ही सबकुछ है। इन सिद्धांतों ने अनेक विवादग्रस्त विषयों को खड़ा कर दिया है। धर्मपाल बोधिसत्व ने भी यहाँ पर सात दिन में हीनयान संप्रदाय के एक सौ विद्वानों को परास्त किया था।

संघाराम के निकट एक स्तूप 200 फीट ऊँचा राजा अशोक का बनवाया हुआ है। प्राचीन काल में बुद्धदेव ने छः वर्ष तक यहाँ निवास किया था और धर्मोपदेश करके अनेक मनुष्यों को अपना अनुयायी बनाया था। स्तूप के निकट ही एक अद्‌भुत वृक्ष 6-7 फीट ऊँचा लगा हुआ है। कितने ही वर्ष व्यतीत हो गए परंतु यह ज्यों का त्यों बना हुआ है, न घटता है और न बढ़ता है। किसी समय में बुद्धदेव ने अपने दाँतों को स्वच्छ करके दातुन को फेंक दिया था। वह दातुन जम गई और उसमें बहुत से पत्ते निकल आए, वही यह वृक्ष है। ब्राह्मणों और विरोधियों ने अनेक बार धावा करके इस वृक्ष को काट डाला परंतु यह फिर पहले के समान पल्लवित हो गया।

इस स्थान के निकट ही चारों बुद्धों के आने जाने के चिह्न पाए जाते हैं तथा नख और बालों सहित एक स्तूप भी है। पुनीत स्थान यहाँ पर एक के बाद एक बहुत फैले चले गए हैं तथा जंगल और झीलें भी बहुतायत में हैं।

यहाँ के पूर्वोत्तर 500 ली चलकर हम 'शीसाहलो फेसिहताई' राज्य में पहुँचे।

(प) गढ़वा का शिलालेख

गढ़वा प्रयागराज से 25 मील दक्षिण में शिवराजपुर स्टेशन से 4 मील पश्चिमोत्तर है। इसमें कई शिलालेख हैं। नीचे लिखा हुआ शिलालेख मंदिर के खंभे पर खुदा है।

श्री नवग्राम भट्टग्रमीय श्रीवास्तव्य कायस्थ
ठक्कुर श्री कुन्दपालपुत्र ठक्कुर श्री रणपालस्य
मूर्तिः गणित कारोयं संवत् 1199

यह मूर्ति नवग्राम भट्टग्राम के रहनेवाले श्रीवास्तव्य कायस्थ ठक्कुर श्री कुंदपाल के पुत्र ठक्कुर श्री रणपाल की है। यह गणितकार थे संवत 1199।

इससे विदित है कि यह मंदिर ठाकुर रणपाल श्रीवास्तव का बनवाया हुआ है। भट्टग्राम कदाचित् आजकल का बरगढ़ हो जो यहाँ से 1.5 मील उत्तर है।

मेवहड़ का शिलालेख

मेवहड़ भी इसी जिले में कोसम (पुरानी कौशांबी) से सात मील है। इसमें मंदिर के सामने पत्थर का चौखट पड़ा था जिस पर यह लेख खुदा हुआ है—

ॐ परमभट्टारकेत्यादि राजावली पञ्चतयोपेताश्वपति गजपति नरपति राजत्रयाधिपति विविधि (विचारवाचस्पति) श्री मज्जयच्चन्द्रराज्ये संवत् 1245 अद्येह कौशाम्बपत्तलायां मेहवड़ ग्राम वास्तीक श्रीवास्तव्य ठक्कुर ···सिद्धेश्वरस्य प्रासादमकारयत।

'ओम् परम भट्टारक इत्यादि पाँच राजावली युक्त अश्वपति गजपति नरपति, तीन राज्यों के स्वामी नाना प्रकार की विद्या विचार के वाचस्पति श्रीमान् जयचंद्र के राज्य में कौशांबी पत्तला (परगने) के मेवहड़ गाँव के रहनेवाले श्रीवास्तव्य ठक्कुर ···ने सिद्धेश्वर का मंदिर बनवाया।'

(फ) बूढ़ेदाने के चौधरी

एन.डब्लु.पी. गजेटियर (N.W.P. Gazetteer) में लिखा है कि संवत् 1240 (ई. 1186) में अयोध्या से उदयकरण श्रीवास्तव्य, महाराज पृथ्वीराज के दरबार में गए। वहाँ उन्होंने बड़ी वीरता दिखाई। महाराज ने उन्हें मेवजाति के सर करने को फफूंद भेज दिया। मेवों के परास्त होने पर सं. 1242 में उनको पचीस हजार की जागीर की सनद और चौधरी की उपाधि दी गई।

संदर्भ—

1. जन्मेजय प्रथम
2. प्राचिंवत और वंशावली के अनुसार।
3. आगे के अनेक नाम और वंशावलियों में नहीं हैं।
4. मतिनर।
5. अभिमन्यु की जगह भूमन्यु कहीं-कहीं है।
6. इस वंशावली में वंश के राजाओं का क्रम सूचित नहीं होता।
7. सूर्यवंशी दक्षिण में कब गये इसका पता नहीं लगता।
8. विषय का अर्थ देश का एक भाग भी है।
9. शतपथ ब्राह्मण 13, 5, 46 में खि है कि विशाल से पहले यहाँ अयोगव राजा मरुत्त राज करता था। मनुस्मृति में अयोगव उसे कहते हैं जो शूद्र पुरुष और वैश्य पत्नी से उत्पन्न हो,

   शूद्रादयोगवः क्षत्ता चाण्डाला अधमो नृणाम्।
   वैश्य राजन्य विप्रात्तु जायन्तु वर्णसंकराः॥
10. बालकांड, 47।
11. वा.रा. अध्याय 71 में जनक मिथि का बेटा है।
12. रघुवंश-भाषा, लाला सीताराम कृत, सर्ग 4।
13. त्रिकूट लंका में था। समझ में नहीं आता कि पांडय देश से रघु लंका क्यों न गए।
14. अंगराज के विषय में रघुवंश सर्ग 6 में लिखा है।

   'श्री, वाणी इन महँ मिलि रहहीं'

   इससे ध्वनित है कि अंगराज कम से कम विद्वानों और कवियों का आदर करता था और संभव है कि उसने महाकवि को भी पूजा हो।
15. मणिपुर आजकल चिलका झील के पास मानिकपत्तन है और एक बंदरगाह है।
16. इससे सूचित होता है कि जलमार्ग भी था।
17. मालवा जिसकी राजधानी उज्जैन थी।
18. मालवा के पश्चिम समुद्रतट तक फैला था। इसे सागरानूप भी कहते थे।
19. मथुरा के आसपास का देश।
20. इन्हीं के आक्रमणों से गुप्तों का राज छिन्न-भिन्न हो गया था।
23. अथाथर्वनिधेस्तस्य विजितारिपुरः पुरा।

   अर्थ्यामर्थपतिर्वाचमाददे वदतां वरः। विष्णुपुराण 1.56।
24. विष्णुपुराण के अनुसार कल्माषपाद के नरमांस परसने की कथा इतिहास में दी हुई है। महाभारत आदिपर्व में यह कथा बड़े विस्तार के साथ लिखी है।
25. महाभारत आदिपर्व अ. 174।

26. वाल्मीकीय रामायण किष्किंधा कांड 66।
27. यह संगम अकोला के दक्षिण निजामराज में है।
28. ब्रह्म पुराण अध्याय 84।
29. क्योंकि हनुमान के संसर्गसे वह वृषाकपि तीर्थ कहलाया।
30. बंदर के लिए संस्कृत में शाखामृग शब्द का प्रयोग इसका उदाहरण है।
31. आधुनिक संस्कृत में वृषाकपि के अनेक अर्थ हैं, इंद्र, शिव, विष्णु आदि।
32. जयसवाल जाति के इतिहास से प्रकाशक की आज्ञा से उद्धृत।
33. उसने दस्युओं को मारकर ऋषियों से भी कर लेना शुरू किया था और उसमें यशस्वी होकर उनसे अपनी सेवा भी कराई। देवताओं को जीतकर उसने उनका इंद्रासन भी ले लिया। महाभारत आदिपर्व 75।30।
34. मैं स्वयं इस स्थान पर 9 मास रहा हूँ और सब स्थान अपनी आँखों देखे हैं। —लेखक।
35. ययाति का रथ उसके बाद पुरुवंश के राधाओं के पास रहा और कुरुवंश की संपत्ति बना। वह बराबर जनमेजय तक चला आया। एक बार जनमेजय उस रथ पर चढ़कर मदमत्त होकर जा रहा था कि मार्ग में गार्ग्य नामक एक ब्राह्मण का बालक रथ के नीचे आकर कुचल गया। उसी ब्राह्मण के शाप से जनमेजय के हाथ से वह रथ निकल गया। फिर इंद्र को प्रसन्न करके वृहद्रथ ने यह रथ पाया। भीम ने उसे मारकर श्री कृष्ण को वही रथ दिया। इस प्रकार वह रथ सदा चक्रवर्ती राजाओं के पास रहा।
36. जह्नु ने अपने यज्ञस्थान को गंगाजल में डूबता देखकर समाधिबल से सारा गंगाजल पान कर लिया। उस समय देवर्षियों ने उन्हें प्रसन्न करके गंगा को पुत्रीरूप से स्वीकार कराया तब जह्नु ने उनको छोड़ दिया।
37. कौशांबी यमुना के उत्तर तट पर चंद्रवंशी राजाओं की प्रसिद्ध राजधानी थी। जब हस्तिनापुर गंगा की बाढ़ से कट गया तो राजा निचक्षु राजधानी कौशांबी उठा लाया।
38. महोदयपुर कान्यकुब्ज का पुराना नाम है।
39. कुछ लोग अनुमान करते हैं कि बलिया और गाजीपुर का कुछ अंश धर्मारण्य कहलाता था।
40. गिरिब्रज—राजगृह का पुराना नाम है। यह नगर पाँच पहाड़ियों के बीच में बसा था, जिनके नाम समय-समय पर बदले गए हैं। यह नगर फल्गु के तट पर बसा हुआ था।
41. कंपिला—आज-कल का कंपिल नामक नगर एटा जिले में है।
42. विष्णुपुराण में शिशुनाक नंदिनवर्द्धन का पुत्र लिखा है।

43. महानंदिन् के शुद्रा के गर्भ से अति लोभी महापभनंद हुआ जिसने अत्रिमवंश का नाश किया।
44. इस ग्रंथ को पं. भर्गस्तेदत्त शास्त्री और पं. काशिनाथ पांडुरंग परव ने संपादित किया। बंबई के तुकाराम जावाजी ने प्रकाशित किया।
45. इंडियन प्रेस प्रकाशित 'हूआन च्वांग' से प्रेस के अध्यक्ष की आज्ञा से उद्धृत।
46. यह भ्रम है। सरयू होना चाहिए जिसे वैष्णव रामगंगा कहते हैं।

□

अयोध्या स्वर्गद्वार

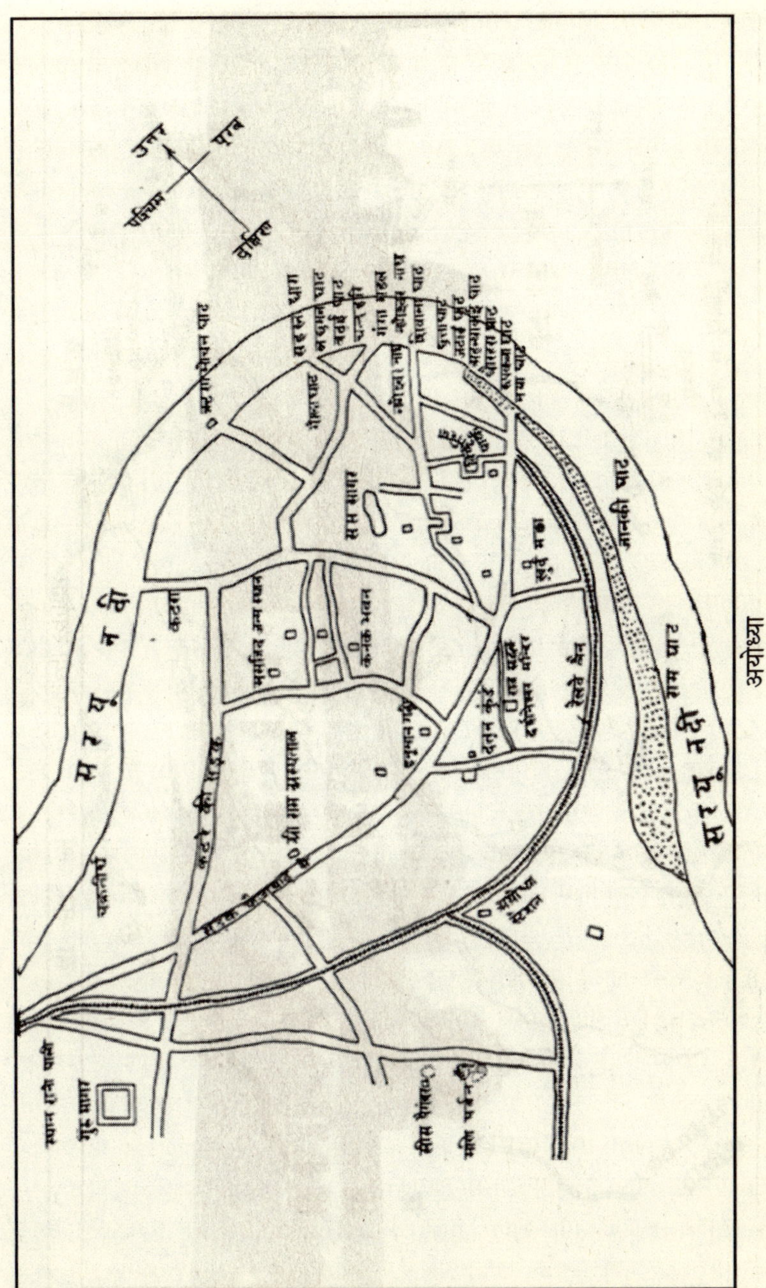

अयोध्या

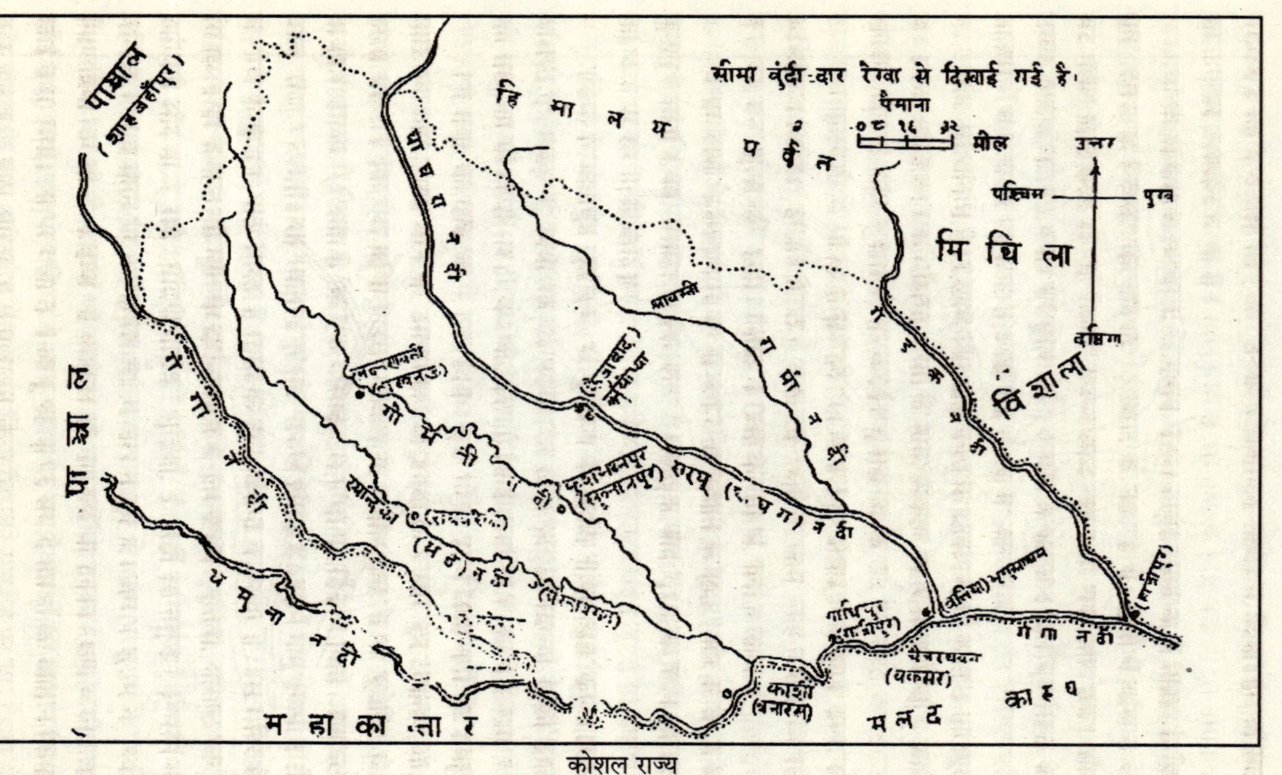
सीमा बुंदीदार रेखा से दिखाई गई है।
पैमाना
मील
उत्तर
पश्चिम
पूरब
दक्षिण
हिमालय पर्वत
मिथिला
विशाला
पाञ्चाल
(शाहजहाँपुर)
काशी
(बनारस)
(बक्सर)
मलद
महाकान्तार
यमुना नदी
श्रावस्ती

कोशल राज्य

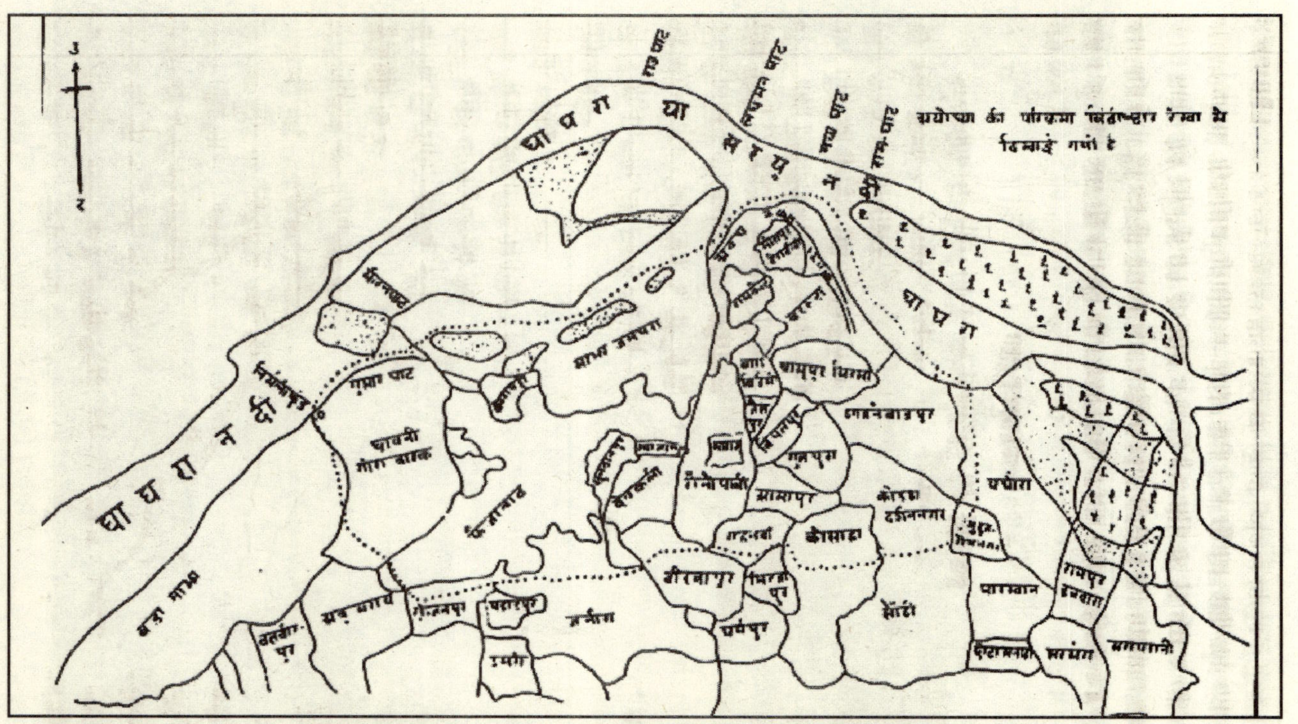

जिला फैजाबाद के पगना हवेली अवध के एक भाग का नक्शा

हनुमानगढ़ी

जन्मस्थान (बाबर) की मसजिद

नागेश्वरनाथ का मंदिर

अयोध्या नरेश का राज सदन।
दर्शनेश्वरनाथ का मंदिर पीछे बाग में देख पड़ता है

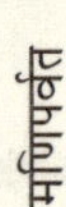

मणिपर्वत

राजा बखतावर सिंह

सूर्यकुंड

राजा दर्शनसिंह सरकोबे सरकशां सलतनत बहादुर

सर महाराजा मानसिंह बहादुर, के.सी.एस.आई.

महाराजा त्रिलोकीनाथ सिंह

महामहोपाध्याय महाराजा सर प्रतापनारायण सिंह बाहदुर,
के.सी.आई.ई. अयोध्या नरेश

अयोध्या का एक दृश्य

□□□